謬誤與真相

保守派經濟學家
如何戳破
執政者的美好謊言

ECONOMIC
FACTS
AND FALLACIES

THOMAS SOWELL

湯瑪斯・索威爾/著

洪慧芳/譯

「事實極其頑固，無論我們的願望、傾向或意向如何，
事實與證據的狀態皆不為所動。」
—— 美國開國元勛約翰‧亞當斯（John Adams）

CONTENTS

導　　讀　一條由善意鋪就的地獄之路 ——— 007

前　　言　切勿積非成是 ——— 032

第 1 章　謬誤的代價 ——— 034

第 2 章　都市的謬誤與真相 ——— 050

第 3 章　性別的謬誤與真相 ——— 111

第 4 章　學術的謬誤與真相 ——— 151

第 5 章　收入的謬誤與真相 ——— 214

第 6 章　種族的謬誤與真相 ——— 257

第 7 章　第三世界的謬誤與真相 ——— 303

結　　語　禁不起驗證的信念 ——— 340

一條由善意鋪就的地獄之路

吳惠林

中華經濟研究院特約研究員

　　二○二○年的美國總統大選是一場驚天地、泣鬼神的選戰，更是正與邪的大戰，不但關乎美國會不會從自由民主、自由經濟、資本主義、市場經濟體制，走向社會主義體制，甚至是集體主義、共產主義體制，也攸關全人類的存亡。結果我們也都知道了，在滿天的作弊疑雲下，民主黨拜登政府上台了，社會主義可謂全面攻占美國。

正義之士索威爾

　　在這場選戰中，幾乎所有的主流媒體都支持民主黨，對共和黨與川普極力打壓。除了抹黑、造謠，還斷絕了川普的發言權，而所謂的知識學術菁英也幾乎全站在川普的對立面。在那種蕭瑟

的恐怖氛圍下，竟然還有學者勇敢地發言為川普辯護，並對拜登的當選憂心忡忡：美國恐會走向不歸路，將如羅馬帝國當年的殞落般下墜，因為民主黨將實施激進的左派政策，亦即大政府掌控國家，戕害個人自由，內部抗爭永無寧日。

這位令人刮目相看的學者是現年九十一歲高齡（一九三〇年生）的黑人經濟學家湯瑪斯‧索威爾（Thomas Sowell）。二〇一六年，共和黨總統初選時，他還曾強烈批評川普，支持泰德‧克魯茲（Ted Cruz），但在當年的總統大選時，他又因反對希拉蕊，而在大選前的兩個星期呼籲選民投票給川普。二〇一八年，有人問他對川普總統的看法，他回答說：「我認為他比前任總統更好。」

二〇一九年三月，主流媒體指稱川普是「種族主義者」（racist），索威爾就此事針對大眾的反應做出評論，他說：「可悲的是，有這麼多人只是對語言做出回應，而不是問自己『這個人說的是真的嗎？我該如何檢驗？』」一個月之後，他再度為川普遭媒體指控為種族主義者辯護：「我沒有看到任何確鑿的證據，而且，不幸的是，我們生活在一個沒有人期望得到確鑿證據的時代。你只需一直重複某些熟悉的字詞，人就會像『帕夫洛夫的狗』（Pavlov's dog）那樣，對特定聲音做出反應。」

索威爾之所以為川普辯護，且對拜登民主黨二〇二〇年上台執政發出美國已「無路可退或已到懸崖邊」的警語，並非政治語

言，更非政客說辭，也不是對川普個人的偏愛，而是基於自身的一生體驗和扎實的學術研究所獲得的結果。他對「種族主義」和「種族主義者」究竟是什麼，以及如何檢驗知之甚詳，而對資本主義、自由經濟、市場經濟，以及馬克思主義、共產主義、社會主義的對比和好壞也都深有觀察和探究。這些在他的諸多著作中都清楚明白的顯現，而這一本二〇〇八年出版的《謬誤與真相》（*Economic Facts and Fallacies*）可謂代表作。在介紹這本書之前，我們有必要先了解索威爾這個人及其一生的心路歷程。

認識索威爾

　　一九三〇年六月三十日，湯瑪斯・索威爾出生於美國北卡羅萊納州加斯托尼亞（Gastonia）的一個貧困黑人家庭，父親在他出生前不久就去世了，留下了已有四個孩子待撫養、當女僕的母親。由於母親無力再養索威爾，只好將他交由姨婆和其兩位已成年的女兒收養。童年時，索威爾很少碰到白人，甚至不知金黃是頭髮的顏色。九歲時，為了尋求更多的機會，索威爾全家從北卡的夏洛特北遷至紐約市哈林區，參與了非裔美國人從美國南方大舉北移的大趨勢。

　　索威爾獲准進入紐約市一所頗有名望的高中，他是家中第一

位就讀六年級以上的成員。但因財務困難和家庭問題，十七歲時索威爾被迫輟學。他從事過好幾個工作，包括機械店店員和西方聯盟的送貨員，一九四八年索威爾還曾經嘗試成為布魯克林道奇隊棒球選手，一九五一年韓戰期間，他被徵召入伍，加入海軍陸戰隊當攝影師。

自軍中榮退後，索威爾曾在華盛頓特區的一間市政機構服務，並在哈華德大學（Howard University）這間黑人大學就讀夜校。由於成績優異，他獲得兩位教授的推薦，進入哈佛大學，一九五八年獲得經濟學學士學位，次年他又得到哥倫比亞大學碩士。索威爾原本選擇哥大、在史蒂格勒（G. J. Stigler，一九一一～一九九一，一九八二年諾貝爾經濟學獎得主）教授指導下就讀博士學位，然而一九五八年，史蒂格勒返回芝加哥大學執教，索威爾也跟著移到芝大就讀，並於一九六八年獲得經濟學博士。

索威爾曾說，他二十歲左右的十年間是一個「馬克思主義者」（Marxist），因而他最早的專業出版品之一，就是對馬克思主義思想對應馬克思主義─列寧主義實踐的同情性研究。不過，一九六〇年夏天他在擔任聯邦政府實習生的經歷，讓他拒絕了馬克思經濟學，轉而認同自由市場經濟理論。在他的工作中，索威爾發現波多黎各的製糖業工人失業之所以會增加，與該業法定最低工資的提升有關係。對模組進行研究後，索威爾得出了結論：執行最

低工資法的政府官員比較關心自己的工作，而不是窮人的困境。

索威爾曾在多所大學任教，包括康乃爾大學、加州大學洛杉磯分校，並曾在城市研究所等智庫任職。自一九八〇年以來，他在史丹福大學的胡佛研究所（Hoover Institution）做研究，目前是該所蘿絲與密爾頓弗利曼（Rose and Milton Friedman）公共政策高級研究員。

索威爾的研究領域甚廣，包括福利經濟學、教育、政治、歷史、種族關係，以及兒童發展等等。他是芝加哥學派的代表性人物，時常被描述為黑人保守派。索威爾從一個自由主義保守派立場撰寫文章，迄今出版三十幾本書，寫作主題範圍涵蓋種族、族群、教育和決策的社會政策、古典和馬克思經濟學，以及殘疾兒童的問題，廣受讚揚。他因結合歷史、經濟學和政治科學的創新獎學金，獲頒國家人文獎章。索威爾也有一個由「創作者聯合會」（Creators Syndicate）發行的全國性一稿多投的專欄，刊登在《富比士》、《國家評論》、《華爾街日報》、《紐約郵報》以及其他主要報章雜誌與一些網站上。他評論自由媒體的偏見、司法行動主義、最低工資、全民健保、平權運動、政府官僚、槍枝管制、毒品戰爭，以及多元文化主義等等當前的問題，直到二〇一六年十二月二十七日，高齡八十六歲時才停筆。

索威爾不但學有專精，還十分關懷社會，是一位非常入世的

學者，對敏感的社會問題往往會講清楚、說明白。他在自由經濟大師史蒂格勒指導下寫了博士論文〈賽伊法則和大過剩爭議〉（Say's Law and the General Glut Controversy），相信「供給創造需求」的古典觀點，不認同凱因斯的「需求創造供給」，也對政府的干預管制政策提出批判。索威爾自認受到海耶克（F.A. Hayek，一八九九～一九九二，一九七四年諾貝爾經濟學獎得主）和弗利曼（M. Friedman，一九一二～二〇〇六，一九七六年諾貝爾經濟學獎得主）兩位教授的影響最大。

史蒂格勒和弗利曼是芝加哥學派最興盛時的代表性人物，他們主張自由經濟、市場經濟、資本主義，尤其反對政府的價格管制政策。一九四五年，二人在明尼蘇達大學任教時，合寫了一本抨擊政府「房租管制」的小書，轟動一時；一九七一年初，弗利曼在《新聞週刊》的專欄上，又以該書名「屋頂或天花板」（Roofs or Ceiling) 為題評論紐約的房租管制。而早在一九四六年，史蒂格勒就在最著名的學術期刊《美國經濟評論》（*American Economic Review*）上發表了〈最低工資的立法考量〉（The Economics of Minimum Wage Legislation）這篇先鋒式文章，指出立法明定最低工資既無法消除貧窮，也不能免除雇主的控制，對總就業量還有負向的影響。繼史蒂格勒之後，關於最低工資法令政策效果的實證研究紛紛出現，最受批判的是，若認真嚴格執行

該法，低生產力的「邊際勞工」（包括青少年）將會因此失去工作，而僱用這些勞工的「邊際廠商」也將減產或關門，這些邊際勞工不但享受不到最低工資施行的工資提升美意，連飯碗都打破了，落得「愛之適足以害之」或「善意鋪成到地獄之路」的下場。不過，每當最低或基本工資上調，各家媒體總是大書標題「百萬多名勞工受惠」，而這是政府部門估算出來的，媒體不假思索照抄，讀者們也不自覺地照單全收，但事實究竟如何，卻幾乎無人聞問。索威爾承繼史蒂格勒等芝加哥學派學者之志，對政府的各種管制政策進行廣泛又嚴謹的研究，並把結果公諸於世。

社會主義為極權主義鋪路

至於海耶克，他可說是窮極一生都在揭穿社會主義的真相，一再苦口婆心告誡世人它的毒性之大。他最有名的著作就是一九四四年出版的《到奴役之路》（ *The Road to Serfdom* ）。一九九四年一月十七日，該書出版五十年之際，索威爾在《富比士》雜誌上發表了一篇文章，名為〈一條由善意鋪就的地獄之路〉，其中在「對世界的未來」的段落，他這麼寫道：

海耶克在《到奴役之路》裡所指的「熱的社會主義」，從一

九四〇年代開始，已在它實際所到之處，以及看得到它實際後果的地方，失去了光澤。當時他真正憂慮的對象是他所謂的「我們當中的極權主義者」。這些人並非有意追逐極權體制，但他們個別鼓吹的政治主張全部加起來，就是極權主義的理想。

在這些人當中，有些人因為被現代科技的重大成就迷住了，以致於心神恍惚，想像經濟與社會體系也可以當做是工程問題來加以處理；另有一些人則是希望建構「某種具有合作精神的社會，其中各種產業組合均擁有半獨立與半自治的『封建特權』」──好比是當今的「產業政策」和「醫療聯盟」所保障的特權地位。

《到奴役之路》發表五十年後的今天，「我們當中的極權主義者」的名單變得更長了，包括主張為弱勢族群積極爭權者、極端環保主義者、愛滋行動派、極端女性主義者，以及其他任何要求政府「不計代價」實現他們政治主張的人士，這些人當中沒有一個公開主張極權主義，但是他們的行動都會把社會推向極權主義，因為只有權力更加集中的政府，才有可能滿足他們的需求。

二十七年前，索威爾所說的「我們當中的極權主義者名單更長了」，真是不幸而言中的先知之言，他憂心的是：《到奴役之路》書中所描繪的世界，並未隨蘇聯解體、中共經政、東歐改制等似乎顯示共產和集權主義已全面崩盤而消失，反而藉由以美國

為首的「自由主義」（與歐洲早年的自由主義正好相反）包裝而大行其道。無獨有偶，弗利曼在其最重要著作《資本主義與自由》（*Capitalism and Freedom*）一九八二年版的中文譯本（一九九三年二月出版）自序中指出：

「我很高興，《資本主義與自由》的中文版能在台灣發行。雖然該書英文第一版發行於三十年前，但書中所揭櫫的理念乃是永恆的。

那些理念適用於三十年前，也適用於今日的環境，就某層次而言，可說更能切合當前的局勢，政府干預市場的年代已因輿論而有所改變；當年批判政府干預屬於極端且激進的論點，如今已廣被接受。儘管如此，政府干預的行為並未隨著觀念的改變而同等變化。

相反的，在美國和其他西方國家，政府的角色自一九六〇年代以來，非但沒有減弱，且有增強之勢，今天的政府花掉國民所得的一大部分，採取更多的管制，且更細膩地干預到個人的生活。最重大的行為變革，發生在原本是共產主義的國家，包括蘇聯和其衛星國，以及中共……，共產主義的瓦解使我們相信，我們正在進行的任何事情都是正確的。

其實不然，似乎我們正努力走向五十年前的共產主義國家之形態。……美國和其他已開發國家的例子顯示，一旦透過市場機

能贏得繁榮之後，常有強烈傾向走向社會主義國家之形態；要維持市場機能的運作，可能比導入市場機能來得困難。」

索威爾和弗利曼的警語在二○○六年所謂「中國經濟崛起」廣被正面稱頌之際，更顯得「暮鼓晨鐘」。可怕的是，世人正被披著自由經濟外衣的「中共政權」所蒙蔽，共產主義其實並未如弗利曼所說的「瓦解」，反而像是「披著羊皮的狼」在隱蔽處更加活躍、危險。借屍還魂的中共已夠讓人寒心了，再加上自由世界裡，尤其在美國，「擴大了的極權主義者的名單」，更令人愁上加愁。

美國健保計劃早已受質疑

在當年那篇文章的最後，索威爾曾寫道：「柯林頓政府的健保計劃可以說是美國為購置社會主義而預付的一大筆訂金，未來所需的分期付款金額勢必比現在宣傳的還要大上許多。不管是以金錢來衡量，還是以失去自行購買適當醫療服務的自由來衡量，這些分期付款都要由美國人民來承擔，這可是不折不扣攸關個人生死的問題。」但柯林頓主政八年中，美國政府龐大的預算赤字竟曾神奇地達成了平衡，且尚有盈餘；一九九○年代（含括柯林

頓政府期間）又被稱作「狂飆的十年」，指的是繁榮盛世。然而，民主黨的政策卻接近美國自由主義的偏向管制、保護。身為柯林頓策士的史迪格里茲（J. Stiglitz）為二○○一年諾貝爾經濟學獎得主之一，二○○二年、二○○三年他分別出版了《全球化的許諾與失落》（*Globalization and Its Discontents*）和《狂飆的十年：一個繁華盛世的興衰啟示錄》（*The Roaring Nineties — A New History of the World's Most Prosperous Decade*），藉著檢討自己七年的官場生涯和柯林頓政府施政，提出他「邁向新民主理想主義」的願景，可謂等同於海耶克在《到奴役之路》中所描述的社會主義，「是一個知性模型」，它可以比作一部車子的設計，然而卻是用紙製成，自以為可以上路的一台車。

史迪格里茲可說是迄今全球最具影響力的專家學者之一，他著作等身、頗富盛名，再加上在柯林頓政府七年全身而退的成功官場生涯，造就他理論和實務俱全的公信力；更重要的是最高榮譽諾貝爾獎桂冠的加持，加重了他一言九鼎的力道。此外，上述兩本通俗著作中，完全可以感受到他「擁有一顆溫暖的心」，坦率且真誠，並具有正義感。這樣一位人物，我們當然不能否定他「為弱勢者，進而為增進全人類福祉」的心意，雖然他也似乎認同市場的重要，但在他「市場和政府取得平衡」的理想願景中，卻隱含著深重的危險性，特別在現代「上下交征利」、「自私自

利極度凸顯」、「政治掛帥」下，政府干預陷入「政府失靈」死胡同幾乎是可以確定的。史迪格里茲自認是凱因斯學派，他不但在總體經濟政策上主張政府應扮演重大角色，且在個體經濟的「管制經濟」領域上學術成就非凡，也因為有此成就，他對所謂「市場失靈」自認非常了解，對政府介入也信心滿滿。

　　另一位與史迪格里茲齊名，甚至更有名、更具影響力的人是二〇〇八年諾貝爾經濟學獎得主克魯曼（P. Krugman），他在二〇二〇年美國總統大選前夕出版了《克魯曼戰殭屍：洞悉殭屍經濟的本質、揪出政經失能的本源》（*Arguing with Zombies: Economics, Politics, and the Fight for a Better Future*）一書，將其自二〇〇四年小布希當選連任美國總統之後，在《紐約時報》等媒體所寫的專欄文章整理成冊出版。全書以主題分類，共有十八章，分別是「拯救社會安全計劃」、「邁向歐記健保之路」、「對歐記健保的攻擊」、「泡沫和爆破」、「經濟學的危機」、「緊縮政策」、「歐元」、「財政騙子」、「減稅」、「貿易戰」、「保守派」、「唉唷！社會主義！」、「氣候」、「川普」、「論媒體」，以及「有關經濟的想法」。光由章名就可知涵蓋範圍之廣，真可說琳琅滿目。這些篇章主要是對政府政策的建言，但他認為政策制訂者一直拒絕運用他所提供的意見（或知識），反而選擇執迷於錯誤且往往惡意反對預算赤字的理論，因而造成不必要的巨大

痛苦，使得克魯曼深感有志難伸，抑鬱不得志。

聳人聽聞的 「殭屍經濟」

為了一抒鬱悶，克魯曼將他的政策建言整理成書出版，公諸大眾，讓讀者公評，替他討回公道。克魯曼真的是氣壞了，他將反對者稱為「殭屍」，認為他不只是對牛彈琴，簡直是與毫無知覺的屍體論辯。我們都知道，克魯曼是所謂的「新凱因斯學派」的領頭羊，有著「凱因斯二・○」、「凱因斯還魂」的名號，甚至於「青出於藍、更勝於藍」，比凱因斯還凱因斯。

眾所周知，凱因斯在一九三○年代全球經濟大恐慌之際，出版了經典的《就業、利息和貨幣的一般理論》（*The General Theory of Employment, Interest and Money*, 簡稱《一般理論》）。他提出「政府應創造有效需求」來消弭「大過剩」，讓失業降低，使經濟復甦。克魯曼相信凱因斯經濟政策能有效解決問題，然而，在歐巴馬主政近四年間，美國經濟非但沒有從金融海嘯泥淖中走出來，所得分配還更不平均，失業率一再上飆。當經濟衰退成為二○一二年美國總統大選前歐巴馬連任罩門時，他又出版了《終結大蕭條》（*End This Depression Now!*）這本被稱為「通俗版《一般理論》」的著作，提出比凱因斯政策更強的藥方來化解難題。

通俗版 《一般理論》

　　該書將當時的蕭條情境以實際數字和優美的文字陳述，再以凱因斯的「短期」、「非常時期」、「流動性陷阱」作為理論基礎，導引出「政府支出創造有效需求」來解決棘手的失業和蕭條問題。他認為，短期不救將降低長期產能，失業會更加深美國人內在生命的創傷，而長期失業者自尊受打擊極具破壞性，焦慮症與憂鬱症也隨之出現，因而非以「非常手段」化解不可，而簡單無害的「政府支出大量增加」是最佳藥方。

　　克魯曼大力批判主張「撙節」者，並極力撻伐賽伊法則的「供給創造需求」，將自由經濟「淡水學派者」指謫為「替共和黨跑龍套」，把「意識型態」、「不食人間煙火」的大帽子套在這些人的頭上。克魯曼甚至認為國債不必還，房貸契約也可打消，將「以債養債」換為「以債療債」，也就是說，繼續舉債是正確的，當時各國政府「印鈔救市」、「振興經濟方案」之所以效果不彰，是因為「力道、強度、規模」不夠大，他指責歐巴馬魄力不夠、太妥協。他也認為通膨不會發生，而發動戰爭讓政府支出大增也是解決蕭條、需求不足的方法。

　　由於歐巴馬順利當選連任，克魯曼或許認為他的建言發揮效用，以致於對「反赤字預算」、「緊縮政策」、「財政危機」等等

淡水學派或保守派人士所主張的理念都指為錯誤，而且還一直被共和黨引用，於是以「殭屍」稱之。

自由主義者的良心

　　同樣地，克魯曼在二〇〇七年十月美國總統大選前夕出版的《下一個榮景：政治如何搭救經濟》（ *The Conscience of A Liberal* ）中極力宣揚「社會安全計劃」、「歐記健保」等等社會主義政策。該書係以「政治經濟學」描述美國一九三〇年代經濟大恐慌以來的政經發展史。他充分發揮以優美文筆說故事的能耐，哀悼美國中產階級的消失、所得分配的極端不均。

　　克魯曼認為，全球化和科技變遷這種一般公認的原因無法解釋這些現象，應是體制、行為準則和政治力的改變所致，於是他描述了共和黨和民主黨之間的競合經過，行文中貶抑前者讚揚後者。在克魯曼心中，共和黨偏袒、保護大企業和有錢人，藉著減稅、取消社會福利或讓福利民營化，將財富集中在少數人手中，再依靠他們的大筆捐款、獻金，經由選舉伎倆贏得選戰、獲得政權。當時他就指出，小布希第二任時，美國人已經覺醒，加上黑人以外的移民人數比重大增，大反轉的日子已到，而那時民主黨候選人重視並討論全民健保計劃、因應貧窮新方法、協助無殼族

的方案，切合美國人需求，因而勝選機率高。

克魯曼在該書中表明，他非常懷念一九三〇年代大恐慌後小羅斯福總統實施「新政」的日子，那是中產階級出現、社會公平、政黨間和諧共處、所得分配相當平均、人民安居樂業的景象。因此，他期待美國出現「新新政」，主張將「全民醫療」作為重點，就像社會安全制度是「舊新政」的核心一樣，而在成功實施全民醫療後，接著轉而解決更廣泛、更艱辛的「不平等」工程，克魯曼認為這就是「自由主義者」的任務。

事實顯示，克魯曼的預測和期望都實現了，歐巴馬當選總統，也大力推動全民醫療，向社會主義靠攏，可說完全依照克魯曼指示的道路前進，似已顯見該書的影響力之大。

全力攻擊川普

至於「減稅」、「貿易戰」、「氣候」、「川普」、「論媒體」等議題，是川普讓跌破眾人眼鏡、當選二〇一六年美國總統後，執政四年之間發生的事。由於川普繼承雷根，重拾保守立場、反共、自由經濟、小政府、減稅、退出《巴黎氣候協定》、對中共發起貿易戰，並大幅翻轉歐巴馬社會主義政策，等於將克魯曼的主張全部消除。是可忍、孰不可忍，克魯曼原本以為希拉蕊篤定

當選，沒想到半途殺出程咬金，全盤皆輸之下他怒不可抑，也隨著左派媒體起舞，認為川普用騙術取勝，將川普視為陰險小人，在專欄文章中大力批判。他不但極度貶低川普政策，還將提出政策的學人等視為殭屍。克魯曼這麼有名望的高雅之士，如此氣急敗壞、口出惡言，實在是情何以堪！不過，這也正凸顯出克魯曼有多麼沮喪和失望了。

其實，克魯曼在書中的陳述隱示，他也知道這樣的咒罵並不妥當，或許他懊惱自己沒在二〇一六年總統大選前出書幫民主黨的希拉蕊造勢，以致讓川普得勝，於是他在該書中加大力度，用選舉語言及強烈方式攻擊對手。不論如何，失去學者風度，尤其是沒以諾貝爾獎經濟學家應有的高度來論理，終究不是好做法。說實在，在克魯曼寫報紙專欄文章數年後，已有人批評其通俗文章「不嚴謹」、「不正經」、「不科學」，充滿了意識型態，也有人認為那早就不是超黨派的學者意見，而是到了逢共和黨必反的地步，嬉笑怒罵布希總統更是家常便飯。舉個很典型的例子，針對共和黨所反對的「全民健保」，他認為美國汽車業之所以敵不過日本的競爭，就是日本實施全民健保而美國沒有所致。

迄今，克魯曼不但未有收斂，反而更變本加厲，逢共和黨必反，尤其對川普更是不分青紅皂白，惡言相向。舉例來說，川普的減稅與貿易戰被克魯曼說的一文不值，他還說川普稱「貿易戰

是好事、要贏很容易」的言論，會被載入史冊而「遺臭萬年」；但被南卡羅來納大學艾肯學院的華裔學者謝田教授一一舉證，徹底駁斥。此外民意調查顯示，美國人支持貿易戰，在瘟疫發生前，美國經濟欣欣向榮，至少不是克魯曼說的減稅無效。那麼，克魯曼批評漫罵對手殭屍觀點，不是正好可用在自己身上嗎？

海耶克諍言

寫到這裡，我不免又想起一九七四年海耶克在受獎宴席上的一番話：

「……諾貝爾獎給某一個人這種權威，而就經濟學這門學科來說，誰也不應該享有。在自然科學領域，這沒有問題。自然科學家當中某一個人所發生的影響，主要是影響到他的同行專家們……但是，經濟學家影響的卻是一些外行：政客、記者、公務員和一般大眾，且關係重大。

在經濟學方面有一點特殊貢獻的人，沒有理由就此成為全能者，可以處理所有的社會問題。可是新聞界卻會如此看待獲獎者，而獲獎者自己也終於自信是如此。甚至於有人被捧昏了頭，居然對一些素未專研的問題表示意見，而認為這是自己的社會責任。

用這樣隆重的儀式宣揚少數幾位經濟學家的成就，舉世矚

目，因而加強獲獎者的影響力，這樣做，我不相信是一件好事。

所以我想建議，凡是獲得諾貝爾獎這項榮譽的人，必得做一個謙虛的宣誓，誓不在自己的學力以外對公共事務表示意見。

或者，授獎人在授獎時至少要求受獎者謹記經濟學大師馬夏爾（A. Marshall，一八四二～一九二四）的嚴正忠告：「社會科學者必須戒懼赫赫之名：當眾人大捧之時，災禍亦將隨之。」

美國邁入 「社會主義國」

海耶克有感而發的這番話應不只是說給得獎者聽，也特別告訴普羅大眾，尤其是新聞從業者，不要將這些獲得諾貝爾獎者視為無所不知、無所不曉的超人。每個人，尤其有名望的人，都應提醒自己時時需緊守住分寸，以免過度膨脹，畢竟凡人都很難抗拒被捧的誘惑！何況，正如海耶克所言，經濟事務關係人生，千頭萬緒難以釐清，一旦提出錯誤建議、進而化為政策施行，則危害大矣。而被奉為上賓的諾貝爾獎得主最具此種條件，他們的話往往最容易被視為真理。

雖然克魯曼過分情緒性、甚至政治性的言論不可取，但他談論的主題及其觀點還是很重要，且肯定會受到關注，或許這也是打敗川普的因素之一。

不過，二○二○年美國總統大選結果，民主黨勝選，顯示克魯曼的論點較受肯定，而左派社會主義的政策將被重新拾回，歐巴馬政府二‧○也明顯出現。由拜登上台百日所推動的政策，以及他在二○二一年四月二十八日晚間在國會聯席會議上的演講可知，激進社會主義的民主黨議程正急速的推進，「奴役社會」的美國或也即將來到！實有必要設法防阻。

社會主義者是危險的理想主義者

回顧歷史，我們還是必須再搬出當年海耶克對社會主義和社會主義者的描述。海耶克認為，社會主義的核心認知是：任何社會只須有同情心，都可以透過政府的「規劃」與經濟管制，為每個人創造一個更符合人性的生活環境。無論是從道德標準、還是從效率標準來論證社會主義的優越性，都必須依據海耶克所謂的「傲慢的理智」（intellectual hubris）或「不要命的自負」（fatal conceit）——亦即都必須假定我們已擁有全面性、鉅細靡遺的知識。因此，只須再多一點同情心與意志力等主觀的決心，社會主義的優越理想即可實現。

海耶克認為，社會主義者是「危險的理想主義者」。此一行列之中，有許多人「其真誠與無私不容置疑」，也有許多「學術

聲望卓著」的人物。社會主義者只是一些在追求理想時，高估可能達到的目的，卻低估其附帶的危險之人士。

海耶克也認為，社會主義者「幫極權主義開路」。礙於自身的道德矜持，他們沒有能耐去從事讓極權國家機器得以轉動的那些骯髒醜事。因此，在其理念邏輯所要求的極端行動之前，他們就縮手不管——讓位給那些無所忌憚的冷血人物收拾殘局。海耶克就是這樣剖析納粹黨徒之所以在德國崛起，乃是因為維繫法治、政府分權與市場經濟等自由社會的觀念與價值，先被社會主義者摧毀殆盡所致。

對照海耶克描述的社會主義和社會主義者，史迪格里茲和克魯曼是不是很類似？前者在《狂飆的十年》中強調「經濟管理失靈」，比較雷根、老布希、小布希與柯林頓，貶前三者而揚後者，以通用的總體經濟指標數據，好似可以提供佐證。問題是：可用這樣子的「實證」方式嗎？二十一新世紀啟幕新經濟泡沫破滅，狂飆十年結束，是因為小布希政策錯誤，還是柯林頓主政時對科技產業過度縱容且管制失當所致呢？經濟體系當真可以「妥當管理」嗎？對「能否妥善管理」的認知正是關鍵所在。史迪格里茲批判世界銀行和國際貨幣基金（IMF）以及對政府經濟管理失當的批評，與一般社會學家的說法類似，他們認為是「管理者無能」，而非「鬆綁不必要的管理或廢除這些已完成階段使命的

機構」，他們期待「聖人、能人」的出現。是的！古代有「仁君」、近代有諸如蔣經國晚年的「善心獨裁者」，但由歷朝盛世晚期的墮落及可遇不可求、有如射飛鏢的「甚低機率」產生之仁君，就可知這種主張的危險性。索威爾說「法西斯、共產、社會主義都是集體主義的近親繁殖」，應該再加入「凱因斯管制、干預學派」。而索威爾說拜登執政將使美國無路可退，會像當年羅馬帝國崩潰，應該就是有這樣的認知。

政府無法適當管理經濟體系

七十多年前，海耶克揭穿社會主義及其擁護者的方式或可敲醒史迪格里茲和克魯曼及其同路人的迷障，可惜海耶克早已辭世。不過，不必失望，我們還有索威爾，雖然他的名氣難望這兩人的項背，但索威爾的功力亦不可小覷。說也真巧，就在史迪格里茲兩本著作出爐的幾乎同時，索威爾二○○三年也出版了《活用經濟學：跳脫單階段思維方式》（*Applied Economics: Thinking Beyond Stage One*）這本更為通俗的著作，書中論點正好可戳破凱因斯學派和管制經濟學者那些似是而非的說法。關鍵就在「單階段或短期或政治觀點」以及「第二輪效果或長期或經濟思考」之區別，凱因斯的名言「長期來看，我們都死了」（in the long run, we are all dead）鮮活點出了「急功近利」，以及為政客們不負責任政治主張和飲鴆止渴經濟政策（亦即不必顧慮龐大不良後遺症的政策主張）掩護的用意。

揭穿社會主義迷障的半通俗著作

或許情勢的演變愈來愈險惡，由社會主義者發表的言論和觀念，以及從而形成並付諸實施的政策愈來愈多，甚至共產主義的「假、惡、鬥」理念及政策措施經由各種媒體廣泛的散播，逐漸深入世人之心，事情和問題的真相被扭曲或掩蓋，各種謬論紛紛出籠，政府管制干預的力量愈來愈大，而「錯誤的政策比貪汙更可怕」的事實愈來愈多，人類向下沉淪、走向奴役之路愈來愈明顯。有鑑於此，索威爾乃在五年之後（二○○八年）出版了這本《謬誤與真相》，以生動又淺顯易懂的方式，揭露各種社會經濟議題的常見謬誤，讓世人清醒過來，趕緊遏止向下沉淪的趨勢，進而向上提升、增進福祉。

如索威爾所言，「很多事情之所以有人相信，只是因為有人一再重申，久而久之，大家便習以為常，照單全收。」這也就是「以訛傳訛」、「謊話說了 N 遍就變成真的」，為了破解迷思和揭露那些危害全球各國成千上萬人福祉的謬誤，索威爾才寫了這本

書。他也發現，許多觀念都禁不起事實的檢驗，他就以扎實的「事實」來檢驗諸多大家普遍相信的說法。畢竟根據那些謬誤所制定的經濟政策可能已造成了毀滅性的衝擊，而看穿這些謬誤不只是一種智識訓練而已，更可清楚了解經濟學，而可為整個國家帶來許多提高生活水準的好機會。

本書除了前言和結語外，共分為七章。第 1 章闡述「謬誤的代價」，索威爾在多到難以計數的經濟謬誤中，選出零和謬誤、合成謬誤、因果謬誤、棋子謬誤，以及開放式謬誤這五大常見謬誤一一講清楚、說明白。接著六章各以「都市的」、「性別的」、「學術的」、「收入的」、「種族的」以及「第三世界的」謬誤與真相分別以實例剖析。

這些林林總總的現象和問題都是自古以來常見的，可以概括地說，「不公平」和所謂「歧視」的大課題，一般的認知是自由市場、資本主義施行的結果，於是大都認為，應由「政府」管制、干預，以法令和保護政策來實現公平正義。不過，這些既存的現象要不是被有意的渲染、誇大，就是有統計資料的偏誤或錯誤解讀，而政府干預的結果不但保護不了弱勢，反而招致他們受害的不幸下場，這也就是東方的「愛之適足以害之」、西方的「善意往往引向地獄之路」的寫照。

十九世紀以來，一直有智者大聲疾呼並為文試圖導正此舉。

一八五〇年法國經濟學家、政治家、議員巴斯夏（Frédéric Bastiat，一八〇一～一八八〇）出版的《看得見與看不見的經濟效應》（*That Which Is Seen and That Which Is Not Seen*）、一九八〇年弗利曼夫婦的《自由選擇》（*Free to Choose*），以及一九四六年亨利‧赫茲利特（Henry Hazlitt，一八九四～一九九三）的《一課經濟學》（*Economics in One Lesson*）都是最知名的通俗著作，而二十一世紀則有索威爾的《活用經濟學》和這本《謬誤與真相》。

正如赫茲利特所標榜的「不只觀察任何行動或政策的立即影響，更要看較長遠的影響；不只追蹤政策對某個群體產生的影響，更要看對所有群體造成的影響。」這些書都點出真理所在。不希望受偏誤思想毒害的讀者，尤其政府決策官員和年輕世代，更是有必要仔細閱讀這些書。

最後，必須強調的是，《謬誤與真相》這本書除了是生活事件的應用，還有自由經濟思想的根本哲理，更值得讀者細細咀嚼。

切勿積非成是

索維爾

史丹佛大學胡佛研究所

　　有些事情之所以有人相信，是因為它們被證實為真；但很多事情之所以有人相信，只是因為有人一再重申，久而久之，大家便習以為常，照單全收。

　　本書以扎實的事實來檢驗許多大家普遍相信的說法。結果發現，許多觀念都經不起事實的檢驗。有些觀念有如紙牌屋一樣不堪一擊，有些觀念看似真理，但與事實截然相反。

　　撰寫本書的目的，不止是為了破解迷思，也是為了揭露那些危害全球各國千萬百姓福祉的謬誤。根據那些謬誤所制定的經濟政策，可能或已經造成了毀滅性的衝擊。看穿這些謬誤不單只是一種智識訓練而已，畢竟更清楚了解經濟學，便可為整個國家帶來許多提高生活水準的好機會。

　　這本書的出版，如同我其他的著作，我那兩位優秀的研究助理劉娜（Na Liu）與伊莉莎白・科斯塔（Elizabeth Costa）立了大

功。她們不僅幫我找到了許多我想要的素材，也常提供一些我沒開口要求的寶貴資料。此外，科斯塔女士負責文案編輯，劉女士負責電腦排版以利付梓出版。

第 1 章
謬誤的代價

> 「永遠不要低估以事實推翻錯誤信念的難度。」—— 亨利・羅索夫斯基（Henry Rosovsky）[1]

　　謬誤不是天馬行空的瘋狂想法，它們通常看起來合情合理，只是缺了點什麼。那看似合情合理的表象，使它們獲得政治上的支持。當政治上的支持大到足以讓謬誤變成政府政策與計劃時，它的缺失或遭到忽視的因素才有可能導致「意外後果」—— 這是經濟或社會政策災難發生後常聽到的一個說辭。另一種政策災難後常聽到的說辭是：「那個概念當時看起來還挺好的。」這也是為什麼我們需要深入探究那些目前表面上看起來還不錯的論述。

　　有時候，謬誤所欠缺的只是一個明確的定義。沒有明確定義的字詞在政治上有一股特殊的力量，尤其當它們喚起一些能觸動

情緒的原則時，更是如此。「公平」就是一個沒有明確定義的字詞，它為「公平交易法」（Fair Trade laws）、「公平勞工標準法」（Fair Labor Standards Act）等一系列政策吸引了廣泛的政治支持。雖然字詞沒有明確的定義是一種缺陷，但它也因此享有很大的政治優勢。當一個字詞可以掩蓋歧見、甚至掩蓋相互矛盾的觀點時，那些在重要議題上抱持著不同觀點的人，也可以為那個字詞團結以及動員起來。畢竟，有誰會贊成不公平呢？同樣地，對於不同的個人與團體而言，「社會正義」、「平等」以及其他沒有明確定義的術語可能意味著完全不同的事情——但有心人士都可以把他們動員起來，去支持那些使用這類誘人字眼的政策。

經濟政策中謬誤百出，從住屋到國際貿易，影響層面之廣。而這些政策所衍生的「意外後果」則可能要等到政策推行多年以後才會出現，但很少人會去追溯這些意外的起因。即使政策推出後馬上就出現了不良的後果，很多人也不會聯想到問題是政策本身造成的，這些錯誤政策的宣導者常把不良的後果歸因於其他因素，甚至宣稱，要是沒有推行那個美好政策，情況可能會更糟。

即使有鐵證證實那些謬誤有害，謬誤依然大行其道，這有許多原因。例如，民選官員不願輕易承認他們力推的政策或措施是錯的，以免賠上自己的政治生涯。許多理念或運動的領導者也是如此。即便是有終身教職保障的知識分子或學者，當他們提出的

概念出現反效果時，也可能聲譽受損，顏面掃地。有些人自以為他們所支持的政策是在幫助弱勢，因此難以面對證據顯示弱勢群體正是因政策而受害。換句話說，對一些人來說，證據在政治上、經濟上、心理上都太危險了，絕不能讓證據威脅到自身利益或自我良好的感覺。

沒有人喜歡承認錯誤，但在許多方面，**不承認錯誤的代價高到無法忽視**。那些代價令人迫不得已面對現實，不管他們有多不情願或多痛苦。學生誤解了數學，就只能在下次考試之前糾正那種錯的概念，別無他法。商務人士不能死守著對市場或經營方式的錯誤信念，而放任事業不斷虧損下去。簡而言之，識破謬誤既有現實的需要，也有理智的需要。政府的經濟政策是否有誤，可能會影響數百萬人的生活水準。正因為如此，經濟學的研究才如此重要，揭穿謬誤也不只是一種紙上談兵的學術演練。

經濟謬誤多到難以計數，無法一一羅列，但在此我們概括列出五大類常見的經濟謬誤，並在後續的章節中逐一探索。這五大類常見的謬誤分別為零和謬誤（zero-sum fallacy）、合成謬誤（fallacy of composition）、因果謬誤（post hoc fallacy，注：或稱事後歸因謬誤）、棋子謬誤（chess-pieces fallacy）、開放式謬誤（open-ended fallacy）。

零和謬誤

　　許多的經濟謬誤都建立在一個比較廣泛、通常是隱性的錯誤假設上，也就是假設經濟交易是一種零和流程：交易中有一方受益，就表示另一方受損。但是，除非交易讓雙方（無論是雇主與員工、房東與房客、還是國際貿易中的雙方）都變得更好，否則自願的經濟交易不可能持續發生。這個道理看似不言而喻，但對於那些宣導政策以幫助其中一方進行交易的人來說，卻不見得那麼顯而易見。

　　我們從頭開始說起吧。為什麼會做經濟交易？交易條件是怎麼決定的？除非交易條件是雙方都能接受的，否則交易「可能」互惠互利只是必要條件，但不是充分條件。當然，交易雙方都比較喜歡對自己特別有利的條件，但是為了不失去交易可得到的好處，他們也會接受其他的條件。能讓單方接受的條款可能有很多項，但是唯有雙方接受的條件有交集，才有可能成交。

　　假設政府為了幫助一方（比如員工或房客）而推行一項政策，這項政策就涉及到三個不同的交易方；只有三方都接受那些條件，政策才是合法有效的。換句話說，新條款排除了一些原本雙方都可以接受的條款。由於三方都接受的條件比雙方接受的條件**還少**，達成的交易可能就更少了。這些交易本來是互惠互利

的，但在政府介入推行政策後，**雙方**反而某方面變得更糟。這個一般原則在現實世界中有許多具體的例子。

例如，世界各地有許多城市實施租金管制，以保護房客的利益。房東與建商幾乎都認為這些管制過於嚴格，所以減少住屋的供給。例如，埃及於一九六○年實施了租金管制，二○○六年，一位經歷過那個年代的埃及婦女這麼寫道：

最終的結果是，民眾不再投資公寓建造，租屋及住屋的供應極其短缺，導致許多埃及人生活在惡劣的環境中，幾個家庭一起住在一套小公寓裡。嚴苛的租金管制所留下的後果仍殘留至今，那種政策錯誤可能會影響好幾個世代。[2]

換句話說，雖然房東與建商失去了賺更多錢的機會，但許多租戶也失去了找到像樣住所的機會。雙方都受害了，雖然傷害各不相同。埃及並非特例，紐約、香港、斯德哥爾摩、墨爾本、河內，以及全球無數城市在實施租金管制後，都出現了住宅短缺。（原注：我在《經濟學的思考方式》〔*Basic Economics*〕的第三章中，探討了這些住屋短缺確切的發展方式。）

當房租的上限設得比市場供需決定的價格還要低時，就會立即產生以下效應：由於租金變便宜了，更多人想租房子。但是，在沒有增建更多公寓的情況下，表示更多人找不到空屋可租。此

外，在現有的建築破損之前，維修服務都會變差，因為住宅短缺意味著房東不再面臨同樣的競爭壓力，租屋根本供不應求，他們不必花錢修補房子來吸引租戶，而忽視房子維修會使建築物破損得更快。同時，租金管制使得新建公寓的投資報酬率變低，導致新建的公寓愈來愈少。在租金管制特別嚴苛的地方，可能根本不會興建新的公寓來取代破舊的公寓。澳洲因為實施了租金管制法，使得墨爾本在二戰後多年完全沒有新落成的公寓。在美國麻州的一些社區則長達二十五年沒有造過新的租屋。直到該州禁止地方實施租金管制法，新屋的營建才得以恢復。

有些租戶確實因為房租管制法而受益，像是那些在房租管制法通過時已有公寓可住、也覺得只要能少付房租，就算修繕、維護與其他配套服務（例如暖氣與熱水供應）較差也可以接受的人。然而，久而久之，一些日益惡化的建築將難以住人，覺得這種取捨可以接受的房客會日益減少。在租金管制特別嚴的地方，房客對房東疏於提供足夠的暖氣、熱水、維修的抱怨特別強烈。總之，減少雙方都能接受的條件，往往也減少了雙方都能接受的結果，最終房東與房客整體上都受害，只是受害的方式不同。

政府強制推行交易條件的另一個例子是制定法律規範員工的薪酬、福利、工作條件。這些方面的改進可讓工人過得更好，但雇主必須為此付出更高的代價。這種交易同樣也會導致交易（亦

即雇用）減少。多年來，歐盟國家的失業率往往較高，失業時間也較長，這些國家的最低工資法及政府要求雇主為員工提供的各種福利政策都比美國多，所以這些國家創造新就業機會的速度遠比美國來得慢。同樣的，三方都可接受的條件，通常會比交易雙方可接受的條件交集還要小。

誠如「租金管制」例子中的房客一樣（已租到房子的人因管制受惠，未租到房子的人因管制受害），已經有工作的員工因法律規定雇主必須提供的各種福利而受惠，但較高的失業率及較長的失業時間剝奪了其他人原本的就業機會。這種法律產生的淨效果，就是雇主會減少人才招募，老闆們寧可用資本取代勞力（例如自動化），以及把工作外包給其他國家。「天下沒有白吃的午餐」這句老生常談之所以老掉牙，正是因為這句話在那麼長的時間、那麼多不同的情境中，都鑿鑿有據。

或許，零和交易隱含的假設所造成的最糟後果發生在貧困的國家。貧國為了避免遭到「剝削」，反而把國際貿易及外國投資拒於門外。「出口及投資的開發國家」與「進口及獲得外資的第三世界國家」之間貧富差距懸殊，導致有人據此推論，富國是靠掠奪貧國而致富。這種零和觀點的各種版本（從列寧的帝國主義理論到拉丁美洲的依附理論）在二十世紀普遍獲得接受，而且很難用反證加以推翻。

然而，最終許多曾經貧窮的地方（如香港、南韓、新加坡）透過更自由的國際貿易與投資達到了繁榮，這些實證顯而易見且廣為人知，以至於到了二十世紀末，許多國家的政府開始放棄對經濟交易的零和觀點。中國與印度就是貧國放棄了嚴格的國貿與投資限制，促成經濟成長率大幅提升，也讓數千萬人民脫貧的鮮明例子。換個角度說，零和謬誤使數百萬人世世代代深陷不必要的貧困之中，直到謬誤的觀念遭棄，他們才得以解脫。為了這種未經證實的假設，代價竟然如此慘烈，可見謬誤的影響有多大。

合成謬誤

　　邏輯學家所謂的「合成謬誤」，指的是部分正確的東西，整體也是正確的。棒球場上一個球迷站起來看比賽，可以看得更清楚；但若是所有的球迷都站起來，並不會讓每個人都看得更清楚。許多經濟政策涉及合成謬誤，因為政客為某些群體、產業、國家或其他特殊利益團體代言，把他們的利益塑造成對整個社會有利，但實際上不過是在挖東牆補西牆罷了。

　　例如，許多地方政府的政策為了吸引新企業或高收入群體進駐某地，以期為地方帶來更多的稅收，他們便拆除整個社群，並「重建」高級住宅及購物中心以「振興」社群。聯邦政府常補貼

這類的做法，卻沒考慮到那裡吸引的企業及高收入群體只是從其他地方遷入的，而當地的低收入者只是搬去其他地方罷了，對於整個國家而言，沒有任何淨效益。然而，從地方到中央政府卻推動了無數這類計劃，這些計劃充其量只是零和運作（zero-sum operation），大多時候甚至是負和運作（negative-sum operation），因為全國有數百萬人的生活受到影響，數十億美元的稅收都花在拆除社區上。放眼到全國層面，這樣做毫無建樹，不過是讓那些自願遷移的納稅人到其他地方置業，不必向現有的房產主競價購買房產，以及迫使流離失所的窮人遷往他處罷了。

由於政府實施的政策不像市場那樣是自願交易，「零和運作」及「負和運作」有可能無限延續下去。

然而，在任何改造地點，都有令人印象深刻的對比圖，來對比改造前後的場景以及慶祝當地明顯的改善。比方說，多年來攝影師喜歡以美國國會大廈的圓頂為背景，拍攝華盛頓特區的貧民窟。後來，大規模的貧民窟清理專案終於阻斷了這些尷尬照片繼續出現。儘管這些新的貧民窟現在位於國會大廈「眼不見為淨」的距離，也不再造成政治上的尷尬，但流離失所的窮人搬往其他社群，把許多社區變成了貧民窟。

一般認為，政府支出有利經濟發展，因為那些錢會一再轉手花出去，過程中創造了就業機會，進而增加收入，並產生了稅

收。然而，那些政府開支是源自稅收，如果政府沒有課那些稅，讓那些錢就會留在納稅人的手中，他們也會花掉那些錢，並一再轉手花出去，過程中也會創造就業機會，增加收入，創造稅收。就資金轉移來說，這充其量不過是個零和流程。但是，就「為了政府支出而提高稅率」來說，這是一個負和流程，因為稅率一高，大家投入活動去推動經濟發展的動機就減少了，如此帶來的繁榮也減少了。

為了避免「過度擁擠」而鼓吹保留「空地」政策的人忽略了一個事實：總人口的規模不受這類政策的影響，也就是說，無法居住在當地的人會轉往他處，使其他地方變得更擁擠。

因果謬誤

因果謬誤不僅常見，且歷史悠久，它甚至有一個流傳幾百年的拉丁文名稱：**Post Hoc, Ergo Propter Hoc**——換句話說，就是「發生在這個之後，所以這個是原因」。例如，世界上許多地方成功推動了禁用殺蟲劑 DDT，當時最有效的論點便是指控 DDT 會致癌。在廣泛使用 DDT 的地區，罹癌率確實上升了。其中有許多國家曾因瘧疾肆虐，導致大量人口喪生。他們使用 DDT 消滅傳播瘧疾的蚊子後，罹患瘧疾的人數大減，瘧疾甚至在有些地

方絕跡了。所以，現在有數百萬原本可能被瘧疾奪走生命的人，因為活了下來而在晚年罹患癌症。但 DDT 不會導致癌症，禁用 DTT 反而導致瘧疾死灰復燃，奪走世界各地數百萬人的性命。

如果有兩件事都很驚人，且其中一件事緊接著另一件事發生，大家就會很容易把第一件事視為導致第二件事的原因。一九二九年發生了前所未有的股市崩盤後，緊接著一九三〇年代發生了前所未有的經濟大蕭條。於是，多年來大家普遍認為，股市崩盤導致整個經濟崩解。然而，一九八七年發生類似的股市崩盤後，接著出現了二十年的經濟成長，失業率與通膨率皆低。

至於一九二九年股市崩盤後續的十二個月裡，失業率從未達到兩位數，只有在股市崩盤後的兩個月達到最高峰九％，之後就開始下降，一路降到一九三〇年六月的六．三％。那時，聯邦政府才首度對經濟進行重大干預，實施斯姆特─霍利關稅法案（Smoot-Hawley tariff）。在那次干預之後，失業率的下降趨勢開始逆轉，並大幅上升，遠遠超過股市崩盤後的水準。在聯邦政府首度大動作干預經濟的六個月內，失業率在一九三〇年十一月突破了個位數，達到一一．六％。此後，聯邦政府又對經濟進行了一系列大規模的干預，失業率在一九三〇年代的剩餘時間裡一直維持在兩位數。二〇〇四年發表的一項經濟分析因此推論，政府干預使經濟大蕭條延長了好幾年。[3]

因果謬誤不單是智識問題。在政治上，有些人喜歡為好事搶功，把壞事推卸給別人，導致許多因果謬誤。美國預算出現盈餘時，總統幾乎都會宣稱那是他的功勞；但預算出現赤字時，批評者總是把赤字怪在總統頭上。然而，所有的聯邦政府支出預算都出自美國眾議院，只有國會才能改變稅率。當總統與國會分別由不同政黨主導時，赤字與盈餘都不太可能是總統的決定造成的。

棋子謬論

早在十八世紀，亞當・斯密（Adam Smith）就曾經描述教條理論家（doctrinaire theorist）「自以為是」、「似乎想像他可以像下棋時擺佈棋子那樣，任意左右某個社群中的不同成員」。[4] 這種理論家如今依然相當常見，而且在制定法律與政策方面，他們至少有一樣大的影響力。

與棋子不同之處在於，人類有自己的個人喜好、價值觀、計劃與意志，這些都有可能與社會實驗的目標相衝，甚至破壞目標。此外，無論社會實驗有什麼好處，實驗本身都會帶來巨大的經濟與社會成本。儘管一些社會實驗者認為，要是某個計劃或政策無效，可以一再嘗試別的，直到找到有效的方案或政策為止。然而，不斷實驗所產生的不確定性，可能會導致民眾改變行為，

對經濟產生不利的影響。

包括凱因斯（John Maynard Keynes）在內的一些經濟學家認為，一九三〇年代羅斯福新政（New Deal）的實驗性政策所帶來的未來不確定性導致大家沒興趣投資，因此缺乏擺脫經濟大蕭條的動力。[5]蘇聯解體後，俄羅斯第一位非共產黨領導人葉爾欽（Boris Yeltsin）同樣談到：「我們的國家如此富有、如此有才華，卻如此精疲力竭，全因持續不斷的實驗所致。」[6]人不是棋子那樣的無生命物體，無法任由擺佈。想要把人當成某個遠大計劃的一部分那般操弄，不僅不會成功，還會適得其反——而且「一開始沒成功，那就多試幾次」的觀念可能會導致災難；因為在無止盡的實驗氛圍下，大家無法知道接下來會發生什麼事，也沒有可靠的預期架構。於是，消費者更不願消費，投資者也更不願投資。

開放式謬誤

很多人在鼓吹理想時，並未顧及經濟學最根本的事實：資源先天是有限的，而且還有其他的用途。誰會反對身體健康、安全或開放空間呢？但這些東西都是開放性的，且資源不僅有限，還有其他也很寶貴的用途。

無論我們為了身體健康做了多少事情，總是可以做得更多。

無論東西做得多安全，總是還有進步的空間。無論有多少開放空間，總是可以再開闢更多。儘管這些道理看似顯而易見，有些宣導者、運動、法律與政策會鼓吹大家以開放式的心態，無限制地去追求這些東西，完全不談限制或設限的原則，更遑論考慮到資源還有其他的替代用途（其他人可能用那些資源去追求他們的理想）。

身體健康當然是大家都渴望的目標，要是把數十億美元投入癌症研究，多數人都喜聞樂見。但有人願意拿一半的國民所得去消滅皮疹嗎？打擊犯罪當然可取，但有人願意拿一半的國民所得去消除店內行竊嗎？雖然沒有人會主張那樣的取捨，但是主張開放空間、打擊犯罪、更好的身體狀態或更潔淨的空氣與用水等開放式的要求時，確實忽略了權衡取捨的概念。這就是為什麼這些要求是開放的、無限的——無論是要求的金錢數量，還是執行這些要求時需要對民眾自由的限制都是無限的。開放式、無限制的要求助長了日益龐大的政府官僚體系，導致政府預算與權力不斷擴張。

無限的外推（extrapolation）是開放式謬誤的一種特殊變體。許多人強烈反對興建建築、高速公路，甚至反對建造供水與汙水處理系統，因為他們覺得建造那些東西只會吸引更多的人口、更多的車流、更多的都市化，導致綠地加速消失。但是，不僅人口

供應是有限的，每個人從甲地搬到乙地時，都會為甲地騰出空間、使乙地變得更擁擠，整個社會的擁擠度是**不變的**。至於綠地消失的問題，對一個九成以上的土地仍未開發的國家來說，那需要做極端的外推，才會覺得綠地消失是一個全國性的問題。

無限的外推不止限於環境問題。法院對「反托拉斯」案件的判決引發了民眾的擔憂，他們擔心某個日益成長的事業有逐漸發展成壟斷事業的「跡象」。美國最高法院就審理過一個經典個案：最高法院禁止布朗鞋業（Brown Shoe Company）與肯尼鞋店（Kinney shoe stores）合併，因為肯尼鞋店的銷量占全美一％的鞋類市場。布朗鞋業收購肯尼鞋店後，將會排擠其他的鞋業，開始走向壟斷。法院要在壟斷的「跡象」出現時，先斬除後患。假設這種無限外推是可信的，按照這種推理邏輯，如果黎明到現在氣溫上升了十度，我們在月底之前都會被烤焦。

總結與寓意

許多經不起審查的信念在沒人審查的情況下，可能會一直延續下去。特別是當技巧高超的宣導者又訴諸情感或利益來阻礙審查時，這些謬誤可能會綿延不絕。如今盛行的一些謬誤已有數百年的歷史，很早以前就有人駁斥過這些謬誤，但它們為了順應當

代潮流，以最新的修辭重新包裝，依然盛行至今。

　　以上簡要介紹了一些常見的謬誤。我們將在後續的章節中詳細探討更多具體的謬誤，並以鐵證加以檢驗。

第 2 章

都市的謬誤與真相

> 「在西方，城市一直是最佳機會與最糟影響兼具的地方。這裡有創意，也有衰頹；有自由，也有臣服；有富裕，也有貧窮；有輝煌，也有悲苦；有交流，也有孤獨──是最適合展現才華、性格、墮落、放逐的環境。」──作家艾力·賀佛爾（Eric Hoffer）

關於城市，我們首先要問的問題是：城市一開始是怎麼出現的？回顧歷史，古人為什麼會打造城市呢？為什麼古人會把城市建立在特定的地點呢？反觀現在，都市生活帶來了哪些經濟影響呢？是什麼因素導致城市繁榮或動盪、沒落，甚至消亡呢？什麼樣的政策會對住宅、交通、犯罪、經濟活動等都市問題有什麼影響呢？

事實其實相當簡單明瞭，但難就難在如何釐清謬誤。

交通

　　古往今來，交通成本在城市的創建過程中一直是很關鍵的要素。現代交通成本的變化與我們周遭城市持續改變的方式息息相關。在人類歷史大部分的時間裡，陸上的客運與貨運都依靠著人力或獸力運行，水上交通則是靠水流、風力或划槳前進。多數城市是在陸上、水上或空中機動交通工具出現以前建立的。最基本的事實就是陸路的運輸成本向來遠高於水路，尤其是在汽車、卡車、火車發明之前的數千年間更是如此。即便是今日，透過水路的長程貨運往往比陸路運輸便宜。

　　一個城市必須有大量的食物不斷輸入，才得以養活集中的人口，也必須把城市生產的商品運送到國內其他地方或世界各地的市場。由於城市擔負著這些重要的任務，自古以來，多數城市都建在可通航的水道上——無論是河流、湖泊，還是大海。例如，尼羅河畔的開羅、塞納河畔的巴黎，哈德遜河畔的紐約等河港城市；新加坡、斯德哥爾摩、雪梨等海港城市；奧德薩（Odessa，注：烏克蘭傍黑海的港灣城市）、芝加哥等大湖或內海的港口城市。少數例外是擁有其他交通優勢的城市，例如位於沙漠綠洲路線交會處的撒馬爾罕（Samarkand，注：烏茲別克第二大城，中亞歷史名城），鐵路樞紐亞特蘭大，或是汽車發明及公路網興建

後才變成大城市的洛杉磯。

▌ 人口集散

　　內部與外部的交通成本塑造了城市的歷史。當多數人徒步穿梭城市時，古代的城市一定比現代的城市更緊湊，也更擁擠。現代城市有公車、地鐵、汽車代步。古羅馬的人口總數與今天的達拉斯差不多，但古羅馬人的居住面積只有達拉斯的二％。[2] 就某種意義上來說，人擠人的地方才叫城市。也就是說，多元的活動（經濟、社會、文化活動）集中在大量人口能到達的地方，是城市吸引民眾、經濟活動、各種機構齊聚在城市的原因。這些活動的參與度，取決於花在金錢與時間上的交通成本。

　　在紐約興建地鐵之前，要多數民眾住在布朗克斯區（Bronx，注：紐約市最北的行政區）、而在曼哈頓市中心上班是很困難的。事實上，在馬車擴大都市居民的生活範圍之前，今天的曼哈頓市中心是城市住宅區的北界，從島南端的原始住宅區向上移動：

　　在原本散布著樹林、果園與耕地的地方，建築物突然拔地而起。一八三二至一八六〇年間，集中住宅區的北界從休斯頓街移

到第四十二街。這實在太驚人了，短短三十年間，城市邊界的擴展是過去兩百年的兩倍。[3]

幾年後，曼哈頓出現了第一個高架都市軌道系統。之後，在二十世紀初，這座城市的第一條地鐵通車，將都市住宅區延伸到島的北端，甚至跨過哈林河（Harlem River），延伸到布朗克斯區。

都市社區之所以擴張的主因是交通成本下降了。十九世紀初，火車首度在英國問世，許多人可以住到離工作更遠的地方、擴展到郊區，導致威靈頓公爵（Duke of Wellington）指責新建的鐵路根本在鼓勵「老百姓沒必要的四處移動」。[4] 此後的多年間也出現了許多冷言旁觀的觀察家，他們自以為他們比民眾更了解老百姓應該住在哪裡。

二十世紀下半葉，無論是在美國、西歐，還是其他地方，汽車的普及與平價化使富裕的工業社會迅速郊區化，帶來了許多至今仍有爭議的經濟與社會後果。雖然平價的交通成本（包括在擁擠的城市中行走）對城市生活來說是必要的，卻還不夠。城市裡一定要有值得步行或騎乘前往的地點，否則大家還是會繼續分散在郊區生活。

過去幾個世紀，歐洲與其他地方的許多城市周圍建有又高又

厚的石牆，代表著城市的功能之一是抵禦外敵入侵或防範無法無天的掠奪者。此外，城市裡也有許多互補的活動在彼此的附近進行。有些活動的固定成本很高（例如興建供水系統或汙水處理系統），而當這些鉅額成本可以由某個地區聚居的大量民眾分攤時，就比較經濟實惠。醫院、劇院、大教堂是固定成本較高的建築，若是這些成本能由聚居在都市社區的大量民眾攤付，那就更有可能興建。這些優點正是城市吸引人、也導致城市較為擁擠的原因。

「過於擁擠的城市代表『人口過剩』」是與城市有關的謬論之一。事實上，在一些國家，有一半以上的人口居住在少數幾個城市中（有時甚至是一半以上的人口全擠在一個城市），鄉間仍有大片空曠土地，人煙稀少。即使像美國這種現代都市與工業社會，已開發的土地面積也不到五％，森林覆蓋的土地是美國所有城鎮面積總和的六倍。[5] 第三世界國家貧民窟的擁擠照片可能暗示著「『人口過剩』是導致貧窮的原因」這種推論；但實際上，貧窮才是導致那些負擔不起通勤成本或負擔不起都市生活空間、又不願放棄都市生活效益的人，全都擠在貧民窟生活的原因。

從前，各國與全球人口比現在少很多的時候，許多城市反而比較擁擠。隨著郊區的發展，更多人負擔得起更快速更便宜的交通工具，城市人口開始向周遭已開發的郊區擴散。由於交通更加

便捷，這些郊區居民現在可以從更遠的距離外**及時**貼近城市的體制與活動。假設有個達拉斯人住在離達拉斯體育館幾英里遠之處，有個古羅馬人住在離古羅馬競技場近很多的地方——那個達拉斯人開車到體育館的時間，會比那個古羅馬人走路去競技場的時間還短。

幾個世紀以來，無論是在歐洲、亞洲還是西半球，擁有馬匹與馬車的精英階層比貧窮的老百姓更貼近城市的誘人娛樂。長期以來，高昂的交通費用往往讓郊區成為較富裕的家庭所居住的地方，畢竟只有他們才負擔得起那樣的成本。現代隨著收入增加、交通成本下降，許多普通百姓也有財力搬到郊區居住，同時貼近工作及城市設施。二十世紀地鐵、通勤火車、公車、汽車的出現與普及帶來了交通革命，使一般民眾更容易享用都市體制。他們可以住在比過去的精英階層更遠離市中心的地方。

在二十世紀的交通革命之前，就連紐約市的樣貌也與當今大相逕庭。羅斯福總統的青春期後段及成年初期是在郊區的一棟豪宅中度過的，那棟豪宅建於一八七三年，座落在非核心的「紐約市周邊」[6]——現在的西五十七街！即使到了一八八一年，從西六十街到西七十街的「街道僅有數字之別，多數土地是空的」。[7]哈林區的人住在鄉下，而且當時黑人為數不多。十九世紀末，紐約市地鐵通車，二十世紀以來，大家花在交通上的金錢與時間都降

低了，這一切才有所改變。

▌汽車

　　第二次交通革命深深地影響了二十世紀城市與郊區社群的發展，也影響了生活的許多層面。這次革命指的是汽車的普及，因為亨利‧福特（Henry Ford）開創的量產方法大幅降低了汽車的成本，使得汽車從少數人買得起的奢侈品，變成數百萬中等收入者也負擔得起的交通工具。舉例來說，在一九一〇年至一九一六年間，福特 T 型車的成本降了一半。[8] 截至二〇〇七年，西歐每千名適駕人口約擁有六百輛汽車，美國約九百輛。[9]

　　汽車帶來的經濟影響之一，就是工人的求職區域更寬闊了，雇主的徵才區域亦然。例如，一項研究發現，在辛辛那提多數的居民開車二十分鐘內可以抵達該區九九％的工作地點。但若是搭乘大眾運輸工具時，時間足足增加了一倍（也就是四十分鐘），且可抵達的工作地點不到五〇％。俄勒岡州波特蘭的一項研究發現，沒有高中學歷的人只要有車，找到工作的機率就會提高八〇％，而且月薪可多一千美元。同一項研究也發現，有車的人比有高中同等學歷的人更容易找到工作。[10]

　　汽車的經濟重要性在禁止汽車的地方歷歷可見。最早的汽車

禁令之一是在一九五九年密西根州的卡拉馬祖（Kalamazoo）出現的，當時他們為了「振興」市中心，禁止汽車進入某條街道，以打造一個徒步商店街，與郊區的購物中心競爭。接下來的幾十年間，這個概念也傳至其他的城市：

在往後三十年間，美國與加拿大的城市打造了約兩百個那樣的徒步商店街。許多徒步商店街還獲得了都市規劃獎項的肯定。

然而，多數的徒步商店街非但沒有重振零售區，反而扼殺了零售業。空置率飆升，在商店街閒逛的消費者看到許多商店用木板封了起來，不然就是以前的百貨商店被改裝成二手商店或其他低租金的生意……許多徒步商店街明明失敗了，但在卡拉馬祖首創徒行商店街後的二十五年間，許多城市仍舊持續打造徒步商店街。一九八四年，水牛城封閉了主要街道的十個街區，禁止汽車進入。隔年，主街的空置率飆升了二七％，房地產的價值下跌了四八％……到了一九九〇年，許多城市開始開放汽車駛入徒步商店街。[11]

一個明顯有不良後果的錯誤，竟然過了幾十年才開始導正。此處真正的問題在於：錯誤是由第三方來決策的，而他們不必為錯誤付出代價。最初的汽車禁令只需要通過一關檢驗，也就是一群志同道合的「專家」認為那是個好主意就行了——從那些設計

獲得都市規劃獎項的肯定可見一斑。一旦某個想法被公開認同，無論是城市規劃者還是聘用他們的政客，都沒有動機去承認錯誤。他們只會忽視問題，或口頭上輕描淡寫帶過，既不會推翻自己的決策，以免危及自己的職業生涯，還往往會在公開場合大張旗鼓宣傳，並承諾將來會產生很大的效益。有時候只有繼任的政治人物或規劃者才會坦承前人的錯誤，而不危及自身職涯。相反地，如果計劃攸關自己的金錢，他們就得更快改弦易轍，以免破產。

雖然汽車的出現讓民眾可以住得離工作地點更遠，但由於許多人都得在幾乎同一時間、從不同的距離與方向抵達工作地點，交通尖峰時段的塞車問題就這麼形成了。事實上，尖峰時段高速公路與城市街道上的壅塞，已成了世界各地城市的普遍問題。

此外，塞車問題常隨著時間變得愈來愈嚴重。一九八三年，美國只有一個都市化地區的駕駛人，每年平均在交通顛峰時段塞車超過四十個小時。但二十年後，這種地區多達二十五個。[12] 這種壅塞對經濟、環境，甚至醫療都有不良的影響。舉例來說，一項有關法國塞車的研究發現，在一定的時間內（例如半小時）可到達的工作崗位數量，不僅影響到勞工能否找到更高薪的工作，也影響企業能否獲得更多的顧客及更多合格的員工，可見交通加速可提高生產力。世界其他都市地區的研究也發現了類似的結

果。[13] 交通阻塞增加了空汙，並延誤救護車往返緊急救護現場的時間，進而影響死亡率。以心臟病發做為例，醫護人員提前或延遲幾分鐘抵達現場，可能攸關生死。

世界各地的社區以各式各樣的方式來因應塞車問題，但成效不一。例如在古羅馬時期，凱撒禁止馬車白天入城。而現代城市減少尖峰時段塞車的方法包括限制或禁止汽車在某些時間和地點通行：倫敦在部分街道徵收使用費；法國與澳洲有收費公路；[14] 華盛頓特區因應顛峰時段塞車的方法則是在晨間的通勤時段把一些街道設成單行道，而在晚間的通勤時段，把那些街道改成反向的單行道，但在逆轉交通方向時，這種交通系統可能會造成一些危險的狀況。

事實上，由於多數的城市街道及多數的高速公路對駕駛人而言是免費的，相較於為使用道路的成本付費，大家更常使用那些免費道路，洛杉磯的高速公路就是個典型的例子。使用道路的成本不僅包括建造及維修道路的費用，尖峰時段塞車而阻礙他人通行的成本可能更高。據估計，在華盛頓、達拉斯、亞特蘭大、舊金山，每年在交通顛峰時段浪費的燃料與時間成本估計每人每小時超過一千美元，在洛杉磯更是超過一千五百美元。所以若把塞車的成本也考慮進去，洛杉磯的高速公路其實對該市或個別駕駛人而言都不是免費的。[15]

就像多數沒有明確收費的東西一樣，道路與高速公路的使用量，通常遠遠超過必須以現金支付隱形成本時的使用量。全球愈來愈多的城市開始意識到這點，並據此向駕駛人收費。一九七〇年，新加坡率先根據駕駛地點及時段向駕駛人收取不同的費用。起初，這些通行費用以人工收取，所以多多少少阻礙了交通，但後來自動收費方式取代了人工收費——採用電子收費系統，或是對那些駛入禁區／在限制時段違規行駛的車輛拍照，並收取罰款。即使是在一九七五年到一九九八年採用人工收費的年代，按塞車狀況向駕駛人收費，也加快了新加坡的汽車行駛速度。在開始收費之前，新加坡市區工作日的平均車速是每小時十五到二十公里。徵收通行費後，工作日的平均車速是每小時二十六到三十二公里。

　　儘管這些年來新加坡不斷發展，汽車數量是從前的三倍，但車速還是變快了。就像其他的時間與地點一樣，動機與誘因可以改變行為。有些人改變開車的時間規避繳交較高的通行費，有些人把開車起迄點改到收費最高、最擁擠地段的外圍。在尚未收取通行費時，駕駛人可能會直接走那個塞車路段；開始收通行費後，他們乾脆繞過塞車的路段，以避免支付最高的通行費。有些人改搭大眾運輸工具。新加坡收取通行費之前，公車載運四六％的通勤者；收費以後，公車載運六九％的通勤者。[16]

二〇〇六年，斯德哥爾摩推出一項實驗計劃：在早上六點半到七點之間的通行費為一小時後尖峰時段的一半。考慮到這些成本，尤其是不同時段的成本**差異**，不僅通過控制區的總交通量減少了二二％，尖峰時段與非尖峰時段的交通量比例也從約三比一變成二比一，[17] 有些人因此選擇提早上班或晚點下班，以避免尖峰時段的較高費率。換句話說，斯德哥爾摩的實驗就像新加坡與其他地方的實驗一樣，證明「免費」的道路導致交通阻塞。因為相較於按行為成本收費，多數「免費」物品的使用較為頻繁。

雖然街道與公路的收費與否會影響駕駛人對這些交通幹道的需求，但供給也很重要。關於都市交通有個謬論存在已久：鋪設更多道路根本白費心力，那樣只會鼓勵更多駕駛人上路，增加車流，恢復從前的塞車狀況。當《邁阿密先驅報》（*Miami Herald*）報導「鋪設道路無法改善這個地區的塞車問題」時，[18] 它正是在表達這種普遍的觀點，但事實上這種觀點經不起仔細檢視。例如，一九八六年到一九九二年間，休士頓的道路網每年增加一百英里，尖峰時段每位駕駛人的平均塞車時間**縮減**了二一％。反觀一九九三年到二〇〇〇年間，休士頓大幅減少新路鋪設，人口仍持續成長，塞車時間幾乎變成原來的兩倍。[19] 同樣地，一九八九年至一九九七年間，儘管聖荷西地區增加了十萬個新的就業機會，但由於道路系統不斷延伸，尖峰時段的平均通勤時間減少了

五○％。[20]

換句話說，鋪設更多道路跟上車流的成長，只有在真正落實的時候才會有效——多數的事情都是如此。有些人說多鋪道路因應塞車徒勞無功，按照這個邏輯，以吃東西來解決飢餓也是「徒勞」的，因為吃飽以後還是會餓。

很多人之所以堅信修建更多的街道與公路來因應塞車是在白費工夫，原因之一在於他們比較支持中央規劃、全面性的開發或重建計劃，大眾運輸工具就是這種計劃的一部分。都市規劃家、顧問、「專家」都有一種既得利益的想法，他們認為不能放任人民過他們自認為合適的生活，民眾的交通、住宅模式等等都必須交由都市規劃家、顧問、「專家」來掌控。塞車無法緩解的原因之一，在於許多人把塞車視為「逼人下車」去搭大眾運輸的方式。此外，都市政客反對汽車及興建公路還有一個額外的理由：兩者都促使納稅人遷往郊區，這麼一來就會超出都市官員的稅收管轄範圍。

大眾運輸的實際資料或根本的經濟數據並無法證明，以大眾運輸來替代汽車的高用量是值得的。雖然大眾運輸在紐約市的發展史上扮演要角，但如今紐約已變成特例，而非常態。近四○％的美國大眾運輸通勤者住在紐約。即便如此，僅約四分之一的紐約人搭大眾運輸工具上班。芝加哥排名第二，約一一％的芝加哥

人搭大眾運輸工具上班。二〇〇〇年全美大眾運輸的客運量比一九六〇年減少了兩百萬人,而二〇〇〇年的勞工人數比一九六〇年多了六千多萬人。歐洲也有類似的趨勢,在倫敦、巴黎、斯德哥爾摩、法蘭克福,搭乘大眾運輸占整體交通工具的比例不斷下降,從一九七〇年的二五%降至二〇〇〇年的一六%。[21]

這是有經濟原因的。隨著社會日趨繁榮、有車人口增加、城市日益朝郊區發展,人口密度高到需要以大眾運輸做為主要交通運輸工具的地方愈來愈少:

典型的郊區社群中,每平方英里住了約兩千五百或三千人,但是對每平方英里人口不到四千人的地區來說,大眾運輸在通勤中所佔的比例微不足道……一般來說,在人口密度達到一般郊區社群密度的五或六倍之前,大眾運輸所佔的比例平均不會超過二〇%。[22]

簡而言之,多數地方與曼哈頓不同,而且隨著時間推移,它們愈來愈**不像**曼哈頓。在那麼多人更喜歡開車的情況下,以大眾運輸來取代汽車是很艱鉅的任務。首先,汽車可以直接把人從家門口送到工作地點,省去往返大眾運輸站的路程及轉乘的必要。此外,每天兩點一線只在住家與公司之間往返的美國人不到一半,[23]他們開車通勤的路上還會停留其他地方,例如去買個東西

或接送孩子——大眾運輸在這方面無法取代汽車。

儘管如此，美國政府對大眾運輸的補貼依然源源不斷。一九六四年，美國國會通過了《城市大眾交通法》（*Urban Mass Transportation Act*）。根據該法，聯邦政府會補助自己營運大眾運輸系統的城市。儘管搭乘這些交通工具的人數持續減少，且在一九六四年，這些交通系統大多是民營的，該法通過後的八年間，城市開始從民營業者手中買下這些交通系統，但乘客數量又進一步萎縮了二一％。[24] 很明顯，政客與都市規劃者想要的並非乘客所願。儘管如此，不需要為錯誤付出代價的第三方仍持續支持大眾運輸，藉此塑造他們理想中的社會。

這種第三方若是在政府單位任職，他們可以不顧輿論、甚至跟輿論背道而馳，執意去實現他們的理想。其中一種做法就是把預訂用來增建公路的資金轉移到大眾運輸上。例如，一九九〇年加州聖克拉拉郡的選民投票同意增加銷售稅以增建新公路，但聖克拉拉谷交通局將那些稅收挪用到大眾運輸上，結果包括：

現在，聖荷西地區準備把八〇％以上的交通資金用於占該區交通僅一％的公共運輸上。[25]

至於汽車問世以前的世界，也就是許多譴責汽車汙染的人所想像的那個世界，似乎與實際的狀況截然不同。十九世紀紐約市

的街道就是一例：

當時大家只能依賴馬匹當交通工具，路上滿是穢物。馬匹的總數約為四萬，每個工作日會有約四百噸的馬糞、兩萬加侖的馬尿、近兩百具馬屍產生……[26]

一九七二年的研究顯示，一匹馬每英里製造的汙染量是一台車每英里汙染量的一百倍。[27] 由於後來生產的汽車大幅減少了汙染量，如今兩者的汙染差距更大了。這裡也應該補充提到，以汽車替代馬匹後，「恢復了八千多萬英畝曾闢為馬場的林地」。[28]

▎社會病態

城市交通固然重要，但就像其他因素一樣，它能解釋的現象還是有限。有些人試圖以交通成本來解釋一些社會現象時，就超出了那個侷限。例如，有些人認為城中貧民區的失業率之所以會急遽上升，是因為城中的工作機會轉移到郊區去了，尤其是一九六〇年代之後。所以，他們認為這導致犯罪率上升、家庭分崩離析等社會病態遽增。[29] 但這些明顯的趨勢就算有關連，並不代表它們有因果關係，也不表示它們都是其他原因所造成的。不過，就業機會的流動確實無法否認，而且規模很大，下文這個芝加哥

的社區就是一例：

從前景氣好時，有兩家大型工廠支撐著西區的經濟，一家是西方電氣（Western Electric）的霍桑廠（員工逾四萬三千人），另一家是國際收割機工廠（員工一萬四千人）。西爾斯羅巴克公司（Sears, Roebuck and Company）的全球總部也設在這裡，提供一萬個就業機會……但好景不長，一九六〇年代末期，國際收割機工廠關門大吉，一九七三年西爾斯把大部分的辦公室搬到芝加哥市中心的「環區」（Loop）……霍桑廠逐步減產，最後在一九八四年關閉。[30]

有些人因此推論，工作向郊區轉移導致交通成本高昂（無論是時間還是金錢上），以至於城中的居民大多無力承當那些工作。於是，大家把這些社區的經濟崩解視為福利文化（諸如單親媽媽靠社會福利扶養孩子）、犯罪率與暴力飆升等「社會崩解」現象的罪魁禍首。然而，企業與就業機會並不會無緣無故離開這種社區，畢竟把雇用數千名員工的事業搬遷到他處，需要耗費龐大的資金。此外，芝加哥就像其他城市一樣，一九六〇年代席捲全美的都市動亂導致大量企業遷離城中貧民區。據估計，在一九六〇年代，上面提到的芝加哥社區流失了約四分之三的企業。

簡而言之，動亂是在企業搬離內城貧民區**之前**就發生的社會

崩解。此外，在印第安納波利斯（Indianapolis，注：美國五大湖區印第安納州的首府），雇主不像其他城市那樣把工作搬到很遠的地方，但市中心也出現了同樣的城中社會病態：福利文化迅速增加，犯罪與暴力也跟著增加──這與芝加哥等城市把社會病態歸咎於交通成本增加如出一轍。[31] 換句話說，早些那段城中貧民區犯罪率與暴力發生率較低、失業率較低，多數黑人兒童在雙親家庭長大的期間，絕對不是毫無種族歧視的時代。一九六〇年代之後，城中貧民區日益惡化的原因必須從其他地方著手尋找，因為企業是在社會崩解現象出現之後才搬出社區的。搞錯順序是許多城市謬論之一。

與此同時，許多美國城市出現一種常見的景象：拉丁美洲移民聚居一處，雇主特意開車經過當地去雇用他們，把他們載去需要人力的工廠、建築工地、私人住宅或其他就業場所。換句話說，這些工人就算沒有交通工具，依然有人會雇用。他們通常是無技能的低收入勞工，那些工作可能是臨時性的，時間長短不一，只是雇主與員工勉強搭上線罷了，但這也不是特例。

早期，黑人勞工比現在更窮，他們多數生活在缺乏大眾運輸的鄉下地區。但從十九世紀末到二十世紀初，黑人的勞力參與率至少與白人一樣高。所以，如今黑人的勞力參與率不如白人，但這種變化不能歸咎於通勤的交通成本（無論是時間還是金錢

上），因為雇主可以、也確實會安排皮卡車去接送工人。而且，這種情況不止適用於街頭雇來的臨時工，對於住處遠離職場的一般員工也同樣適用。早期，福特汽車（Ford Motor Company）便會派大巴士去底特律的黑人社區招募勞工。[32]

重要的是，雇主有這類低價勞力的需求。如今許多因素降低了雇主對城中貧民區勞力的需求，包括這些勞力要求的工資過高，卻無法提供對等的生產力。此外，學歷不足及工作態度問題也降低了這些勞工的生產力。

住宅

關於住宅的最大經濟謬誤就是「平價住宅」有賴政府干預房市。相關做法包括補貼、租金管制或其他手段，好讓中低收入者能有像樣的住所，不需要為房屋或公寓花大錢。在一些地方，房價或房租過高是不爭的事實，導致中低收入者沒有足夠的錢做其他消費。問題在於，政府的計劃是否能幫多數人脫離這種困境。

「靠政府干預就能改善情況」這種概念，在許多方面已重複做了無數次，但重複無數次不表示這就是邏輯連貫的論點，更談不上證明有效。當我們撇開政治言論、轉向確鑿的事實時，我們會發現事實講述的狀況與政治論述及媒體報導的完全相反。政府

干預房市正是導致以前負擔得起的住宅變得大家負擔不起的原因。房市的歷史與經濟狀況都證明了這點。

▌ 歷史

　　二十世紀初，美國政府干預房市還不普遍，當時一般人的住宅支出占總支出的比例比二十世紀末**低**。雖然二十世紀初的實質收入很低，只是二十世紀末實質收入的一小部分，但從那個很少的實質收入中撥出更小的比例，就足以支付居住費用。當時的經驗法則是，住宅成本（無論是房租還是房貸）不該超過個人收入的四分之一。一九〇一年，住宅費用占美國家庭平均支出的二三％。二〇〇三年，住宅費用的占比為三三％。[33] 在加州，政府干預房市的措施特別普遍，所得花在住宅的比例在更短的時間內飆升得更快：

　　多數人都知道，舊金山灣區是美國房價最高的地區之一。然而，並不是每個人都知道，一九七〇年時，舊金山灣區的住宅其實跟美國許多地區的住宅一樣，是大家都負擔得起的。

　　一九七〇年的人口普查資料顯示，一個中等收入的舊金山灣區家庭，可以把二五％的收入用於住宅，並在短短的十三年內還

清中等價位的房貸。到了一九八〇年，一個家庭必須用收入的四
〇％支付房貸，才有可能以三十年還清貸款。如今，這個比例變
成五〇％。[34]

在舊金山以南約一百英里（注：約一百六十公里）的加州薩
利納斯（Salinas），二〇〇六年的住宅支出中位數占中等收入家
庭收入的六〇％。該區一位房地產經紀人提到，他以四十九萬美
元的價格，把一棟屋齡五十年、占地一千零一十三平方英尺
（注：約二十八坪）的房子，賣給一名在農場做工的移民，每月
房貸占其工資的七〇％。儘管如此，那個工人全家已經租屋多
年，「他簽約貸款時，激動地哭了起來」。那個郡有四分之三的
土地嚴禁開發，[35] 土地供應受到法律的嚴格限制下，地價居高不
下幾乎是必然的，所以那些土地上的建物價格也很高昂。在加
州，土地價格遠高於地面建物的現象並不少見。

我們可以從另一個角度來看歷史。例如，從美國政府何時開
始普遍干預房市、房價何時開始飆升看起。由於房市規範大多是
由州政府與地方政府制定的，各地開始出現嚴格住宅法規的時間
也不盡相同。不過，整體來說，一九七〇年代起，美國政府開始
嚴格限制房屋與公寓的建設。那十年間，在法規限制特別嚴格的
地方，都出現了房價迅速飆漲的現象，例如加州沿海地區。雖然

加州、俄勒岡州、夏威夷、佛蒙特州的許多城市與縣郡在一九七
〇年代制定了限制性的住宅法律與政策，但仍有許多地方未行此
道，或制定法律的時期不同。房價上漲反映了這些差異。一項對
房價的經濟研究得出以下的結論：

多數案例顯示，州政府通過成長管理法或限制性的地方計劃
通過後，房市緊接著就飆漲到難以承受的程度。[36]

在其他國家也可以看到政府干預與住宅成本急遽上漲之間有
很高的相關性。那些國家的住宅限制特別嚴格，而且還套用各種
富有政治吸引力的名稱，例如「開放空間法」或「明智開發」
（smart-growth）政策。一項國際研究鎖定二十六個房價「高不可
攀」的都市地區，結果發現，其中二十三個地區有嚴格的「明智
開發」政策。[37]研究證實，所謂的「明智開發」根本名不符實，
一點也不明智。

對住宅與公寓興建的限制有許多種形式，「明智開發」法限
制了郊區住宅的擴張，「開放空間」法則是直接禁止在預留的土
地上建造任何東西。例如，馬里蘭州蒙哥馬利郡（Montgomery
County）四〇％的土地、加州聖馬刁郡（San Mateo County）超
過三分之二的土地、加州蒙特瑞郡（Monterey County）的四分之
三土地都是如此。儘管美國典型的中產階級獨棟宅院通常是建在

四分之一英畝（注：約三百零六坪）的土地上，但最小地塊法禁止在不到一英畝的土地上建造房屋，有些地方則是禁止在不到幾英畝的土地上建造房屋。光是這種法律就足以導致房價飆升至成千上萬的人無力承擔的境界。此外，還有土地使用分區管制法（zoning）、環保法、古蹟保護法等法規，包括任意限制建築許可證的發放數量，或是要求建商必須遵守規劃委員會的成員所提出的任意偏好及先決條件，才發放建築許可證。

房價在有大量或嚴格限制的地方與沒有限制的地方形成了鮮明的對比。例如，德州休斯頓連土地使用分區管制法也沒有，更遑論其他嚴格的住宅限制了。一家遍及全美的房地產公司估計，在休士頓，一處占地約三百零六坪、售價十五萬兩千美元的普通中產階級住宅，在俄勒岡州波特蘭的售價逾三十萬美元，在加州長灘的售價是九十萬美元，在舊金山市的售價則逾一百萬美元。[38]在二十一世紀初，佛羅里達州坦帕市（Tampa）和塔拉哈西市（Tallahassee）的房價與休士頓的房價差別不大，但二十世紀末限制房屋建築法開始生效後，幾年後的一項研究顯示，「佛羅里達州多數市場的房價大幅飆升，至少漲到休士頓房價的兩倍」。[39]

即使在房價是全國平均水準三倍的加州，在一九七〇年代房屋建造限制開始大增以前，情況也截然不同。二〇〇七年加州聖馬刁郡的平均房價逾一百萬美元，[40]但一九六〇年代興建的中產

階級建案「福斯特城」（Foster City）最初的賣價僅兩萬兩千美元，甚至湖邊的濱水住宅也不到五萬美元。[41]

即便考慮到中間幾年的通貨膨脹，也無法解釋福斯特城後來的房價飆漲。消費者物價指數顯示，從福斯特城落成到二十一世紀初，一般物價約上漲五倍。但福斯特城的平均房價在二○○五年超過了一百萬美元。也就是說，福斯特城的**平均**房價現在是一九六○年代同社區**高級**住宅價格的二十幾倍。換句話說，就算把通貨膨脹考慮進去，福斯特城的實際房價也上漲了四倍多。

雖然很難想像這些歷史模式只是巧合，但相關性並不是因果關係。因此，我們除了要考慮歷史，也要考慮大環境的經濟狀況，並仔細檢視這些模式的其他解釋。

▌經濟

許多因素都可能導致房價上漲，任何影響供需的因素都算在內。收入增加及人口成長顯然會影響住宅需求。供給受到影響的程度跟某個區域已大幅開發、剩下未開發的土地面積大小有關。政府對房屋興建所設下的無數法律限制與禁令會影響住宅供給。官員、非政府組織或個別公民提出的環保、美學或其他的反對意見也會影響建設的延遲。即使這些反對意見最後被證明毫無根據

或遭到推翻，當某個建案靠著鉅額借款資助時，不管建築是按計劃施工，還是因指控而延誤（需要花時間調查或等候裁決），那些借款都必須償還利息。工程拖延本身就會造成數百萬美元的損失。

我們怎麼知道在任何情況下，這些因素中的哪一個才是罪魁禍首呢？我們只能在每種特定的情況下，檢查每一種可能性。

如果某區的人口迅速成長，便可能會導致住宅需求增加，進而使該區房價上漲。但供給和需求**本身**都無法獨自解釋價格，價格是由供需的綜合效應而定的。誠如一項經濟研究指出：「一九八〇年至二〇〇〇年間，拉斯維加斯的人口幾乎暴增了兩倍，但實質房價的中位數並未改變。」[42] 然而，加州帕羅奧圖（Palo Alto）的平均房價在十年內幾乎漲了三倍，但人口絲毫未增。[43] 兩者的差別在於，帕羅奧圖在那十年間（一九七〇年代）開始實施嚴格的建築限制，但拉斯維加斯沒有；隨著住宅需求的增加，建商可以直接蓋新房子來滿足需求。在一九七〇年代那十年間，帕羅奧圖的房價漲了近三倍，卻毫無新屋增建。

紐約市也出現了類似的模式：與住宅需求的增加相比，建築限制對房價的影響更大。紐約「在一九五〇年代多了數萬間新房，但房價維持不變」。[44] 後來，尤其是一九七〇年代開始實施嚴格的建築限制後，一切都變了：二十五年後，經濟期刊上的一

篇文章寫道：「儘管房價飆漲，一九八〇年以來，曼哈頓的住宅存量增加不到一〇％。」[45] 此外，二十層以上大樓中，新建住宅的比例從二十世紀初到一九七〇年一直增加，但是到了一九七〇年突然逆轉，之後連續下滑數十年。[46]

高度限制是許多可實施的建築限制之一。這有兩種方式，一種是明文禁止，另一種是允許鄰居投訴，再等有關當局裁決，導致代價高昂的工程延誤。投訴者幾乎不必支付任何費用，即使事後證明他們的投訴根本毫無根據，但建商卻得承擔數百萬美元的施工延誤成本，最終也讓購買或租用那棟建築的人有所損失。

高度限制既有經濟後果，也有社會後果。由於住宅成本包括建築成本與建地成本，因此在同一塊建地上，公寓大樓蓋得愈高，每間公寓的土地成本就愈低。在土地成本超過建築成本的地區，高度限制意味著租金或公寓價格可能比較高。如果基於經濟考量，建設一座二十層的公寓大樓比較划算，但當地的法律把建築高度限制在十層，那就需要兩倍的土地才能容納同樣的人口。此外，如果一個人口不斷成長的社區無法向上擴張，它勢必會向外延伸，導致上班通勤的路程更長、高速公路的塞車更多，幾乎無可避免也會釀成更多的交通事故。這些都是租金上漲之外還會發生的情形。

收入是影響房價的另一個因素。無論人口有沒有成長，收入

增加都可能增加民眾對住宅的需求。住公寓的人會想要換獨棟宅院;住樸實小屋的人,會想換更大或更好的房子。但是,收入成長究竟對房市大漲地區的房價有多大的影響呢?

在一九七〇年以前,加州的房價與全美其他地區的房價差不多,但後來加州的房價漲到全美平均房價的三倍或更多。自一九七〇年代加州的房價開始飆漲以來的十年間,加州的收入成長與國民所得的成長相比如何呢?那十年間,加州的收入成長速度並**不如**全美整體那麼快。[47]同時,一九七〇年代末的休士頓「平均收入大幅成長,遙遙領先美國其他地區」,但是「在科威國際不動產公司(Coldwell Banker)調查美國三一九區的房價中共有十五個最便宜的房市,休士頓仍是其一。」前面提過,休斯頓連土地使用分區管制法也沒有,更遑論其他嚴格的住宅限制了。休士頓發展迅速,但房價漲幅低於全國整體水準。經通膨調整後,二十一世紀初休斯頓的實質房價「還比一九八〇年的高峰值低了一五%」。[48]

相較之下,達拉斯確實有土地使用分區管制法,只是不像其他地區那麼嚴格。整體而言,達拉斯與休斯頓很像,「幾乎沒有成長管理」,結果如下:

達拉斯的家庭收入一直維持在比美國平均水準多一〇%的水準,但是當地的房價普遍低於美國的平均房價。[49]

影響房價的一個明顯因素是建築成本。建築成本在不同地方、不同時期可能有所不同，尤其當民眾開始購買更大、更優質的住宅，屋內配備更多設施（車庫與空調）的時候。這裡的問題是：建築成本對那些硬是比其他地區貴好幾倍的房價有多大的影響呢？

　　前面提過，加州帕羅奧圖的房價在一九七○年代幾乎漲了三倍，那十年間幾乎沒有增建新屋，所以純粹是同一批房子以遠高於之前的價格轉售，顯然與建築成本無關，畢竟根本沒有新的建設。美國還有許多地區的房價也明顯高於全美平均水準，而且房價大幅上漲（例如波士頓、波爾德〔Boulder〕、聖地牙哥、舊金山）。這些地方也同樣嚴格限制了新屋的增建，因此建築成本也無法解釋這些社區房價飛漲的原因，因為幾乎沒有新的建案。

　　一項經濟研究鎖定全美二十一個房市，比較「房價」及「建築成本與土地成本的總和」。結果發現，其中十二個市場的房價比成本總和高出不到一○％；但是在**其他**房價極高的市場，房價比成本總和高出一○％以上，甚至在洛杉磯、舊金山、奧克蘭、聖荷西等地，還高出三三％到五○％。在曼哈頓市中心，公寓價格已是成本總和的兩倍。[50]《紐約時報》就有一篇報導讓我們一窺曼哈頓的公寓市場：

凱特琳‧沙弗利（Katalin Shavelly）三十歲，是曼哈頓的寢具設計師，週末習慣瀏覽分類廣告，實地參觀房屋展售，以尋找售價不到七十五萬美元的一房公寓，但她始終找不到。[51]

即使在房市崩盤、房價大跌後，曼哈頓的公寓也只能勉強降到七十五萬美元而已。二〇一〇年，紐約大學附近一間面積九百五十平方英尺（注：約二十六坪）的公寓，在廣告中的標價是七十四萬九千美元。同一天，密西根大學附近安娜堡區一間面積三千兩百平方英尺（注：約九十坪）的住宅，在廣告中的標價是七十二萬美元。[52]

在沒有嚴格限制增建的地區，建築商可以興建新屋，即使人口不斷成長、收入增加，也不會導致房價飆漲，因為新建住宅的供給跟上了需求的成長，就像休斯頓一樣。高利潤（房價遠高於建築成本與土地成本的總和）會吸引更多的建商加入，來分享興建建築的高報酬。新屋供給增加可使房價回落，或一開始就阻止房價上漲。如果沒有嚴格的建築法律限制或建商之間的壟斷勾結，房價不太可能繼續大幅超過建築成本與土地成本的總和。

建築業不是壟斷產業，無法靠排除競爭對手來維持高利潤。美國的建築業有七千五百多家建商建造多戶住宅；有十三萬八千多家建商建造獨棟宅院。光是曼哈頓就有一百多家興建多戶住宅

的建商。[53] 高房價社區的高利潤不是私人市場的壟斷造成的，而是政府限制新屋增建所致。

諷刺的是，人為抬高房價後，政府往往會象徵性地向特定的個人或群體提供「平價住屋」。這種選擇性的慷慨，可能是由納稅人的稅金補貼，或強制要求民營建商以「低於市價」的價格出售一定比例的房屋，以做為獲得建築許可的先決條件。然而，這些「低於市價」的價格，可能還比沒有建築限制時的房價還高。此外，即使這些「低於市價」的房子使開發商有所損失，他們還是可以提高其他房屋的價格來彌補那些虧損。然而，這些廣為宣傳的計劃讓民眾一直相信，政府干預是創造「平價住宅」的關鍵，但實際上，那種干預往往是導致房價高不可攀的關鍵因素。

▌政治

這種導致房價飆升的限建措施，最初是如何開始的？之後又是如何獲得政治支持的？部分原因在於「規劃」這個令人興奮卻有誤導性的概念。在政治修辭中，所謂的「規劃」，指的是政府用第三方制定的集體計劃來壓制他人的計劃。這些第三者打著政府的權力，但不必承擔這些集體計劃帶給他人的成本。

早在一九七〇年代，美國一些社區的房價開始大漲之前，就

有人想要控制他人的做為（無論是住宅還是其他方面）。州憲法與美國憲法肯定的財產權，是避免政府官員過度管理房市的機制。州憲法藉著財產權來制衡州政府與地方政府的權力，美國憲法也藉著財產權來制衡聯邦政府的權力。然而，多年來，法院判決侵蝕了財產權；如今大家日益認為，財產法是碰巧擁有大量財產者的私人特權——所以眾人覺得，為了顧全政治當局的計劃所代表的「公共利益」，這些私人特權是可以犧牲的。一九七五年，法院為帕塔露瑪案（Petaluma）[54] 做出的裁決就是一個里程碑，為那些盛行「規劃」的社區打開了各種住宅限制的閘門。

把財產權視為比較幸運的人所享有的特權、而不是對政府權力的根本制衡時，就會衍生出一種諷刺的後果：富人可以限制中低收入者搬入他們的社區。在正常情況下，住宅需求日益成長不僅會促進空地蓋新屋，也會促成舊社區的改造（拆除舊屋以建造新屋）。有時，舊屋拆除後，取而代之的是更大或更高級的新屋（亦即「士紳化」）。但更常見的情況是，開發商買下大塊土地上的豪宅，加以拆除，然後改建更多、更平價、面積更小的普通住宅，以出售或出租給更多的中低收入者。

司法與政治當局凌駕財產權，是指政府以各種五花八門的住宅限制（例如最小地塊法、古蹟保護法、開放空間法、明智開發政策），以及設立規劃委員會與環保機構，來抵制或禁止富裕社

區做出那種改變。那些規劃委員會及環保機構有權批准或拒絕建築申請，或有權針對建築許可證的發放設定武斷及代價高昂的先決條件。簡而言之，財產權受到侵蝕，導致富人可以限制中低收入者搬入他們的社區，也阻礙建商收購及拆除現有的高級社區，以便為普通人興建住宅。

這些限制所造成的高房價不必由已經住在這些社區的屋主承擔，他們要麼已經完全擁有自己的房子，要麼就是在房價大漲前就申請了房貸。所以，新來的屋主必須至少要和現有的居民一樣富裕，才負擔得起更高的房價。住宅限制不僅沒有為現有的屋主帶來任何損失，還讓他們的房產價值飆升。正因為現有的居民投票支持當地的住宅限制，新屋主支付的房價才會不斷提高。在這些居民中，只有租屋者的情況可能變得更糟，因為新來者無力負擔人為抬高的房價，高房價可能會鼓勵一些人爭搶現有的租屋。

這種不對稱的過程是司法侵蝕財產權所造成的。財產權在自由市場盛行時，住宅會在不同階層的人之間定期的流通。例如，哈林區在二十世紀初是中產階級的白人社區，在短短十年內變成工人階級的黑人社區。儘管富人的人均收入與財富比一般人多，但一個人數遠多於富人的群體的總購買力足以搶走豪宅與莊園，並以中產階級、甚至工人階級的住宅和公寓大樓來取代豪宅，改變整個社區的結構。

如果一個社區的現有居民住在大片土地的高級住宅內，且當地的住屋需求不斷增加，當開發商向當地居民提出收購其房地產的提案時，有些現有的居民可能覺得開發商的提案太誘人，難以抗拒。這種情況大規模發生時，留下來的居民會發現周遭的環境正在改變，不僅新建的房屋類型在改變，連搬入社區的鄰居類型也在轉變。

尊重財產權是指，現有居民與潛在的新來者在市場上平等地競爭同一空間，而不是只有現有居民才能投票選擇的政治過程。現有居民可能以為他們有權運用政府權力來「保護」社區，避免外人進入，但美國憲法規定，每個人都獲得「法律的平等保護」，無論他們恰好住在何處，或在那裡住了多久。此外，現有居民所謂的「我們的社區」其實不是他們的社區。每個居民只擁有個人付錢取得的私人財產。根據美國憲法，那些選擇出售財產給開發商的現有居民，與那些想要維持社區現狀的人，享有同等的權利。

另一種阻隔自由市場運作的做法，是政府以「開放空間」的名義接管社區周邊的大量土地，而且接管的面積比任何或所有現有屋主購買的土地還多。在一個高級社區的周邊，數千英畝的土地再也無法買賣，那可能意味著價值數百萬、甚至數十億美元的土地將無法讓其他人擁有——而這一切只是為了顧及社區現有居

民的利益。當地居民不需要為那些土地付費，接管那片土地的政府單位也不需要為那些土地付費。政府只要禁止或限制那塊土地上建造的東西，就自動降低了那片土地的市場價值，而且往往是大幅地降低。很多單位（無論是民營還是公營）可以用這種人為壓低的價格，把那塊土地當成「開放空間」，並加以接管。原本那塊土地若是開放讓人買來做為住宅用地，很多人會願意以高價購入。換句話說，土地做為一種具有替代用途的資源，其真正的價值可能是政府或私人非營利組織以「開放空間」名義收購時的好幾倍。

　　若以中等收入家庭購買中等價位住宅的房貸占家庭收入的比例來衡量，二〇〇五年加州蒙特瑞郡薩利納斯市（Salinas）的房價是全美最貴的。當地居民促使當地政府規定該郡四分之三的土地禁止開發。換句話說，所有的居民付錢買下的私有財產土地加起來，還不到他們政治上控制、且不准他人買賣的土地的三分之一。《華爾街日報》引用了一位當地居民的說法，那種心態無論是在蒙特瑞郡、還是其他地方都屢見不鮮：

　　「沒有人願意放棄這種生活方式。」從年輕就住在薩利納斯市的凱洛・哈林頓（Carol Harrington）這麼說。野生火雞、野豬、鹿在她擁有的十六英畝土地上東轉西晃。[55]

保護「這種生活方式」的土地使用限制導致他人付出代價──不僅該郡的房價太高（房貸占中等收入家庭的六〇％收入），薩利納斯市三九％的住家內平均每個房間的人數，比美國九九％的住家還多。[56] 換句話說，一些人的「開放空間」導致其他人的生活空間變得窄迫，為了因應過高的房價，不夠富裕的家庭必須與其他家庭一起擠在原本只適合住一戶人家的房子或公寓裡，或是一家人可能必須擠在一個租來的房間裡。

　　通常，這種社區的特徵包括田野風情或周遭的遼闊景緻，都是當地居民所珍愛的特色。但他們並沒有花錢買下那些環境或景觀，也沒有付費確保那些特色永遠不變。其他有不同偏好的人在憲法的保障下也享有同等的權利，至少在法院開始侵蝕財產權及美國憲法第十四條修正案規定的「法律的平等保護」之前是如此。一些司法管轄區的政治當局開始利用這種侵蝕財產權的機會，以各種有政治吸引力的名義（諸如「開放空間」、「明智開發」等）來推行限制性的住宅法律。這種限制在自由派占壓倒性多數的高級社區（例如加州沿海地區）特別常見。他們常開口閉口打著關懷窮人、少數族裔、兒童的名義，偏偏這些弱勢族群最常因高房價而被迫離開那些社區。

　　舉個例子，在舊金山，人口普查資料顯示中低收入階級外流；二〇〇二年到二〇〇六年間，年收入低於十五萬美元的家庭

減少了一萬六千多戶，年收入超過十五萬美元的家庭增加了一萬七千多戶。[57] 有孩子的家庭跟低收入的少數族裔一樣，因房價大漲而被迫離開那些社區。一九七〇年代開始的十年間，當地社區的房價幾乎漲了三倍，入學人數從一萬五千人驟減至九千人，導致帕羅奧圖的幾所學校關閉了好幾年。[58] 在那十年以及後來的幾十年間，兒童人口的萎縮也導致舊金山及聖馬刁郡的許多學校關閉，儘管這些地區的總人口是增加的。

儘管土地使用限制對那些有孩子的家庭產生了負面的影響，但政治人物還是打著這些兒童的名義辯稱這些限制措施是合理的。他們不僅把這些兒童稱為「後代」，還聲稱「開放空間」之類的東西是為他們「保留」的，更具體地指出那些兒童是目前土地使用限制的直接受益者。所以，當美國退伍軍人事務部（Veteran's Administration）打算出售它在高級西洛杉磯（在富裕的貝沙灣〔Bel Air〕和比佛利山附近）擁有的剩餘土地時，《洛杉磯時報》刊文反對那些土地在市場上出售，理由是：洛杉磯很少兒童住在「步行即有公共場所可玩耍」的範圍內。該報認為，保留那些土地讓兒童玩耍才是比較好的用途，並指出販售土地是「輕率」的開發。[59] 那種說法在某些情況下可能是合理的，但是套用在比佛利山與貝沙灣附近的土地上卻很難成立——因為那裡的家庭在自家庭院與豪宅裡都有游泳池，甚至網球場，更遑論其

他的娛樂設施了。

貧困兒童也不太可能住在步行即可到比佛利山與貝沙灣的地方。至於「為後代子孫保留」的說法，歸根結柢不過是讓現有居民的子孫把別人的子孫擋在社區之外。

黑人是另一個因嚴格的建築限制導致高房價而受到衝擊的族群。從一九七〇年到二〇〇五年，舊金山的黑人人口少了一半以上，從九萬六千人減至約四萬七千人。[60] 此外，舊金山黑人的死亡人數超過黑人的出生人數，[61] 可見他們和白人一樣，有孩子的家庭因住宅成本太高而被迫離開的比例太高。加州沿海或附近的其他社區也發現類似的黑人人口縮減模式，例如洛杉磯、馬林郡（Marin County）、蒙特瑞郡、阿拉米達郡（Alameda County）、聖馬刁郡。長期以來，這些社區都是自由派占壓倒性多數的高級社區，當地政府都制定了嚴苛的住宅限制政策。《舊金山紀事報》（*San Francisco Chronicle*）報導：「舊金山黑人人口的縮減速度，比美國任何的大城市還要快。」[62]

城市經濟活動

城市不僅是人民消費各種東西的地方，也是生產許多東西的地方。那些東西不僅是為當地居民生產的，也是為窮鄉僻壤及世

界各地的人生產的。那些商品與服務透過市場及政治流程配銷，而這兩種流程是在非常不同的獎勵機制及非常不同的限制下運作的。

城市降低了一些東西的成本，但也增加了另一些東西的成本。興建水庫、醫院或電纜的龐大固定成本，可以由住在有限城市土地上的大量人口來分攤，從而降低人均成本。如此一來會比為散布在廣大農村地區的人口提供同樣東西的人均成本低廉。城市也可以透過其他的方式來降低生產成本，像是城市內有多種經濟活動，所以更容易在附近獲得互補的資源。換句話說，時間與金錢上的運輸成本較低。廠商的複雜機器故障時，比較有可能在大城市裡找到合格的修理人員，從而縮短了機器無法運行的時間。

在城市，有些成本不降反升。例如在人口稀少的農村，汙水處理不太需要像城市那麼高的人均成本。在鄉下，人類的排泄物與剩食可隨著廢物分解被土地吸收。在地廣人稀的地方，河流與小溪可以安全地吸收少量人口製造的有限汙水與廢棄物。如果每一絲雜質都足以致命，人類就不可能存活數千年了。但是，當有一百萬人住在五十平方英里的土地上時，土地吸收人類排泄物與廢棄物的速度就跟不上人類製造廢物的速度了。若不建造昂貴的供水系統及汙水系統，水質很快就會惡化到無法飲用，甚至無法使用。城市的土地上大多鋪設了道路或建築，土地吸收廢物的能

力更小。因此，除非有昂貴的廢物處理系統，持續收集城市垃圾並把垃圾運到城外處理，否則丟棄的垃圾對公共衛生是致命的威脅。

城市控制犯罪的人均成本也比較高，因為許多人互不相識，使得犯罪分子更容易逃脫偵查。反之，在小社區裡，多數人識得彼此，陌生人就變得格外醒目。在這種小社區裡，犯罪發生後，人際關係讓證人更願意挺身而出，甚至在犯罪的當下出面干預。

簡而言之，在小社區裡，公民與警察都會控制犯罪（前者對納稅人來說是免費的）。但在都市裡，控制犯罪的任務比較有可能落到警方身上，因為城市居民比較不可能介入、甚至不太可能出面作證。在關係特別緊密的城市社區裡，許多人是親戚或多年的老友，他們掌控犯罪的成本可能跟小社群一樣低。此外，即使是住在這些社區或鄰里的陌生人，也會因為罪犯知道這些地方不是理想的犯罪場所而受惠（原注：我曾住在一個社區，剛好有幾位知名的黑幫領袖也住那裡，很少有人會願意冒險在那個鄰里搶劫。畢竟，看來瘦弱的老婦人可能是某位黑幫老大的母親；年輕女子可能是黑幫老大的妻女。某些夜晚我入睡後，我太太會在凌晨去幾個街區外購買晨報。那個書報攤敢在凌晨營業，就表示老闆不太怕犯罪上門，也表示同一鄰里有夠多的人也不怕遇到犯罪，可為他提供夠多的生意。），但整個城市很少享有這種優

勢。因此，城市居民必須為警方保護付出更多的成本，因為一般民眾的威懾或干預效果較少。

城市中住在低收入社區的居民，從藥局、五金行、其他商家購買一般雜貨或其他日用品通常比較貴。其中的一個原因為，在這種社區中開設需要規模經濟支撐的大型超市或量飯店通常不划算。這表示，開在低收入社區的商店有著更高的營運成本，同時成本也反映在更高的售價上。把大量的貨品一次運到一家巨大的沃爾瑪超市，比分送到散布在小鎮上的十幾家小商店來得便宜。雖然在亞利桑那州的佩吉鎮（Page，人口約七千人）開一家大型沃爾瑪超市經濟上是可行的，但把沃爾瑪超市設在有七千人口的低收入城市社區並不可行。

在佩吉鎮開設沃爾瑪超市之所以可行，是因為它坐落在高速公路邊，顧客會遠從佩吉鎮外開車過來，而且那裡還有一個巨人的停車場讓顧客停車，因為土地取得成本遠低於城市的地價。低收入城市社區的居民不僅不太可能擁有汽車，就算他們真的有車，那裡的超市也不太可能負擔得起建造大型停車場的地價。此外，如果這個低收入社區的犯罪率也高，外地人也不太可能像佩吉鎮以外的人那樣開車去那裡買東西。

犯罪與暴力會直接影響一個地方的經濟，尤其當動亂摧毀了許多或多數的在地事業，新事業又不願進駐取而代之時，影響更

是深遠。前面提過，在一九六〇年代的短短十年間，芝加哥西區的動亂導致該區約四分之三的事業遭到摧毀或被迫關閉。[63] 低收入社區的居民大多不是罪犯，也不是暴徒，但他們卻必須為了少數害群之馬的罪行付出更高的代價。

確定城市對總體成本的影響並沒有必要。首先，所謂的「總體成本」並不存在。每一種成本對不同的個人與企業有不同的影響，他們可以自行權衡影響他們的各種成本與效益。有些人認為，第三方的觀察者比直接的參與者更能做出好的決定。這種假設製造出許多都市謬誤及許多經濟與社會的災難。有些人認為，無利害關係的第三方在道義及政治上都應該有權凌駕利害關係人的決定。這種觀念已經融入大學的「城市規劃」研究、「明智開發」法律與政策，以及許多意圖阻止「城市擴張」或振興社區「頹勢」的運動中——而這些都是第三方所下的定義。

▌ 貧民窟與犯罪

有句最古老的城市謬誤是這麼說的：「貧民窟是犯罪的溫床。」殘破街區的犯罪率往往遠比富人住的高級住宅區來得高。不過，長久以來統計學家一直強調，相關性不代表因果關係。而且，就算有因果關係，也不能確定哪個是因、哪個為果。究竟是

殘破的外在環境助長犯罪行為呢？還是犯罪行為導致外在環境惡化，使人無法賺取更高的收入來改善環境呢？

一百多年來，美國政府政策背後的普遍觀念是，惡劣的外在環境助長了犯罪及其他有害社會與犯罪者的活動。這種觀念促使美國政府斥資展開大規模的行動，拆除貧民窟或「破敗」的區域，並把當地居民遷到新建的國宅，或分散到好的鄰里。

無論「外在環境與犯罪率的因果關係」做為一種需要實證的假設有什麼優點，在現實世界中，沒有人把它當成一種假設，而是一種很少以事實加以檢驗、甚至與事實相悖的信念。在珍・雅各（Jane Jacobs）談城市生活的經典著作《偉大城市的誕生與衰亡》（*The Death and Life of Great American Cities*）中，她憶起從前曾造訪過波士頓一個叫北區（North End）的工薪階層社區，並與一位她認識的城市規劃師討論了一下該區。北區是許多貧窮義大利移民的定居地，就像許多社區一樣，那裡住著努力自力更生的人，起初非常擁擠又破舊。然而，隨著時間經過，那些義裔美國人及他們的後代開始在美國經濟與社會中立足，社區也跟著改善，因為許多人有能力遷離當地，緩解了當地擁擠的狀況。留下來的人也開始改建及增加新的便利設施來改善住宅。然而，第三方觀察者看不到這些人在自己家園內所做的改裝，更遑論那些人為了適應美國生活與規範所做的自我提升。

珍·雅各打電話給一位做城市規劃的朋友，談及她造訪北區的經歷時，那個朋友卻問她：「妳怎麼會去北區那種地方啊？那是貧民窟！」接著。他們之間展開了以下的對話：

「我覺得那裡不像貧民窟。」我說。

「為什麼不像，那裡是波士頓最糟的貧民窟。每英畝的土地上擠了兩百七十五個住宅單元，我根本不敢承認我們有這種地區，丟臉死了，但這是事實。」

「你還有別的北區相關數據嗎？」我問道。

「有啊！而且很妙，那裡是波士頓犯罪率、罹病率、嬰兒死亡率最低的區域之一，也是房租與所得比最低的地區。怪了！天啊，那些人真是賺到了。你看……那裡的兒童人口接近全市的平均水準，嬰兒死亡率是千分之八·八，比全市的千分之十一·二還低。肺結核的死亡率也很低，不到萬分之一。我實在搞不懂，那裡竟然比紐約的布魯克林區還低。以前，北區是波士頓肺結核感染最嚴重的地區，但如今一切都變了。他們一定很強壯吧。不過，那裡還是很糟的貧民窟。」

「你們真應該多幾個像這樣的貧民窟。」我說。[64]

簡而言之，事實與波士頓那位城市規劃者及其他的城市規劃者的假設剛好完全相反。但他唯一的反應卻是把那些事實視為特

例，認為與他用來定義貧民窟的住宅統計數據相比，那裡顯得「很妙」，令他「搞不懂」。他就像許多受過教育的專業人士，不太可能想到這些學歷不高的工人階級創造出了不起的成就，推翻了城市規劃者與其他專業人士的主流觀點。對那些當權者而言，北區只是一個貧民窟，需要拆除。

波士頓不是唯一外表對人類現實產生很大誤導的地方，舊金山也是如此：

在一九六〇年代，舊金山有個收入最低、失業率最高、年收入低於四千美元的家庭比例最高、學歷最低、肺結核發病率最高、不合格住宅的比例也是全市最高的社區，那區叫唐人街。然而，一九六五年，整個加州僅有五名華裔犯罪入獄。[65]

儘管如此，「居住環境差導致社會病態」的觀念已經流傳了好幾世代。珍・雅各指出，早在胡佛總統的年代（注：指一九二九年至一九三三年），國家層級就有這種觀念，後來在羅斯福的新政時期又有進一步的發展：

共和黨的胡佛總統舉辦了第一次白宮住宅會議（White House Conference on Housing），抨擊城市的道德低落，讚揚村莊、小鎮與鄉村的美德。至於民主黨，負責新政綠帶示範郊區（Green

Belt）的聯邦政府官員雷克斯福德・特格韋爾（Rexford G. Tugwell）解釋：「我的想法是，離開人口密集區，挑一塊便宜的土地，打造一個完整的社區，吸引大家搬過去。然後回到城市，拆除整個貧民窟，建成公園。」[66]

拆除鄰里不單只是破壞那個鄰里的實體結構而已，也會因為當地居民散居各地，而摧毀那個社區的人際關係。

第三方觀察者有權責不顧居民的想法，擅自安排居民的生活條件——這並不是美國獨有的觀念，歐洲各國更是把這種觀念發揚光大。儘管憲法保護私人財產，但美國政府之所以能夠如此大規模地重新安排民眾的家園與生活，是因為美國憲法賦予政府土地徵用權，允許政府徵用私人財產做為「公共使用」，以建設水庫、橋梁或高速公路等。即便如此，政府應該為徵用的財產支付「公正的補償」。然而，近年來，這類憲法條款的司法解釋留有愈來愈多的餘地，政府官員也有愈來愈多的權限以日益寬泛的理由（包括「城市重建」）來徵收私人財產。

政府徵收私人財產時，不見得都會遵守「公正補償」的規定。政府官員聘用的估價師知道，估價的高低會影響他們未來是否繼續獲聘，所以他們顯然有利益衝突。（原注：受聘來評估有待重建地區的「破敗」程度的公司也是如此。例如，哥倫比亞大

學花了超過十八萬美元委託外部公司研究它計劃接管來「重新開發」的地區。後來其他的研究發現，幾乎所有被指為「破敗」的房產都歸哥倫比亞大學所有。參見 Jonathan V. Last, "Columbia University, Slumlord," The Weekly Standard, December 8, 2008, pp. 18–26.）即便做了誠實客觀的評估，政府揚言動用徵用權來摧毀及重新開發某區時，就足以讓該區的房產市價下跌，而且可能是大崩盤。潛在購屋者不太願意在計劃拆除的社區裡購買住宅。從政府宣布「重建」計劃到最終透過徵用權正式拆遷的這段期間，銀行也不太願意對該區的屋主或事業放款。因此，即使從前該區還不算破敗，當地屋主與業主也無法取得貸款去維護或翻新住屋及事業，也就是說，那些住屋與事業可能會比一般區域惡化得更快。

　　然而，更根本的是，政府補償的是他們所拆除的房產價值，而不是屋主損失的價值。餐館、理髮店或五金行等小店家的業主在自己的房產中營業時，投資的通常不僅是購買房產，也投入了多年的心血培養聲譽與人脈，建立客群。此外，經年累月的經營下，那些客戶可能比房產更有價值。然而，政府決定夷平這些建築重新開發時，只會根據實體結構的價值來補償這些業主，並不會補償價值更高的客源流失。那些客戶在大規模的破遷下，已流散各地。

　　被迫搬遷、騰出重建空間的，不是只有房產擁有者而已；而

且如此造成的損失，也不止是經濟損失。例如，一項研究發現，
波士頓一個關係緊密的社區被迫搬遷後，約半數的居民感到心煩
意亂或陷入憂鬱。[67] 雖然多數人在他處找到更好的居所，但八六％
的人支付的租金比被迫遷離前還高，[68] 這些遷離者主要是白人。
其他研究顯示，迫遷的黑人中，出現同樣情緒反應的比例更高，
而且迫遷後的房租占收入比例也比之前更高。一項研究顯示，對
一般的迫遷者而言，「每個人承受的平均未補償損失，相當於一
年收入的二〇％至三〇％」。[69]

政府遷移居民與資源的理由，就是最終建成的社區比拆除的
社區更有價值。如果這是真的，那麼結果應該是受損者獲得完全
補償，而且補償完這些人後，還有足夠的剩餘資源讓新來的人過
得更好。然而，這些政府重建計劃即使賠償受損者的金額只是損
失的一部分，造成的損失比效益還多，它們在經濟與政治上依然
是可行的，因為這種計劃是犧牲不願被徵收房產的受害者來補貼
的。換句話說，那些規劃實施這種資源與人口遷移計劃的人有動
機行使那些權力，而那些權力遠遠凌駕了社會是否受益的考量。

即使有關當局願意賠償，那些迫遷社區所付出的代價也難以
量化，因為受創的人際關係難以估價。例如，當迫遷的居民往四
處流散時，非正式的社區約束就消失了，犯罪率可能就會增加。
也許最能清楚顯示這些代價的就是讓這些人自願放棄房產與事業

所需付出的價格，而不是政府透過徵用權來徵收這些房產與事業的價格。

這種重新安置人口與資源的政府活動背後隱含著一個假設：把人口從惡劣的外在環境轉移到第三方認為更好的外在環境，一般的社會問題（尤其是犯罪）就會減少。這種假設不需要規劃者、政治人物、官僚或法官的檢驗，因為即使這樣做是錯的，這些人也很少為錯誤付出任何代價。他們也不太可能對那些居民的生活、價值觀、行為模式有深入的了解，而是把那些居民當成棋盤上的棋子一樣恣意移動，以利他們執行某種遠大的設計。考慮到這些計劃的動機與限制之後，也難怪那些試圖以摧毀貧民窟來減少犯罪的做法最後往往證明無效，甚至適得其反。

事實一再證明，把貧民窟的居民搬到全新的公共住宅專案中，只會在新社區製造出新的犯罪中心，而且新建築也會迅速惡化成新的貧民窟。廣受好評的專案設計最後失敗告終，不得不爆破拆除，聖路易斯（St. Louis）的普魯伊特─伊戈公寓（Pruitt-Igoe）就是一例。截至二〇〇二年，費城已炸毀二十個高層公共住宅專案；芝加哥則炸毀了二十八棟十六樓的建築，內有四千多戶公寓。[70] 但是，這些專案雖已拆除，這些專案背後的假設並未消失。更多的專案以類似的假設繼續發展，例如發放租房券（housing voucher）讓貧民窟的居民搬到中產階級的社區生活，完

全不顧那些中產階級社區的人之前為了遠離流氓與犯罪分子，付出了多年的努力才搬到現在的社區，如今政府計劃又讓那些流氓與犯罪分子有機會搬入中產社區。這種情況在芝加哥地區一直很常見：

芝加哥的南部郊區是美國使用租房券最密集的地區之一，那裡的中產階級黑人居民抱怨，他們以為自己已經擺脫貧民區，沒想到聯邦政府正補貼那些貧民區的人搬來跟他們一起住。[71]

這種政策的後果包括「租房券的租戶所帶來的小混亂跡象」，例如草坪不修剪、「購物車留在街上」、孩童無人看管、深夜音響大作。這些都不是芝加哥地區特有的現象。全美各地城市的官員都收到許多類似的抱怨，從費城、馬里蘭州喬治王子郡（Prince George's County）的郊區社區、伊利諾州的馬里蘭鎮（Maryland）與里弗戴爾（Riverdale），到加州的安條克市（Antioch）都是如此。在喬治王子郡，持有租房券的租戶常「不付水電費或應自付的三〇％租金」。在里弗戴爾，一所「曾經學術聲譽卓著」的學校，如今已大不如前，由此可見「把貧童送到郊區的好學校就讀，可讓孩子耳濡目染好教育」的概念並不成立。[72] 安條克市的居民「抱怨幫派分子在街上開著震天價響的汽車音響及未成年飲酒的問題層出不窮」。[73]

二〇〇五年，卡崔娜颶風襲擊了紐奧良後，針對該區突然推出的實驗也造成類似的結果。颶風過後，休士頓市接收了十萬多名逃離紐奧良的難民。這些人的平均家庭收入只有休斯頓當地居民的一半左右，他們的孩子在休斯頓學校的表現不如當地的孩子。他們從前居住的紐奧良，謀殺率幾乎是休斯頓的四倍。他們搬遷到休斯頓後，休斯頓的犯罪率急遽上升，尤其是謀殺率。[74]

　　無論是把人口遷到政府的住宅專案、發放租房券以補貼他們搬到中產階級社區的租金，還是把大量的人口從一個城市搬到另一個城市，證據都清楚顯示，改變民眾的生活地點並不會改變他們的行為。然而，那個隱含的假設仍持續主導著社會思想與政府政策，那些社會思想與政府政策都是由不住在那些迫遷地區的人所制定的，他們不需要為錯誤付出代價。反之，他們要是承認自己錯了，承認他們擾亂了成千上萬人的生活，浪費數十億納稅人的稅金，他們反而會在個人與事業上付出昂貴的代價。

▍城市蔓延

　　從二十世紀下半葉開始，規劃者與社會改革者制定了各種方案，試圖限制各種社經階層的住屋選擇。例如，許多專案透過提高住宅成本的建築限制，人為地限制了低收入者的住屋選擇。有

些專案則是針對那些從城市搬到郊區生活的富人，而這種遷移造成所謂的「城市蔓延」（urban sprawl）。這個術語的定義一直不太明確，但大家對它的抨擊卻毋庸置疑。這些抨擊有時是出於美學的角度，有時是出於經濟的角度，有時則是出自社會的角度。

美國歷史學家劉易斯・孟福（Lewis Mumford）是城市蔓延的主要批評者之一，他指出：

搭機從高空俯視倫敦、柏林、紐約或芝加哥，或從城市地圖與街區平面圖來概略地查看這些城市。你看到的城市是什麼形狀？城市如何自我定義呢？[75]

孟福就如許多評論家一樣，**從上空俯視**城市時，看到城市「雜亂無序地拓展，且奇形怪狀」，並為此感到痛惜。換句話說，許多有關城市蔓延的美學批評，是因為搭機俯視城市的第三方覺得那樣的城市毫無吸引力。但顯然，如果是搬到那些地方的居民覺得這樣的發展沒有吸引力，那麼城市蔓延就不會發生及擴散了。這種批評基本上假設第三方觀察者的審美品味比在地居民還要好。這種假設往往很明確，一百多年來，城市往周邊的鄉村擴張時，便一直承受著這樣的批評。

現代的評論家把郊區化或「城市蔓延」歸咎於汽車，就像十九世紀威靈頓公爵指責新建的鐵路鼓勵「老百姓沒必要的四處移

動」一樣。顯然，如果「老百姓」真的認為沒那個必要，他們也不會想要四處移動。但公爵的批評暗指的是，第三方的精英比那些自掏腰包做決定的人更懂得該做什麼。另一位英國評論家曾批評那些一九三二年「破壞」鄉間的人：「品味低劣，俗不可耐。」[76]二十世紀稍晚，美國的民謠歌手皮特·西格（Pete Seeger）也提出類似的美學看法，他在歌曲中唱到郊區開發的房屋（例如，加州戴利城〔Daly City〕的房子），是「廉價低俗」的盒子，「全都一個樣」。[77]

顯而易見，購買那些房屋的人若是覺得房屋的特色比量產帶來的低房價更重要的話，就不會有那種發展了。品味及偏好不同的人仍然可以自由地住在其他地方更獨特、更昂貴的住宅裡。此外，對許多從擁擠的城市公寓搬到那些「廉價低俗」盒子的人而言，那些遭到鄙視的盒子可能是一種居住環境的提升。畢竟，沒有幾個人會從比佛利山搬到戴利城，或從紐約市曼哈頓的公園大道（Park Avenue）搬到紐約州的萊維敦（Levittown）。對郊區「蔓延」的美學批評只是眾多批評中的一個，卻是最主要、也最持久的。由於這種批評很主觀，無法像其他批評那樣以客觀的事實加以駁斥。

關於都市蔓延的批評，除了住屋本身的品質遭到批評以外，城市社區整體的混亂擴張也受到了抨擊。然而，俯瞰社區的第三

方觀察者看不到模式，並不表示這種社區就真的沒有符合當地居民渴望的模式——畢竟，郊區居民的生活並不是為了取悅第三方而去呈現一個的畫面。

「規劃型」社區——無論是由政府規劃、還是由私人建商在政府規劃委員會的指示或約束下規劃——可能更能滿足觀察者的成見，但不見得符合多數人想要的功能。瑞典的瓦靈比（Vällingby）是國際知名的規劃社區，但它是例外，而非常態，就算在瑞典也是如此。在瑞典，多數人選擇住在類似美國與其他國家的評論者所抨擊的那種「無規劃」的社區。一項研究指出：「斯德哥爾摩的郊區大多有高速公路、購物中心、IKEA，看起來比較像美國郊區，而不是瓦靈比。」[78]

有些地方的「明智開發」其實是政府強行把觀察家、評論家、活動家或「專家」的偏好擺在民眾的意願之上。儘管「明智開發」是個新術語，但這個概念並不新鮮。伊莉莎白女王一世在十六世紀就頒佈了一項法令，禁止在倫敦城的周圍打造建築。幾個世紀後，一九四四年周密的「大倫敦計劃」（Greater London Plan）和其他控制成長的計劃同樣對土地使用法做了澈底改革，但最終依然無法阻止倫敦周圍的城市蔓延。

談論「規劃型」與「無規劃型」社區，就像談論「計劃經濟」與「無計劃經濟」一樣有誤導性。在這兩種情況下，個人和

企業獨立做決定時不受政府官員管制，但他們並不是隨意或胡亂行事，而是像計劃委員會那樣盤算籌謀。政府規劃其實指的是壓制個人計劃、強制推行政治或官僚決定的集體計劃。中央計劃經濟在二十世紀末大多被市場導向的經濟所取代了，即使在社會主義者與共產主義者所掌控的國家也是如此。中央計劃經濟的歷史顯示，觀察家覺得更可信的計劃不見得會產生多數人想要的結果。「無規劃型」社區就像「無計劃」經濟一樣，必須由廣大民眾的願望來指引才能獲利，無論第三方是否了解或贊同那些願望。

有別於美學批評或其他假設，批評者對「城市蔓延」的具體事實批評是可以用證據加以檢驗的。這類批評之一是說，為了保護迅速消失的開放空間，限制成長的法律是有必要的。但前面提過，美國已開發的土地僅五％左右。換句話說，即使美國每個城鎮的規模都增大一倍（那可能需要好幾世代的時間），仍有九○％的土地沒有開發。而且，一些最積極要求更多「開放空間」保護法與政策的地方，有很多土地（就算不是大多數土地）早已被列為開放空間，也禁止在上面建造任何東西了。

舉例來說，二○○六年，舊金山灣區的各種環保團體主張，該區應額外撥出一百萬英畝的空地，做為禁蓋建築的開放空間，儘管《舊金山紀事報》報導「舊金山灣區享有的開放空間可能是全世界大都會中最多的」。[79] 舊金山灣區共四百五十萬英畝的土

地中，僅有七十二萬英畝屬於已開發。也就是說，儘管輿論顯示開放空間的擁護者正設法避免最後幾片綠地遭到開發破壞，舊金山灣區還有六分之五的土地尚未開發。超過一百萬英畝的土地已被法律嚴禁開發。

然而，儘管灣區的人口不斷成長、房價在全美名列前茅，但灣區的環保團體聯盟依然主張再禁止一百萬英畝的土地開發。要真這麼做幾乎一定會進一步推高房價。在這個地區，平均而言，新購屋者把一半的收入都拿來買房並不少見。

此處的問題不在於開放空間是否可取，而在於無限要求更多的開放空間或任何東西是否可取。當有人對大家幾乎都認為可取的東西抱持狂熱的改革熱情、並提出激動的言辭時，權衡成本與收益特別重要，因為改革人士很少停下來做成本效益分析。

另一個相關的主張是保護農業用地。這種主張不僅出現在美國，也出現在其他國家。即使是在長期農業過剩的國家（例如美國和歐盟國家）、即使好幾個世代為此付出了昂貴的代價，保護農地的主張依然很常見。美國政府給予農民數十億美元讓他們休耕，以防農業過剩進一步擴大，然而，事實證明，美國政府為此付出了更高的代價。

那麼多農民放棄耕作，那麼多農地可用來建設民宅——這些證據應該可以拿來反駁那些宣傳農地危機的人。事實上，以法律

阻止土地轉換的需求和用來證明那些法律合理的理由，正好相互矛盾。但在這裡我們再次看到，第三方觀察家的觀點獲得了知識分子的認可，也得到媒體的呼應。他們覺得合理的事情可能政治上有決定性的影響，儘管很多身在其中的租戶或屋主的願望並非如此。那些租戶或屋主的願望遭到精英階層制定的法律所阻撓，他們所承擔的經濟後果也沒有獲得廣泛的了解。

關於「郊區化造成環境汙染」之類的批評，也是可以實證檢驗的。與開闊、無人居住的鄉間相比，人口稠密的地方燃燒燃料所造成的空氣汙染、汙水與其他廢物所造的汙染確實比較多。但造成汙染及消耗自然資源的是人，而不是他們所在的位置。

當一個城市一半的人口遷到鄉間時，一半的汙染也會跟著移到鄉間，代表他們離開的地方只剩下一半的汙染。若要主張「人口遷移造成汙染總量或天然資源使用量的**淨**成長」，那就得提出明確的實證，而不是以「人口密集處的汙染與資源使用量比人口稀疏處更大」來默示。此外，許多人急於保護的農田其實造成了地下水汙染，因為栽種作物所使用的化學品滲入水中；殺蟲劑與化肥的使用也造成了空氣汙染。

常常有人認為，郊區化意味著汽車的使用增加，燃料的使用也因此增加，導致空氣汙染增加。如果郊區居民都是通勤到市中心工作，這幾乎不言而喻。但「城市蔓延」的含義也包括就業機

會及人口遷離市中心。而且，這不是一種新的模式，而是好幾世代以前就出現了。早在二十世紀之初，美國就有三分之一的製造業工作位於市中心之外。到了二十世紀中葉，這些工作有一半在市中心外頭。同樣地，一九二○年代倫敦人口向郊區擴散時，從一個郊區通勤到另一個郊區工作，就像從郊區通勤到倫敦市一樣普遍。二○○八年，《經濟學人》曾報導過布魯金斯學會（Brookings Institution）的一項研究，該研究算出，「在美國的百大都會中，四五％的工作距離市中心十英里以上」。[80]

漢堡與其他北歐城市也有類似的情況，而且這種工作外移的程度比南歐城市明顯。許多美國的城市也出現了類似倫敦的模式：

一九二○年代，在北美的城市地區，這種外移現象比歐洲的規模還大。老城區的零售與辦公用地的擴大與緊密集中，導致市中心的居民急遽減少。在這個趨勢下，美國城市就像倫敦市長期以來的發展那樣，市中心在工作日變得非常擁擠，但晚上與週末變得比較冷清……

前所未有的富裕程度、便利的大眾運輸、不斷成長的汽車擁有量使得很大一部分的美國城市人口（甚至很大比例的藍領家庭）可以選擇住在郊區獨門獨院的宅子裡。這些住宅大多是由數千家小規模的房產開發商在小範圍內開發的。一九二○年代，許

多房屋如雨後春筍般在數百平方英里的土地上突然聳立……雖然今日很少美國郊區的中產階級父母會認為一千平方英尺（注：約二十八坪）的平房是養育大家庭的理想場所，但對當時許多家庭來說，一家人住在獨門獨院的小房子裡已經是超乎預期的狀態。[81]

總之，今日的郊區化是否導致更多人開車通勤是一個需要實證的問題，而不是必然的結論，答案可能會因地而異。在郊區化時代，許多地方的空氣品質反而有所改善，由此可見，「城市蔓延」導致更多汙染並非鐵律。保護開放空間也不見得可以減少汙染。

當保護開放空間推高房價時，更多在工作地點買不起房子的人會開車通勤，也會造成更多空氣汙染。有些工作可以隨著人口搬出城市，但有些工作不能搬遷。消防員必須在城市裡滅火，就像警察必須在城市裡處理城市犯罪（原注：加州紅木城〔Redwood City〕的警察局就在市區租了一間房子，讓警察在長時間加班後有地方可以睡覺，因為他們通常住在離紅木城很遠的地方，加班處理當地的執法問題後，晚上疲憊不堪地開車回家很危險。舊金山半島的一些社區也有為教師提供「平價住宅」的各種計劃，但這些計劃的供屋量鮮少超出象徵性的數量，原因跟其他族群一樣：透過補貼的「平價住宅」通常無法解決其他群體的住宅問題。），教師必須在城市裡教育孩子，護士必須在城市裡

照顧病人或傷患一樣。這些特殊職業的人大多負擔不起這些城市的房價，但防止「城市蔓延」的土地使用限制把城市的房價推到了極高的水準，他們只能從很遠的地方通勤上班，因為那些地方才有他們負擔得起的住宅。簡而言之，我們不能假設那種土地使用限制能有減少高速公路塞車或空氣汙染的淨效果。

總結與寓意

幾千年來，放眼世界各國，城市不僅是人口的集中地，也是工業、商業、文化、藝術業的集中地。事實上，人群之所以聚集在城市，正是受到這些產業的吸引。此外，城市一直是許多文明的先鋒，新的做事方式在這裡開發出來，並傳播到鄉野與農村地區。許多城市是港都（無論在河邊還是海邊），它們不僅進口商品，也輸入新的思想與新的技術，接著再把那些東西擴散到內地。就像人類一樣，城市並不完美，它們有優點，也有缺點——這是多數人都能客觀接受的事實，但有些人覺得城市的不完美是他們哀歎、發動改革的原因。有些人更糟，覺得那些缺點非消滅不可。

美國政治學家愛德華‧班菲爾德（Edward Banfield）的經典之作《非天堂之城》（*The Unheavenly City*）提醒我們，城市從來

就不是十全十美的。那本書顯示，當前的許多城市問題都不是新問題，建議政府干預的新提案也不可能改善那些狀況，甚至可能會導致情況惡化。城市社區及城市人口的分散有許多複雜的實證問題，有些問題已經被許多研究分析過了，有些研究的結果還互相矛盾。但有關「城市蔓延」等議題的說法，大多沒有實證依據，只是呼應威靈頓公爵的觀點（指責老百姓「沒必要」進入上流人士想把他們隔絕在外的地方）。

　　如果這些「把老百姓隔絕在外」的舉動不是打著崇高、理想主義的名義，而是坦白地公開出來，相關事務還能不能在政治上推動成功，實在令人懷疑。要是有人主張，政府應該把富人社區的外圍那一大片價值數十億美元的土地劃為緩衝區，以便把老百姓隔絕在外，為少數富人保留美景，那名政客應該很難贏得選票。所以，政客改變措辭，把焦點放在頌揚該社區的一種特定生活方式，或是為了「拯救」綠地或動物棲息地，彷彿在一個九成以上土地尚未開發的國家，綠地與動物都有瀕危的可能似的。問題並不在於那種特定的生活方式是否有益，而是誰應該為那些效益買單。如果享受那些效益的人不願買單，那為什麼納稅人或到處找平價住所的老百姓要被迫補貼那些財力比他們更雄厚的人呢？

　　如今政治上很少人像十九世紀的威靈頓公爵那樣直言不諱。

現代反對郊區化的觀點大多認為，從飛機上看下去，郊區化的結果並不美觀。那些在高空上因窗外景色感到不快的人士大可關上窗戶眼不見為淨，但有些人偏偏要吹皺一池春水，擾亂地面上數百萬人的生活。

第 3 章

性別的謬誤與真相

　　古往今來的多數時期，在大部分的社會裡，女性的收入低於男性是個不爭的事實。然而，大家為這個事實所提出的各種理由造成了許多謬誤，理由是否合理也有待商榷。

　　看似合理的理由很多，例如：雇主可能歧視女性，父母可能以不同的方式養育女孩與男孩，女性與男性可能有不同的技能，或在教育或職業方面做了不同的選擇。從這幾個理由以及其他未提到的理由，往往可以歸納出一個普遍的結論：當男女在就業、薪酬或晉升方面有顯著的差異時，就可以推斷這是性別歧視；如果隨著時間過去，這種差異縮小了，就是因為政府、女權運動或社會普遍啟蒙的壓力使得性別歧視減少了。

　　從媒體到政壇再到法庭，這種推理都很常見，但這種解釋經不起歷史或經濟學的檢驗。這是我們這個時代的一大謬論。

歷史

　　毫無疑問，打從孩提時代開始，男女就經常受到不同的對待。在一些社會裡，女孩受教育的頻率或程度不如男孩，因此在那種社會中，女性通常不太有資格去從事需要某種學歷的工作。那種社會等於放棄了一半人口的經濟與其他潛力。限制孩童教育所造成的性別歧視，顯然會導致成年女性與成年男性的收入差異，因為就算雇主並未歧視能力相當的員工，教育落差也會導致男女擁有不同水準與種類的知識、技能與工作經驗。

　　如今，至少在西方世界，很少有社會如此嚴格地限制女孩求學。但是，雇主歧視是否存在，或雇主歧視能否解釋多少男女收入上的落差，是一個問題，而不是必然的結論，因為無論是出於什麼原因，女性和男性在就業資格方面的差異，往往是顯而易見且真實存在的。此外，這些差異也隨著時間過去有所改變了。所以，兩性收入差距的縮小，不能自動歸因於雇主歧視的減少，也有可能是教育、工作經驗或外出工作機會的差異縮小所致。這些問題都需要實證來檢驗，不能以籠統的假設一概而論。

　　《經濟學人》雜誌指出，即使在二十一世紀，「世上仍有三分之二的成人文盲是女性」。然而，在最先進的工業化國家，教育光譜的另一端，接受高等教育的女性人數與男性相當，在某些國

家接受高等教育的女性人數甚至超越男性。就相對的比例而言，在日本，每百名接受高等教育的男性，就有九十名接受高等教育的女性；在美國，每百名接受高等教育的男性，就有一百四十名接受高等教育的女性；在瑞典，每百名接受高等教育的男性，就有一百五十名接受高等教育的女性。[1] 女性在這方面的優勢，不單體現在數量上。二〇〇六年，《紐約時報》指出：「在哈佛之類菁英名校，在狄金森學院（Dickinson）等小型文理學院、威斯康辛大學與加州大學洛杉磯分校（UCLA）之類的大型公立大學，以及佛羅里達大西洋大學等規模較小的大學，女性獲得榮譽學士學位的比例遠比男性還高。」[2] 但這相對而言是近期才有的發展。

男女的體力差異也是導致男女收入差異的諸多因素之一。這個因素曾經很重要，因為歷史上有很長一段時間，多數國家的多數人從事的是農業或其他需要大量體力的職業，例如採礦、航運或冶金。在我們這個時代，機械的動力取代了人類的肌肉，所以體力這個因素的重要性大不如前，因此，如今大家可能難以想像，這個因素在過去的幾百年間有多麼重要。例如，在一度活在飢餓邊緣的中國，赤貧人家常會殺死剛出生的女嬰，因為只有男孩較有可能長得夠強壯，很快就能生產足以養活自己的食物。赤貧家庭幾乎沒有多餘的食物餵養女嬰，女孩在小農場上用原始工具生產的東西也極其有限。對那些赤貧家庭而言，女嬰常被視為

有礙家庭生存的威脅。後來，其他國家和中國的經濟發展有所提升，人民就沒有必要再訴諸這種痛苦與野蠻的行為了。

　　機械動力取代了人類肌肉，再加上不依賴機械與肌肉的產業與職業日益重要，使得性別差異與年齡差異不再像以前那樣顯著。由於經驗與技能變得比體力更重要，人民收入達到顛峰的年齡日益提升。其他的經濟成果還包括男女收入的差距縮小——其實早在同工同酬的法律通過之前，男女收入的差距就開始縮小了。

　　女性與男性的另一個生理身體差異——生育——一直對經濟有很大的影響。「母親」這個群體的收入通常遠低於男性，因為家庭責任降低了有嬰兒與幼童的婦女在職場上持續從事全職工作的能力。在要求很高的職業中，這個因素顯得特別重要：

　　　　在藝術與科學領域，四十歲是達到成就顛峰的平均年齡。在這之前，需要密集投入多年的心血，才能熟悉那個領域。但那幾年正好也是多數女性的生育年齡。[3]

　　在男女經濟的差異中，我們無法確定這些因素與其他因素的相對權重，但有些實證資料雖不是絕對，卻頗具參考價值。

　　在檢驗男女職業與收入差異的主流觀念時，歷史還有一個很重要的功能。一般普遍認為，一九六〇年代以來，美國女性因為政府推行了反歧視法與政策，她們在專業與其他高等職業中崛

起。而那些法律與政策之所以會推行，也是女權運動與其他運動提高了社會開化程度的緣故。這理由看似合理，但若要判斷任何變數之間是否有因果關係，應該要檢測這些因素彼此之間的變化是否有一致性，或它們是否隨著未考慮到的其他因素而變化。

▌高等教育與專業職業的女性比例減少

歷史顯示，二十世紀美國女性的職業發展變化，幾乎無法以「雇主歧視」的變化來解釋。

事實上，一九〇〇年代，美國女性在專業與其他高等職業中的比例，比二十世紀中葉還高，而且這一切是在反歧視法律或女權運動興起之前發生的。例如，一九〇二年《美國名人榜》（*Who's Who in America*）上的女性比例，是一九五八年的兩倍多。[4] 一九六四年發表的一項研究得出以下結論：「二十世紀的最初二十年是美國女性學者的顛峰時期。」那份研究指出，美國女性學者的比例趨勢「從一九一〇年開始上升到一九三〇年左右，然後下降，最近幾年可能又有上升的趨勢。」[5]

這個模式有確切的資料佐證。就美國而言，一九二一年與一九三二年，女性獲得博士學位的比例約一七％，但到了一九五〇年代末期和一九六〇年代初期，這個比例下降至一〇％。這種模

式在許多領域都很常見：例如在生物科學領域，一九三〇年代女性獲得博士學位的比例約是二〇％到二五％，但是到了一九五〇年代末期只有一二‧五％；在經濟學領域，女性獲得博士學位的比例從一〇％降至二％；人文、化學、法律領域獲得博士學位的女性比例也出現了類似的下降。[6] 一九六一年，一項關於大學教職中性別比例的研究發現，一九六一年的女性比例比一九三〇年還低。[7]

在那個時代，就算是由女性開辦的女子學院（如史密斯、衛斯理、瓦薩、布林莫爾）[8]，女性教職員的比例也下降了，所以這種趨勢很難歸因於男性雇主對女性的歧視增加。但是，即使我們為了論述而假設雇主歧視女性是關鍵因素，幾十年來女性在較高等職業中的比例普遍下降之趨勢，也跟雇主歧視隨著民智漸開而減少的趨勢互相矛盾。更仔細檢視事實後我們將發現，那幾十年間的變化與雇主歧視無關，而是與女性的結婚與生育模式有關。這凸顯出另一個問題：後來婦女職業升遷的正面趨勢，反映的究竟雇主歧視的變化，還是婚育模式的變化？歷史清楚顯示，答案是後者。

在二十世紀的前幾十年，美國女性在較高等職業中的比例以及獲得碩博士學位的比例高於一九五〇年代，當時女性初婚年齡的中位數也高於二十世紀中葉。[9] 二十世紀早期在女子學院任教

的女性大多根本沒有結婚[10]，連在中小學任教的女性也大多未婚，這種現象一直到一九四〇年代末期才有所改變。[11]隨著結婚年齡的中位數開始下降，美國女性在高等職業的比例及獲得碩博士學位的比例也下降了。

▌ 高等教育與專業職業的女性比例增加

美國女性初婚年齡的中間值下降至一九五六年結束，此後便開始上升。從一九五七年開始，出生率也開始下降，到一九六六年，美國的出生率已降回一九三三年的低位。[12]女性取得碩博士學位的比例也緊跟著結婚年齡與出生率的趨勢逆轉，開始上升。

一九七〇年代，美國女性獲得博士學位的比例增加。一九七二年，該比例已經漲回一九三二年的水準；碩士學位也大同小異，女性獲得碩士學位的比例直到一九七二年才達到一九三〇年的水準。二戰期間是例外，因為有數百萬名年輕男子從軍報國。二戰結束後，擁有碩博士學位的女性比例急遽降至一九三〇年代的水準。[13]當然，那也是「嬰兒潮」出現的年代，這也再次顯示生育限制了女性教育與職業前景。

二十世紀下半葉，美國婦女在高等職業中的比例繼續隨著結婚年齡的上升而增加。結婚年齡急遽上升，二十世紀末的結婚年

齡明顯高於二十世紀初。[14] 反之，出生率則大幅下降，二十世紀末的出生率遠低於二十世紀初。[15] 隨著初婚年齡攀升至新高，女性在高等教育及高等職業中的比例也創下新高。一九七〇年代以來，女性獲得研究生學位的比例大幅上升，尤其是商學碩士、法學學位、醫學學位與博士學位。[16]

女性婚姻與生育模式的改變不僅反映在高等職業的女性比例上，整體而論，兩性的勞力參與度落差也大幅縮小了。一九五〇年，有九四％的男性及三三％的女性投入勞力市場。一九七〇年，男女的勞力參與度的差距從六一％縮小為四五％。二十世紀末，差距僅剩一二％（八六％的男性與七四％的女性投入勞力市場）。[17] 除了整體勞力參與度的落差縮小，還有更多的女性進入了從前由男性主導的職業，尤其是那些需要大學學歷的職業。[18] 一九七〇年以後，女性就業的連續性增加了，但男女就業的連續性差距並未消失，從事兼職工作的女性依然比男性多。[19]

二十世紀下半葉的這些正面變化，以及二十世紀上半葉的負面變化，都與婦女婚育年齡的變化密切相關。然而，男女收入差距並沒有完全消失。這些剩下的差異中，有多少可以歸因於雇主的性別歧視，而不是男女職業選擇不同、或是否從事全職工作造成的？這是另一個實證問題，涉及經濟與歷史。

經濟

　　理想的情況下，我們希望能先找到在教育、技能、經驗、就業連續性、全職或兼職工作等變數方面都相當的男女，然後再來確定雇主在聘用、支付、升遷方面，是否做到一視同仁。至少，這樣做可以從招募、薪酬、升遷的差異來檢視雇主歧視的程度。由於一些變數的資料東缺西少或不夠完善，考量其精確性及可信度或多或少的變數後，我們頂多只能對男女之間剩餘的經濟差異做一些衡量。那個剩餘差異就形成了「雇主歧視」加上「任何可能存在的未指明或未測量的變數」的綜合影響上限。然而，即使我們發現那些可相比的男女之間經濟差異為零，那也不能表示兩性整體上有相同的收入或相同的錄用／升遷機率，因為男性與女性整體而言在全職與兼職、就業領域、學歷或其他影響經濟前景的因素上，分配並不相同。總而言之，就算沒有性別歧視，也不代表男女之間沒有經濟差異。

▌職業差異

　　即使男女在相同的職業中獲得相同的收入，不同職業之間的性別分配差異也會導致男女的平均收入不同。長久以來，許多職

業中的男女分布一直不同，部分原因在於女性受到的限制，另一部分的原因則出於女性自己做的選擇。

在限制女性外出工作的時代與地方，女性能做的職業很有限，女性的收入前景亦然——這裡我們再次看到，不管雇主歧視是否存在，女性依然受限。換句話說，男女收入差距中，有多少是雇主歧視造成的，有多少是社會限制或其他因素造成的？——這是一個問題，而不是必然的結論。許多社會限制（特別是在過去）之所以會出現，是為了防止異性相吸所帶來的麻煩。

有些年代、地方、社會階層認為，年輕女子必須謹守貞潔才有可能嫁到好對象。那些女子的家長往往處心積慮把女兒隔絕在工作環境或其他環境之外，以免她在無人監督的情況下與年輕男子接觸，發生不貞的事情，更遑論那些導致未婚懷孕的誘惑了——那可能會毀了她的一生，也讓家族蒙羞。

這種擔憂所衍生的工作限制本質上就不對稱，因為無論年輕男子外出工作遇到或製造什麼麻煩，那些麻煩都不像未婚懷孕那樣引人側目，或造成那麼大的社會與經濟影響。在未婚生子撫養費完全落在女方家庭的年代與地方，家庭往往會較嚴格限制年輕女子的自由，也較密切監督她與誰在什麼情況下往來，以降低那種事發生的風險。然而，與後來工商業興起、必須外出工作的年代相比，以前多數人務農為生的時候，在家工作並不是多大的限制。

隨著愈來愈多的社會變得更加工業化與商業化，年輕女性與年輕男性外出工作的機會變得不對稱——這代表男女收入的前景也不同。甚至在此之前，家庭也比較可能允許年輕男子離家去從事一些不受父母監督的工作，例如當學徒、出海當水手或當兵。

女性即便從事非農業的工作，在家裡進行的可能性也比較高，例如織布。英語中用來指未婚女性的「spinster」（紡紗婦女，老處女）一詞，就是從那個年代流傳至今。釀造啤酒是另一種可以在家族事業中從事的工作，從事這項工作的女性稱為「brewster」（釀酒女），男性則叫做「brewer」（釀酒者）；這兩個字後來都變成姓氏，就像 carpenter（木匠）、weaver（織工）、cook（廚師）、shepherd（牧羊人）等職業後來也變成姓氏一樣。

雖然家庭有減少女性外出工作的動機，但雇主的考量卻恰好相反，他們都想好好利用這個龐大的潛在勞力來源。例如，早期新英格蘭的磨坊老闆為了讓父母相信，把女兒送到磨坊工作既安全又合適，他們只雇用女性勞工，並由年長的女性負責監督（她們就像那些離家女子的監護人）。在工業時代以前，尊貴與富裕的家庭也可以吸引家庭女傭，有可能是因為一般認為，那些家庭的監督或聲譽可以降低性行為不當的風險；另一種可能是由於貧窮家庭迫切需要女兒的收入，所以別無選擇，只能冒著其他家庭不願冒的風險。雇主、雇主的兒子或男僕對女傭的性騷擾都是風

險，女傭自己抵擋不住誘惑也是風險。

雇主在工作場域把男女分開則有不同的原因，通常是為了分配他們做不同的工作。如果一項職業的從業人員主要是男性，即使女性與男性的生產力一樣，讓女性在一群男性中工作也有可能使男性分心，從而影響生產力。就像在某些時期與地方，工人之間的種族或其他差異也會導致生產力受到負面影響，例如愛爾蘭工人與義大利工人之間的敵意有礙工作的完成。同理，男女之間的吸引力也會影響生產效率。

因此，有些職業之所以完全不招募女性，只是因為那些工作的從業人員以男性居多，就算有少數女性想從事那個職業，雇主也會覺得，雇用她們會影響男性的工作效率，划不來，所以不考慮。如果有大量的女性想進入某個職業，雇主就可以選擇同時雇用女性與男性，並在工作場域把兩性隔開，儘管這種分隔並不容易。（原注：一九六〇年代，我在 AT & T 的紐約總部工作，當時 AT & T 是少數能夠成功分隔男女員工的現代雇主之一。儘管男女在同一小組中工作，但不知怎的，公司裡有條未明文規定卻人盡皆知的慣例：男女員工都會避免社交。我原本沒意識到這有多誇張，直到某日我的妻子從離公司不遠的公寓來與我共進午餐時我才發現。我們一起到公司的自助餐廳用餐，我太太環顧了一下那個龐大的餐廳，問我：「你有沒有注意到，我們是這裡唯一

一起共進午餐的男女？」那天中午吃完午餐、回到工作崗位，整個辦公室都在傳，我和一個女人在公司的自助餐廳裡共進午餐！）比較容易的做法是只雇用男性或只雇用女性。

與多數國家以農業為主的時代，以及有些國家以重工業或採礦業為主的時代相比，如今體力不再是重要的就業因素，但現在仍有一些特定的產業非常需要體力。女性顯然比較不可能從事那些領域的工作——偏偏那些領域的工作報酬往往高於全國平均水準。在美國人口普查局的統計中，從事「文書類工作」的女性比例為七四％，從事「運輸設備操作工作」的女性比例不到五％。換句話說，女性比較有可能坐在辦公桌前，而不是坐在十八輪卡車的方向盤前。女性從事「建築、採掘、維修工作」的比例不到四％；從事「建築或伐木工作」的比例不到三％；從事「修理屋頂或泥瓦工作」的比例不到二％，「擔任維修重型車輛及移動設備的技師」比例不到一％。[20]

這種職業分布產生了顯著的經濟影響，因為全職礦工的年收入幾乎是全職辦公室文書人員的兩倍。[21] 從事繁重體力活及危險工作的工人還享有額外的報酬補貼。雖然男性占總勞力的五四％，但工作相關的死亡中，男性的比例高達九二％。[22]

▍ 就業連續性

外在因素限制了女性的就業範圍，但女性自己做的職業選擇，也進一步限制了她們的職涯界限。除了避免從事體力要求超出負荷的職業，女性在挑選職業時，也會把自己將來可能成為母親考慮進去。由於分娩後會有一段時間無法外出從事全職工作，這種離開成本成為職業選擇的一個影響因素。

如果一項職業有工會，退出勞力市場等於喪失資歷，降低升遷機率，也降低裁員時保住飯碗的機率，這種職業強加在女性身上的成本就高於男性，也比那些不太強調資歷的職業給女性帶來更多的成本。不過，一些沒有工會的公司也有資歷制度，對女性有同樣的經濟影響，對女性收入前景的負面影響大於男性。資歷往往是影響公務員的因素，對女性收入前景的負面影響也大於男性。

撇開正式的資歷規定不談，女性得自己照顧嬰兒，直到孩子足以安置在日托中心，才能重返職場。這種勞力參與的中斷，意味著女性的工作年資可能比同齡的男性少，因為這種中斷在男性身上不太常見。這對生產力有多大的影響因職業而異，可能很大，也可能微不足道，甚至根本毫無影響。如果升遷是某種職業的常態，那麼不僅工作經驗較少的女性會比同齡男性更不可能升

遷，即使有些女性的職涯從未中斷，但未來成為母親而中斷職涯的可能性依然會壓低她的升遷機率。公司可能會覺得把她升到高位的風險，比任用能力相當的男性更高。

勞力參與中斷還有其他的代價，且女性蒙受的損失比男性還大。職業技能的要求會隨著時間變化，不同職業的變化速度也不同。例如，電腦技術日新月異，電腦工程師與程式設計師必須不斷提升技能，才能跟得上進步。同樣地，稅務會計師必須跟上稅法的變化，律師必須跟上法律的變化，才能有效為客戶服務，守住客群。無論是自己開業還是公司的雇員，離開這些領域，等孩子大到可以送托再重返職場，都可能嚴重落後該領域的發展，導致收入能力下降。

在高科技時代，攸關軍事戰鬥的職業也很難在離開崗位幾年後回歸。因為武器技術一日千里，戰鬥飛行員或核子潛艇軍官若是離開幾年後又復職，很難一邊惡補離職時的技術進步，一邊跟上復職後不斷發生的變化。

從年輕女性的角度來看，她們做職業選擇時，一個領域的知識與技能遭到淘汰的相對速度，是挑選專業領域的一大考量。據估計，物理學家四年內就得淘汰一半的知識，英語教授至少要二十五年才需要淘汰一半的知識。[23]

由於職業淘汰對男女有不對稱的影響，女性較有可能從事淘

汰率較低的工作也就不足為奇了，例如教師、圖書管理員，而不是電腦工程師或稅務會計。即使一九七〇年代以來，女性獲得博士學位的比例大幅上升，但在專業的領域中，男女比例的差異依舊很大。例如，截至二〇〇五年，在美國取得教育博士學位的人士中，女性的比例超過六〇％，但工程學博士學位的女性比例不到二〇％。[24]

▌ 規律工作與不規律工作

許多工作朝九晚五，有固定的上下班時間，也有許多工作採責任制，工時不固定。當價值數百萬美元的訴訟案正在進行，或是死刑案正在上訴時，律師不能五點一到就下班回家。如果案子需要晚上或週末繼續，律師就得加班，以便在出庭前準備好最強而有力的論述。

原則上，律師究竟是男是女並不重要。但實務上，由於女性比男性承擔更多的育兒及家務責任，需要不定期在晚上或週末加班的工作，對女性而言就比較沒有吸引力。**兼顧一切**（兼顧事業、家庭、上流的生活方式）很好，但是對女性來說，**做到一切**往往比較難，因為家庭責任的分工通常還是男女有別，生育方面又有著先天的差異。未雨綢繆的年輕女性在挑選職業時可能會考

慮到這點，而年長的職業女性往往認為，為「兼顧一切」付出那麼大的代價並不值得。

這可能不會導致某個職業令所有的女性卻步，但確實會縮限某個職業中的工作情境範圍。想成為律師的女性可能會覺得，當一位工作時間固定的民事律師，比在壓力很大的頂尖律師事務所工作更有吸引力。在壓力很大的頂尖律師事務所工作，不僅每週工時平均高達六十或七十小時，而且工作時間還不固定，取決於客戶案件的需求。大型律師事務所在數個城市或國家都有辦事處，旗下的律師可能得臨時飛到某個遙遠的地方，並在當地待上好一段時間，處理當地的法律問題。

原則上，男女都會面臨同樣的問題。但實務上，如果家長之中有一人被迫加班、或得飛到某地處理法律緊急情況，另一人必須待在家裡陪伴孩子，比較有可能出現的情況是：父親加班，母親陪孩子；而不是母親加班，父親陪孩子。此外，男性不會懷孕，女性因懷孕的身體限制，從事這類工作也比較不利。懷孕不僅限制了女性的職業選擇，也限制了工作型態的選擇。女性比較難以應付那些需要長時間投入、工時不固定且不可預測的工作、臨時出差到遠地、壓力超大的重大法律案件。《哈佛商業評論》曾對收入排名前六％的人進行過一項調查，結果顯示，六二％的人每週工作超過五十小時，三五％的人每週工作超過六十小時。

而那些從事「極端」工作的人中（無論是工時極端還是壓力極端），女性的比例不到二〇％。此外，即使是那些從事高壓工作的人，女性也表示，她們五年後還想繼續這樣工作的可能性只有男性的一半。[25]

這種壓力並非商界與法律界獨有。一位知名的生物學教授在給學生的建議中指出了這點：

> 我冒昧地建議生物學的新科博士：如果你選擇走學術路線，每週需要花四十個小時從事教學與行政工作，另外再花二十個小時做一些上得了檯面的研究，再花二十個小時完成真正重要的研究。[26]

多項研究顯示，相對於男性，女性比較不會選擇工時長的職業。[27] 一項長年鎖定有數學天賦的青少年的追蹤研究（如今這些青少年已經三十幾歲）顯示，女性每週工作不到四十小時的比例高於男性，男性每週工作超過五十小時的比例高於女性。[28]

一般而言，男女都比較喜歡工時固定、壓力較小的工作，所以有這些特質的工作可以輕易吸引到兩性；此外受到供需關係的影響，這些工作的薪酬通常比較為繁重的工作來得低。然而，由於女性承擔的家務特別多，輕鬆的工作更適合承擔家務的女性，也對女性特別有吸引力。所以，即使男性與女性在繁重工作與輕

鬆工作中都能獲得相同的報酬，只要男女在不同行業中的分布比例不同，或男女在同一行業中選擇的工作環境不同，男女的收入就有可能出現明顯的差異。《經濟學人》雜誌指出：

女性平均薪資依然低於男性的主因，不是因為同工不同酬，而是因為她們往往不會在職業階梯上爬得太高，另一種可能是，她們會選擇薪酬較少的職業，例如護理與教學。[29]

其他研究也證實了這一點。在很多職業中，有大學學歷的女性，收入至少與男性一樣多。這些職業包括電腦工程師、石油工程師、其他工程職業、記者、投資經理、醫檢師。[30] 但大多數的這類工作，尤其是工程工作中，女性人數總是比男性少。女性收入低於男性的最重要原因，並不是同工不同酬，而是因為她們選擇的工作與男性不同，工作的時數較短，在勞力市場中缺乏連續性。就美國而言，在有大學學歷、未婚、無子女、年齡介於四十到六十四歲（亦即不是生育年齡）的全職工作者中，男性的平均年收是四萬美元，女性的平均年收是四萬七千美元。[31] 不過，儘管在這個類別中，女性的收入比男性來得高；但整體來看，男性的收入還是比女性高——這持續反映出性別之間的工作模式差異。由此可見，男性與女性即使屬於同一類別，投入工作的程度也不一樣。

縱使是自哈佛、耶魯等頂尖大學畢業的女性，她們投入工作的比例也不像同校的男性畢業生那麼多。《紐約時報》的報導顯示，在四十多歲的耶魯校友中，「僅五六％的女性仍在工作，男性工作的比例是九○％。」[32] 哈佛校友的情況也大同小異：

二○○一年，一項鎖定哈佛商學院畢業生的調查發現，一九八一年、一九八五年、一九九一年畢業的受訪者中，三一％的女性只做兼職或約聘的工作，另有三一％的女性根本不工作。這個比例與耶魯大學受訪女學生預測她們三四十歲時會待在家裡或兼職的比例出奇的相似。[33]

在許多產業與職業中達到最高層的人，通常工時很長，而且他們漫長的職涯從未間斷。女性就算學歷很高，往往也不會選擇那樣做，儘管那對她們的收入有明顯的影響。那些女性最清楚什麼符合個人的情況、優先要務與幸福感，但第三方在看統計資料時，只看到薪酬不平等的現象。全職與兼職女性之間的薪酬差異，其實大於或等於那種男女薪酬差異。研究發現，兼職女性的時薪比全職女性的時薪低二○％，即使是比較相同學歷、相同家庭環境（如結婚、離婚、或有家累）的女性也是如此。[34]

這種差距並沒有完全凸顯出兼職與全職薪酬的真實落差，因為兼職員工（不分男女）很少納入雇主的健保或退休金計劃中。

兼職也限制了求職時可選的產業與職業範圍，畢竟不是所有的工作都可以靠兼職完成。在接受調查的兩百三十六個行業中，有一半的兼職女性集中在其中的十個行業。[35]

▍家務責任

　　原則上，家庭責任可由夫妻或父母平均分攤。然而，實務上，在多數地方以及歷史上的多數時期，平分家務都不是常態。由於經濟結果是實務造成的，而不是由原則決定的，家務分工的男女不對稱在許多方面造成了男女收入差異。此外，貨幣支付的統計記錄可能誤導了我們對經濟現實的了解。家庭收入是集合收入，家庭收入如何花用、花在誰身上，並不是看這些錢是由誰掙的或誰賺得多來決定，例如在一些家庭中，家庭開支主要是花在沒有收入的人身上，例如孩子，尤其是孩子就讀昂貴大學的時候。

　　誰來決定家庭收入要花多少、花在哪裡、為了什麼花掉、或花在誰身上──這個問題無法從收入統計資料中看收入是誰賺的來決定。《經濟學人》指出：「調查顯示，八〇％的消費是由女性決定──從醫療保健、住宅，到家具與食物等等。」[36]二十一世紀初，美國政府的一項研究顯示，美國家庭花在女性與女孩服飾

上的開支，比花在男性與男孩服飾上的開支多了七〇％。[37] 在一些最傳統的文化中，男性有明顯的主導地位，且通常是家中唯一的收入來源，他們會把大部分的收入交給妻子，讓妻子自主安排預算與消費。這種情況在過去的義大利南部、如今的日本、以前許多美國傳統工人階層的家庭中很常見，甚至在所謂的「男性主導社會」中也相當普遍。

家庭收入的取得可能也是夫妻一起努力的成果，而不是一個人賺的。單身漢得花時間購物、做飯或去餐館、把衣服送洗、招待客人或安排約會。許多已婚男性可以把那些時間拿來發展事業，因為妻子幫他們分擔了那些事情。由於傳統家庭的妻子以這種方式為丈夫騰出了時間，已婚男性的收入通常會比同齡、同學歷的單身男性更高。

已婚有小孩的男性通常收入最高，因為對於父親而言，提高收入變得更加重要。他們會透過加班或挑選薪酬較高的繁重工作等方式來提高收入。在傳統的家庭中，夫妻的地位不對稱，所以婚姻對男女收入有**相反**的影響。未婚女性的平均收入高於結過婚的女性，沒有子女的女性平均收入也高於有子女的女性。

另一種看法是，傳統的家庭責任分工，意味著妻子犧牲了自己的收入潛力來提升丈夫的收入，如此產生的家庭收入由全家一起消費。只要夫妻雙方都同意這樣持續下去，以掙錢者為依據的

統計資料就無關緊要了。然而，不斷上升的離婚率使這些資料變得至關重要，也顯現出這種傳統安排的問題層出不窮。

實際上，傳統的妻子一直在投資丈夫的職涯，離婚意味著這筆長達數年、甚至幾十年的投資可能化為泡影，離婚後丈夫支付的贍養費與子女撫養費不見得能收回那筆投資的價值。在婚姻中，妻子不但犧牲了自己的收入潛力，也失去了工作經驗、工作連續性、技能提升、資歷等經濟價值。當她離婚重返職場時，收入能力將比一直保持單身還低。反之，她的前夫拜她的犧牲所賜，收入能力比一直保持單身還高。

那些只從原則思考、不從實務角度思考的人，無法理解為何前夫不能像前妻那樣獲得贍養費，尤其是女性收入較高、收入潛力較高或財富水準較高的情況。然而，就實務來說，前夫還需要補償什麼？

▌ 雇主歧視

衡量女性承受多少歧視很重要，但同樣重要的是，我們也應該判斷這種歧視到底是在哪裡發生的，以及它涉及哪些經濟動機與限制。在教育方面歧視女性的人不會為此付出代價，但那些歧視女性的雇主會。如果雇主付給女性的工資，是做同樣工作、擁

有同樣技能的男性工資的四分之三，代表那些只雇用女性的雇主只要付三個男性員工的工資，就可以獲得四個人力。這種生產成本的差異可能意味著一些公司可以藉此壓低價格競爭，蓬勃發展，而另一些競爭對手則因生產成本高而倒閉。即使歧視女性的雇主沒有這樣想，市場的競爭也會迫使成本較高的廠商退出市場，無論他們是否了解個中原因。

關於雇主歧視女性的討論，大多集中在可能導致歧視的雇主觀念或態度上。然而，就像少數族裔的情況，雇主的觀念或態度不是決定實際情況的唯一因素，也不見得是最重要的因素。勞力市場與雇主產品的競爭愈激烈，雇主為歧視付出的代價就愈高，所以雇主愈不可能拿自己的利潤、甚至事業的存續來冒險。另一方面，沒有市場競爭壓力的企業（例如壟斷、非營利性事業、政府機構）比較有可能歧視。雇主歧視有多大，以及男女收入差距中有多少是雇主歧視造成的──這種實證問題需要比較可相比的人以及可相比的情況。雖然這說起來很容易，但實務上通常不簡單。

如果一份工作需要接觸顧客，這些公司外部的人士所抱持的偏見或歧視可能會變成雇主歧視的動機，必須與歧視成本互相權衡。以前，有些人對女律師或女醫生的專業能力缺乏信心，或是他們已經習慣與那些角色的男性打交道，所以面對男性比較自

在。總之，對雇主而言，問題不在於這種感覺是否合理，而是這種感覺有多普遍，因為這攸關雇用一位女性對這間診所或律師事務所究竟是有益，還是有礙——即使那個女性跟現在雇用的男性一樣勝任。

簡而言之，經濟動機可能會促成歧視，也可能抑制歧視。至於淨結果究竟是促成還是抑制歧視，這是實證問題，其他因素的影響也是如此。男女差異的其他解釋可用實證來檢驗，不僅現在如此，過去也是如此，尤其考慮到隨著時間經過男女收入比的變化，以及女性在各種職業中的比例變化時，更是如此。

▌可比性

雇主的性別歧視與教育上的性別歧視或影響就業選擇的家庭性別差異有別。為了確定雇主的性別歧視是否存在或其嚴重程度為何，我們必須比較學歷、技能、工作經驗和其他相關特徵類似的女性與男性。

許多關於男女收入差距的統計資料並沒有這麼做，它們只把男性與女性各自視為一個群體來比較，沒有考慮到可比性，也幾乎沒有維持不同的變數不變。因此，英國一項研究發現，女性與男性都全職工作時，女性這個群體每小時的薪酬比男性少一

七％。然而，同一項研究也發現，薪酬的差異不是因為男女同工不同酬，而是因為女性比男性更常從事薪酬較低的工作，尤其是在產子重返勞力市場之後。英國女性剛進入職場時，收入是英國男性的九一％，但身為母親後，她們的收入只有為人父者的六七％。隨著時間經過，母親的收入占男性收入的比例或多或少穩步下降，直到產後約十二年後才開始回升，但永遠無法回到產子前的水準。這或許顯示女性永久性的收入損失是職涯中斷所造成的。[38] 在美國，密西根大學法學院對畢業生做的一項研究也發現類似的模式：

在職涯之初，男女薪酬差距較小。但十五年後，女性畢業生的薪酬只有男性的六〇％。其中一些差異反映了這些女性的工作選擇，包括女律師比較可能減少工作時間。[39]

另一項試圖同時控制「兼職 vs. 全職工作」以及「子女與家務責任的影響」等變數的研究發現，「二十一至三十五歲沒有子女的兼職員工，男女薪酬差距是五％。二十一至三十五歲沒有子女的全職員工，男女薪酬差距不到三％。二十一至三十五歲獨居的全職員工，**沒有男女薪酬差距**。」[40] 這些差距代表「雇主歧視」**外加**「其他可能有利於男性的因素」（例如學歷差異、體力要求差異、危險程度差異）的影響上限。即使不考慮其他因素，男女

收入差距也那麼小，由此可見，雇主歧視對男女總收入差距的影響，遠比總體統計資料所示還要小。

在試圖判斷族裔或種族歧視是否真的存在或其影響大小時，必須得找到真正有可比性的個人；但要找到有相似可比性的男女相對來說很難。畢竟儘管學經歷等因素對不同種族或族裔的影響是相同的（也就是說，學歷高的黑人比學歷低的黑人賺得更多，就像學歷對白人的影響一樣，即使程度不同），同樣的因素卻可能對女性與男性產生**相反**的影響：前文提過，婚姻及養兒育女往往會導致男性收入增加，女性收入減少。

單身女性與單身男性也不能相提並論，因為「單身」也包括結婚多年後離婚的人。婚姻對女性的長期負面經濟影響（如全職工作的中斷、甚至停止）並不會隨著婚姻狀況的改變及重返職場而消失。因為與同齡男性相比，她們的經驗比較少。同理，離婚後，婚姻對男性的正面經濟影響也不會完全消失，因為過去的資歷以及提高的工作技能仍然使他比從未結婚的男女賺得更多。

要找到收入未受婚姻影響又可相比的男女，意味著你必須找到「從未結婚」的男女，而不僅是「單身」而已。為了把婚姻的影響以及婚姻常造成的家務不對稱剔除在雇主歧視的影響之外，最有可比性的男女就是從未結婚的人。如果男女之間的收入差距在從未結婚的男女之間仍然很大，那顯然婚姻的經濟影響不能解

釋收入的性別差異。但是，如果兩性收入差異隨著婚姻狀況以及為人父母的身分而出現很大變化，那麼雇主歧視對男女收入差異的影響就比較小了。

所以，事實究竟是怎麼樣呢？

前面提過，比較二十一世紀未婚、過了生育年齡、全職的女性和男性，結果顯示，女性的收入**高於**同類男性。早在一九六九年，未結過婚的美國女性學者收入就比同類男性高；已婚但無子女的女性學者收入比同類男性少，已婚有子女的女性學者收入又比同類男性更少。[41] 對一般美國女性來說（亦即不僅女性學者），一九七一年，那些從高中開始持續工作的單身女性，收入**略高**於同類男性 [42]——這一切都是在「平權法案」之前發生的（一九七一年的行政命令把「平權法案」定義為「代表性不足」，並於一九七二年生效），代表著美國政府推行「支持女性」的干預政策前、在完全競爭的勞力市場壓力下所發生的情況。後來一個對一九九四年法學院畢業生所做的調查顯示，男性的起薪平均是四萬八千美元，女性的起薪平均是五萬美元。[43]

長期的**趨勢**以及特定時期的女性研究都顯示，婚姻責任（包括養兒育女）與女性學歷及職涯發展之間有負相關。無論是早期、還是後期，已婚有子女的女性在收入、職涯發展、甚至工作方面都遠遠落後男性。一九五六年發表的一項研究顯示，從拉德

克利夫學院（注：Radcliffe，曾是麻州劍橋的女子文理學院，一九九九年全面整合至哈佛大學）取得博士學位的女性大多不是從事全職工作，而那些做全職工作的女性平均生育的孩子數量，比兼職、斷斷續續工作或根本不工作的女性來得少。[44]

　　總體來看（亦即連續就業 vs. 非連續就業、職業選擇、全職 vs. 兼職等方面的性別差異），一九六〇年代與七〇年代之間的幾十年裡，全體男女的收入比大致維持在六〇％左右，接著從八〇年代初期開始顯著上升，一九九〇年達到七〇％，二〇〇四年達到七七％。[45] 進一步細分資料，比較年齡、學歷、就業史相當的男性與女性時，結果顯示兩性的收入更接近了。只比較全職的全年工作者時，資料顯示，二〇〇五年女性的年薪是男性的八一％。[46] 兼職員工不僅總收入少，時薪也少，升遷機率更小。[47] 一直以來，兼職的女性總是比男性多，未來這種狀況也會持續下去。[48]

　　在某個領域裡，男女之間的收入差距可能很大；但同一領域中，條件可相比的男女之間，收入差距可能很小，甚至毫無差距。這兩種情況是可能同時並存的。舉例來說，《新英格蘭醫學期刊》（*The New England Journal of Medicine*）曾發表過一項研究，指出：

　　一九九〇年，年輕男醫生的年收入比年輕女醫生高出四

一％……然而，在調整專業、實習環境、其他特徵的差異後，男女的收入差異並不明顯。[49]

這項研究中的年輕男醫生，每年的工作時間比年輕女醫生多了五百小時以上。[50]

一般來說，男女收入差距按年、按月、按小時收入來算，都有所不同。由於女性的工時往往比男性來得少，所以年收入的差距往往最大，時薪差距往往最小。例如，美國勞工部的資料顯示男女週薪的差距：一九九九年，女性週薪是男性的七六·五％，但同年女性的時薪是男性的八三·八％。若是比較職業、產業、其他變數可相比的男女，時薪差異則縮小為六·二美分。[51]

隨著時間經過，有些因素會縮小男女收入差距，但也有其他因素會擴大男女收入差距。例如，隨著工作經驗在經濟中變得日益重要，以及經驗所帶來的更優渥的報酬，往往會拉大男女之間的收入差距，因為女性的工作經驗通常會比同齡男性更少。不同產業與職業之間的轉換也會影響男女收入差距，因為女性與男性在不同產業與職業中的比例不同。[52] 而且，這種比例會隨著時間而變：一九六〇年，美國近一半的女大學畢業生成為教師，到了一九九〇年，這個比例只剩不到一〇％。[53] 有些因素使男女收入差距擴大，有些因素使男女收入差距縮小，這兩股相互衝突的趨

勢相互抵銷後所剩的淨效應，使人更難以解釋收入差異的原因。

　　儘管一九六〇年代以來男女收入差距呈現了縮小的趨勢，但在某段生命期間，差距往往會擴大。也就是說，與中年男女的收入差距相比，年輕男女的收入差距較小。這中間發生的情況，不外乎女性的勞力參與率受到家庭責任的影響，尤其是養育子女的責任。《美國經濟評論》（*Economic Review*）的一項研究顯示：

　　二〇〇一年三月，在二十五到四十四歲這段職涯發展的黃金時期，有六歲以下子女的女性中，三四％不在職場內。相較之下，無子女的女性不在職場內的比例僅一六％。三〇％的在職母親從事著兼職的工作。相較之下，無子女的女性從事兼職工作的比例是一一％。然而，在男性中，「有子女」與「工作參與度的增加」亦有關連性：有六歲以下子女的男性中，僅四％不在職場內；在職父親中，僅二％從事兼職工作。[54]

　　簡而言之，生育子女對勞力參與率有很大的影響，但是對女性與男性的影響恰恰**相反**。雖然年輕女性比較有可能生育子女，但年長女性的工作資格受到生育子女的影響最大，因為她們的工作資歷與同齡男性相比，累積了較多的落差，這種落差也反映在中年男女收入差距的擴大上。這一切都與限制女性升遷的「玻璃天花板」概念特別有關，尤其是升遷到管理高層的情況。這些高

階職位通常需要多年的經驗累積。實務上，無論是管理高層中的男女人數差距，還是管理高層的男女收入差距都很大。但是，比較有類似經驗的男女時（包括在某家公司有持續的工作經驗），男女差距就明顯縮小了。

舉例來說，《勞資關係評論》（*Industrial And Labor Relations Review*）的一項研究顯示，管理高層中僅二‧四％是女性，「高階主管薪酬的性別差距至少有四五％」。薪酬差距的部分原因在於，女性比較可能在較小的公司擔任高管，而這些小公司的高管薪酬往往比大公司的高管來得低。而女性之所以到較小公司擔任高管，部分原因在於她們的經驗較少。排除這些因素以及其他的差異後，男女的薪酬差距就會大幅縮小：

樣本中的女性比男性年輕許多，在公司裡的資歷也比男性少得多。年齡與資歷對性別差距的部分影響，似乎反映在女性管理的公司規模上。總之，我們發現，排除所有明顯的男女差異後，無法解釋的男女高管薪酬差距不到五％。[55]

儘管仔細檢視了統計資料、揭露了男女收入差距的複雜性，但關於性別歧視的訴訟依然不斷出現，純粹根據男女經濟狀況數字差異而提出的指控層出不窮。誠如《紐約時報》二〇〇七年的報導：

在訴訟中，首席原告（一名前副店長因為沒被升為店長而提告）聲稱，好市多在升遷方面歧視女性，因為該公司有近半數的員工是女性，但僅有一三％的店長是女性。[56]

這起訴訟絕非特例。二〇〇四年，有人也基於統計差異，對沃爾瑪超市提出類似的控訴。早在一九七三，公平就業機會委員會（Equal Employment Opportunity Commission，EEOC）就曾經只根據統計差異，對西爾斯百貨（Sears）提過性別歧視的訴訟，而不是因為有女性聲稱比自己資歷低的男性獲得雇用或升遷但她沒有。然而，這個訴訟案一直持續到一九八八年，聯邦第七巡迴上訴法院（Seventh Circuit Court of Appeals）才終於作出裁決，指出公平就業機會委員會連「歧視性的雇用實證」或「真實的歧視受害者」都拿不出來。法院指出，公平就業機會委員會在一家全美有數百家門市的公司中「連一個具體歧視案例的證據都提不出來。」[57]

西爾斯百貨贏了那場訴訟，但它在法律上獲得的勝利顯然沒有阻止其他人單憑統計差異就指控其他公司有性別歧視。規模不及西爾斯百貨的雇主，沒有財力像西爾斯百貨那樣花兩千萬美元去打長達十五年的聯邦訴訟。他們很有可能被迫同意一項協議裁決（consent decree），並在大眾心中留下性別歧視的惡名。[58] 此

外，這種因雇主負擔不起長年訴訟費用而和解的案子持續增加，足以讓許多觀察人士相信性別歧視普遍存在，而且是男女經濟差異的主要來源。

▌ 少數族裔的類比

在美國，許多人會把女性與低收入的少數族裔相提並論，把這兩種情況的收入差距都歸因於雇主歧視，並試圖透過反歧視法及平權政策來改善這兩個群體的經濟狀況。但女性的情況與少數族裔的情況有著根本的差異，同時也影響了分析與政策。

在分析少數族裔的經濟狀況時，可以藉由比較年齡、學歷、其他相關因素相近的個人，來解釋少數族裔與總體人口之間的收入差距有多少是由雇主歧視及其他因素造成的。不過，儘管學歷較高對黑人與白人的收入都有提升的效果（即使程度不同），但造成男女收入差距的最大因素之一——養兒育女——對男女的收入有**相反**的影響。已婚女性與已婚男性受到的影響程度並不相同，無法相提並論。只有從未結過婚的女性與男性才有可比性，在法律或政府推出禁止性別歧視的政策之前，未婚女性的收入與未婚男性的收入相當，甚至更高。

女性與少數族裔在更根本的歷史意義上也大不相同。低收入

的少數族裔通常是比較貧窮、學歷較低者的後代，因此與社會的其他成員相比，他們繼承的文化與經濟背景較難幫助他們改善經濟與社會狀況。然而，女性並不只是女性的後代。不管過去的男人在教育或經濟上享有什麼優勢，那些男人是她們的父親與祖父，就像以前的女人是她們的母親與祖母一樣。如今的女性繼承了男性祖先擁有的一切優勢，也繼承了女性祖先的各項劣勢，她們的兄弟也是如此。儘管這點看似明顯，但那些把女性與少數族裔相提並論的人往往忽視了這點。女性與少數族裔不同的跡象之一，在於長久以來，女性博士的社經背景一直比男性博士高，考試成績也較優異，[59] 而黑人與其他低收入少數族裔的情況正好相反。

在學術界，美國女性與少數族裔的歷史與現狀特別不同。首先，女性學者普遍存在的歷史，比黑人學者普遍存在的歷史長得多。早在一八七九年，女性學者的比例就達到顛峰了，後來又過了九十年才又達到那個比例。[60] 在十九世紀，黑人教授與行政人員很少見，甚至在招收黑人學生為主的大學裡也是如此。[61] 儘管早期一套關於平權法案的聯邦指導原則指出：「女性與少數族裔往往很難靠口碑推薦應徵」學術職位，[62] 但那種說法對女性學者而言絕非事實。多年來，女性從名校獲得博士學位的機率與男性一樣，[63] 因此，她們長期以來與男性博士一樣，一直身處在學術

招聘的「校友關係網」中。

總結與寓意

在影響男女經濟差異的諸多因素中，最難捉摸的就是雇主歧視。由於歧視女性是違法行為，也是社會之恥，不可能有人會承認自己歧視女性。原則上，歧視與否只能在考慮其他所有因素後，間接從男女差距中去推斷。然而，實務上，我們不可能把所有其他的因素都納入考量，因為沒有人知道所有的因素，而且已知的因素也不見得都有統計資料可用。在考慮所有的已知因素及可用的統計數據後，剩下的殘值是「雇主歧視」與「任何受到忽略或未指明變數」的影響**總和**的上限。那個殘值往往比男女之間的總收入差距小得多，有時為零；有些情況下，女性的收入甚至比同類男性還多。

實證顯示，兩性的經濟差異大多是由雇主歧視以外的因素造成的，但這並不表示雇主歧視的例子就不存在，還是有一些駭人聽聞的實例。但這些駭人的實例無法解釋男女經濟差異的一般模式，以及這種模式隨著時間所發生的變化。而且，這些變化仍持續不止。雖然二〇〇〇年至二〇〇五年間，美國多數女性仍從事著收入低於週薪中位數的工作，但在薪酬高於中位數的一百九十

萬名新勞工中，有一百七十萬人是女性。[64]

　　統計數據比軼事更扎實可靠，但統計資料也有其侷限性。那些決定雇用、薪資或升遷的所有因素，不見都有統計資料可用。即使有資料可用，我們也不見得能從中判斷因素之間的因果關係。例如，若要探討婚姻對女性經濟機會與報酬的影響，可以找那些「可衡量的條件」差不多的女性來估算。然而，有些女性的事業心比較強，她們可能晚婚或甚至不婚——事業心這種東西是無法衡量的，不可衡量的東西並不代表它不重要。事業心強與事業心弱的女性之間的收入差異，可能被錯誤地歸因於婚姻。但是，在這些情況下，婚姻狀況的差異可能是結果，而不是原因。換句話說，婚姻本身不見得是已婚與未婚女性收入差異的原因。

　　男女收入差異究竟是女性面臨的外部障礙造成的，還是女性自己的選擇造成的，有時候很難區分。除了科系、職業、連續或間斷就業等選擇之外，許多已婚女性選擇讓丈夫的最好工作機會來決定夫妻住在哪裡，妻子再從那個定居地點去選擇最好的工作，即使她在其他地方可能會有更好的選擇。這種情況下，妻子其實是在用她失去的職業機會去投資丈夫，好讓丈夫獲得更好的職業機會。

　　對學術界的女性而言，這是一種特殊的障礙。例如，先生在康乃爾大學任教，妻子在方圓百里內找不到另一個水準相當的大

學來追求自己的職涯。夫妻倆若想同時在康乃爾大學的所屬領域中找到職缺，只能靠機運巧合。在某些地方，就算真的有適合妻子的職缺，反裙帶關係的政策也會阻止她獲聘。雖然有些教授有足夠的權勢把聘用配偶也列為接受某大學聘書的先決條件，但這種先決條件可能會減少那種學術機構的數量與品質。

衡量妻子投資丈夫賺錢能力的一個更常見指標，在於丈夫與妻子的收入比隨時間的變化。就美國而言，早在一九八一年，二十五至三十四歲的所有妻子中，有三分之一的妻子收入高於丈夫；但年齡愈大的群體，這個比例下降愈多，所以六十五歲以上的妻子中，僅不到一〇％的妻子收入比丈夫高。[65] 換句話說，隨著時間推移，丈夫收入的漲幅超過了妻子收入的漲幅——這是妻子投資丈夫賺錢能力的另一個跡象。

由於許多因素對男女收入與就業所造成的影響不一樣，男女收入差異很大也就不足為奇了。但我們不能因此就認定這些差異對女性的淨影響都是負的，也就是說，除了收入以外，還要考慮其他因素。例如，富人的妻子往往工作較少，因此收入較少；但富人的妻子收入再怎麼低，她都不算貧窮。在丈夫收入大幅超越妻子收入的家庭中，家庭收入的實際支出不是由掙取收入者決定的。研究顯示，家庭收入的開支大多是由妻子決定。[66] 這種現實狀況超出了多數統計資料的記錄範圍，但無論夫妻之間協議了什

麼樣的安排，其重要性絕對不亞於第三方觀察家可能更想看到的情況。

雖然謬誤可能是根據總收入資料推論而來，但這個謬誤的問題，不在於男女收入差距（這是不爭的事實），而在於大家如何解釋這個事實。這很大程度上取決於社會目標究竟是想追求機會平等，還是收入平等。誠如哈佛大學的經濟學家克勞蒂亞・戈丁教授（Claudia Goldin）所言：

收入均等是我們真正想要的嗎？我們真的希望每個人都有平等的機會、在人生的全盛期每週工作八十小時嗎？是的，但我們並不期待每個人都一樣把握那個機會。[67]

另一位女性經濟學家的研究為這個結論提供了實證。席薇雅・安・惠烈（Sylvia Ann Hewlett）調查了兩千多位女性與八百多位男性。她的結論是：

約三七％的女性會在職涯的某個時點離開職場，但她們離開的時間平均僅二・二年。另有很多女性也會暫時繞道，選擇較為愜意的路線──刻意不增加任務負擔。例如，三六％資歷好的女性從事兼職一段時間，有些女性則會婉拒升職或刻意選擇職責較少的工作……資料顯示，資歷好的女性不是怕苦，也不是怕承擔

職責。但是，當生活的其他方面仍需承擔重責大任時，你很難維持一週七十三小時的工作。[68]

第4章

學術的謬誤與真相

「隨著大學學費的漲幅持續超過通膨與家庭平均收入的漲幅，
學生、家長、政策制定者都想知道，家庭為教育付出了那麼多
金錢，究竟得到了什麼？答案很簡短又令人不安：無人知曉。」
——《高等教育紀事報》（The Chronicle of Higher Education）[1]

　　大學運作的動機及受到的限制，與企業截然不同。企業必須
從出售商品與服務中賺取足夠的收入來維持營運，並為那些創立
及經營企業的人所做的投資提供報酬。

　　支撐學術機構的收入中，僅有一小部分來自向學生收取的學
費。二〇〇三年到二〇〇四年，美國私立非營利四年制大學的收
入中，來自學生的學費不到三分之一。總計一千三百四十億美元
的收入中，約有三百八十億美元是來自學生的學費。至於州立及

公立的學術機構，學生繳的學費只占其收入的一六％。[2] 即使是私立大學，也有自聯邦政府而來的資金；而州立與公立大學的多數資金，往往來自州政府以外的來源（原注：在二〇〇七～二〇〇八學年，州政府提供的補助僅占加州大學柏克萊分校收入的三〇％，占德州大學奧斯丁分校〔University Of Texas Austin〕收入的一七％，密西根大學安娜堡分校〔University Of Michigan At Ann Arbor〕收入的一二％。"Cuts Intensify Identity Crisis for Washington's Flagship Campus," *Chronicle of Higher Education*, September 3, 2010, p. A28.），所以私立學校與公立學校之間的區別不像從前那麼明顯了。高等教育機構大多屬於非營利事業，然而，以學生的學費為主要收入來源的高等教育機構（如鳳凰城大學）是近期才出現的一種非常特殊的營利現象。《高等教育紀事報》報導，以營利大學為基礎的五家最大企業中，有七七％的收入是政府提供的助學金。[3]

美國的大學常常獲評為全球頂尖大學，主因在於他們聘請了一些全球最好的學者，即使許多頂尖學者來自其他國家。英國刊物《泰晤士高等教育》（*The Times Higher Education Supplement*）指出：「世界排名前二十的大學中，有十一所美國大學。」[4] 另一份英國刊物《經濟學人》表示，「許多美國的大學有鉅額的捐贈基金」，使它們能夠「吸引全球最優秀的學者」。雖然牛津與劍

橋是英國獲得最多捐贈的大學，但還是在美國的六所大學之下，其中耶魯大學的捐贈基金是牛津或劍橋的兩倍多，哈佛大學的捐贈基金是牛津或劍橋的三倍多。如此衍生的結果是：「英國頂尖學者的收入大約是美國同行的一半，但他們的教學負擔更為吃重，行政任務也比較繁瑣。」[5]

機構運作方式與財務生存條件的不同，促成了不同的激勵機制，進而影響他們的行為。許多人以為非營利機構沒有自私的動機，所以會致力促進他人（包括整個社會）的福祉。然而，這個假設很少受到實證檢驗。就算真的受到實證檢驗，也禁不起考驗。早在十八世紀，亞當‧斯密（他也是教授）就曾指出，在擁有捐贈基金的學術機構中，任教的教職員有好幾種放縱自己的方法[6]——這在依賴業績維生的企業中是不可能發生的。擁有捐贈基金，意指學術機構不必靠銷售商品或提供服務來滿意客戶賺錢。

學術機構中的特殊經濟因素不僅影響了教師，也影響到大學如何處理經營成本及學生的教育。

學術治理

法律上，美國大學的最終權力掌握在校董會的手中。然而，這些人通常在其他領域有全職的職涯，他們只會定期開會監督學

校的營運，並投票決定重大決策，包括大學校長的聘用與解聘。《高等教育紀事報》的一項調查發現，四二％的校董會成員每月投入校董會的時間不到五個小時，僅二三％的校董會成員每月投入十六小時以上。成員約有一半來自商界，在教育界工作的人不到二○％。[7]

哈佛學院（Harvard College）的前院長指出，校董會大致上並「不知道」大學校園裡發生了什麼事，哈佛大學監事會的成員「看報紙才知道哈佛的重要變化」。[8] 這不是新現象，也不是大型的大學才有的現象。二十世紀上半葉，一位長期擔任勞倫斯學院（Lawrence College）校長的人也說過：「多數董事對學院的業務只有模糊的了解。」[9] 簡而言之，多數董事既沒有時間、也沒有個人經驗來密切監督或評估校園活動。由於教師有任期制度，董事無法雇用及解聘教師，只能把他們當成現實的問題來處理。有鑑於此，多年來校董會的運作愈來愈常受到教師需求的指引。這是阻力最小的路徑，而且沒有其他反向的誘因可以扭轉這種現象。

大學的教師既是勞工，也是管理者。他們為學術機構工作，並決定與課程、招生、校園規則有關的多數政策。二次大戰後，艾森豪將軍成為哥倫比亞大學校長之際，曾把教師稱為該大學的「員工」，一位教授馬上站起身，告訴艾森豪：「我們**就是**哥倫比亞大學。」[10] 遭到多數教師反對的校長大多留任不了太久。

許多學術領域需要很高水平的專業知識，所以只有那些學科的教授才有能力在那些領域做出根本的決定。任何大學校長或院長都不可能有能力決定在化學、數學、經濟、物理等領域應該教授什麼課程或課程內容。任何大學的行政人員也不知道該如何評估那些來應徵各科系教職的學者之知識水準，小型大學如此，更遑論大型的大學了。

因此，教師自治原則是學術機構運作的核心。此外，多年來，這個原則已經擴展到許多領域，遠遠超出教授的專業範圍。所以，如今教授的意見影響極廣，從是否允許學生加入大學儲備軍官訓練團（R.O.T.C.），到邀請誰來畢業典禮演講，教授的意見掌控著機構的種種政策。在這些專業之外的領域（包括那些毫無專業知識的領域），教授可以任意發表高見左右決策，無須付出任何代價。

因此，史丹佛大學的教務長指出，該校的教職員敦促學校拒絕接受某些教授不喜歡的石油公司或其他企業或政府機構的捐贈。[11] 此外，史丹佛醫學院（就像耶魯大學與賓州大學的醫學院）禁止教授接受藥廠提供的免費藥物樣品。[12] 這些藥廠就像石油公司一樣不受歡迎，儘管這些免費的藥物可以用在患者身上，既為患者省錢，也可以測試新藥是否有效。這種禁令是學者無須付出任何代價、也不受後果影響的諸多象徵性決策之一。同樣地，哈

佛法學院決定為畢業後在政府機構或非營利組織任職的學生免除第三年的學費——法學院以每年數百萬美元的代價來補貼教授的偏好，而教授無須付出任何成本。不過，二〇〇九年，哈佛自身的財政困難導致這個計劃暫停，但補貼學生暑假到那些機構或組織實習的方案並未中斷，法學院教授把那些實習補貼定義為「公共利益」。

教職員

學院教師的獨特之處，不僅在於他們擁有管理權、在工作中擁有自主權，也在於他們職業安排的性質是獨一無二的。像「終身教職」這種職業安排之所以會存在，是因為多數的大學是非營利組織。終身職位（tenure）不僅在工商界無人知曉，連鳳凰城大學或史脆瑞爾大學（Strayer University）等營利性學校也很少提供終身教職，這使得多數的學術機構成為少數無法以糟糕決策為由來解雇決策者的組織。可用來解雇終身教授的理由寥寥無幾，在教職員會議上投票決定出對學校財務或學術品質有害的政策，都無法構成解雇終身教授的理由。

終身教職之所以會存在，是因為它提供教師就業保障，使他們在教學與研究方面享有學術自由，不必擔心他們的觀點或方法

遭到報復。然而，終身教職制度的實際效果，則取決於它對機構與個別教職員所造成的激勵與限制而定。

▌教學

大學教職員既是勞工也是管理者，這種獨特的身分使他們有很多機會圖謀私利，而不是為學生或學術機構的利益著想。這點可以從排課、課程選擇之類的小事見得。

當教授根據個人的方便來安排課程表時（例如過了早上交通顛峰時間才開車到校，在下午顛峰時間之前離開），代表很多課程會被排在相同的時段，導致課程時間衝堂，使得許多學生可能很難或不可能在四年內修完必修課程。學生可能要多花一年或更長的時間才能畢業，他們的父母可能要再支付一年或更久的學費與生活費——而這一切只是為了讓教授避開塞車時段，或在晚餐前安排一下打網球或游泳的時間。

此外，教授把課程都擠在一小段時間內，而不是分散到清晨至傍晚的時段，使得學校必須建造及維護更多的教室，增加教育成本。例如，史丹佛大學的教務長曾抱怨「浪費空間」及「閒置的教室一堆」，他指出：「四處走走，就會看到在平常多數的時間，很多教室是空蕩閒置的。但我們目前排課的方式很難把所有

課程都排到現有的教室中。」興建教學大樓很貴,建了大樓後,那些教室大多時間又都閒置著,徒增教育成本。

對於那些在競爭市場中營運的一般企業來說,這種不必要的成本可能是致命的。因為競爭對手可以避免這種成本,以更低的價格出售相同的產品或服務,搶走客戶。但大學在許多方面都不會受到這種後果的影響。私立學術機構有捐贈基金,捐贈基金的紅利與利息可以補貼這些低利用率;州立大學也有納稅人為它們做同樣的補貼。在這兩種情況中,那些提供補貼的人大多無法監督那些金錢的運用效率。此外,美國大學教授協會(American Association Of University Professors)和認證機構等組織為了捍衛現行的做法,往往會抨擊那些更省錢的方式將導致教育品質惡化。

大學開設的課程也常反映教授教學上的便利性,而不是學生的教育需求。例如,歷史系可能會開一門關於電影史或釀酒史的課程,而不是羅馬帝國史或中世紀歐洲史,儘管那些更廣泛的課程可以讓學生更了解西方文明的發展方式及世界的演變方式。教授之所以開比較狹隘的課程,是因為教授從寫博士論文開始,就必須不斷地在做相關研究以推升職涯,因此他們必須把注意力放在以前沒有深入寫過的東西上。

教授對電影史或釀酒史等主題做了原創研究或原創分析後會發現,教一門如此狹隘的特定課程比教羅馬帝國或中世紀歐洲史

那樣廣博的課程容易多了，畢竟後者需要大量的研究。但那些廣泛的研究不太可能拿來發表任何論文，因為那些主題已經有人廣泛研究很久了，發表過的論文也不勝枚舉。

在許多學校裡，包括一些名校，有益學生發展、而非方便教授或有利升等的重要課程紛紛消失了，其中有一部分就是狹隘課程激增所造成的。大學目錄中可能列了一門課程，但如果有許多不同的選擇可滿足特定的課程要求，那也沒有多大的意義。例如，開設電影史的課程即可滿足社會科學的要求，就不必開大國史或帝國史了。因此，學生可能從名校畢業了，卻對歷史以及歷史的所有洞見與影響一無所知。

由於其他科系（無論是人文、科學還是社會科學領域）也有類似的問題，文憑所代表的知識可能只是個別教授正好為其博士論文、著作或學術期刊撰寫的狹隘片面知識，而非對一些學科擁有一套既廣泛又融會的知識。哈佛大學的前校長德里克·博克（Derek Bok）指出，無論學生有多麼需要上更廣泛的課程，學校「很難找到夠多有意願且能夠上這種課程的教授。」[13]

對哈佛來說，堅持要求教授講授這些課程，可能將導致頂尖教授流向耶魯、史丹佛等其他頂尖名校。那些大學都很歡迎那些教授以及他們帶來的數百萬美元研究經費。誠如一位哈佛前院長所言：「他們都可以輕易在其他地方找到教職。」他也提到最終的

結果：「通識教育的舊理想早已名存實亡。」[14]

哈佛大學是頂尖的研究型大學，但大家常把研究型大學的排名與大學教育的排名混為一談。《美國新聞與世界報導》（*U.S. News & World Report magazine*）每年發布的《美國最佳大學》（*America Best College*）所使用的排名系統更是加劇了這種混淆。此外，在柏克萊或安娜堡等頂尖的州立大學，以及常春藤盟校裡，研究仍是教職員的優先要務。

另外，許多（或許是多數）公私立大學的研究數量與品質，都不足以拿來做為忽視大學教育的說辭，或像頂尖的研究型大學那樣拿來做為「重研究、輕教育」的藉口。有鑑於此，堪薩斯州的海斯堡州立大學（Fort Hays State University）校長增加了教授的教學負擔，此舉固然激怒了教授，卻可以讓該校以適中的學費來吸引更多的學生。然而，一項研究指出：「在海斯堡這種學校裡，頂尖的學術研究從未出現，然而校長哈蒙德（Hammond）所做的一切，大幅縮減了教授一學年的閒暇時間。」[15]

成績膨脹是另一種為了教授方便、而不是為了學生利益著想的做法。雖然不想認真學習的學生可能坐享成績膨脹的好處，但研究發現，在初階課程中修營養學分的學生，在高階課程中的表現不如被嚴格把關的學生。[16] 簡而言之，成績膨脹犧牲了學生的整體長遠利益。然而，成績膨脹讓教授過得比較輕鬆，他們不需

要面對學生對低分或不及格的抱怨，也不需要忍受那些抱怨帶來的不快。此外，給分低的教授也不受歡迎，這點從學生修業結束後的負評即可見得。學生的負評可能會對教授的升等產生負面影響，尤其對於那些尚未獲得終身教職的年輕教師來說，更是如此。

教育品質

在普通的商業交易中，賣方的利益若是完全凌駕買方的利益，客戶就有可能會流失。然而，在學術界裡，學生並不了解產品的性質。如果一個學生已經了解一門課程的內容，他就沒有必要去修那門課；然而學生只能判斷教授在課堂上傳達資訊的能力（教材的陳述有多清晰、看起來有多有趣），但**無法**判斷教授遺漏了哪些相反的資訊與矛盾的分析，或同一個科目在其他地方教得多好。教授可能把誤解、甚至錯誤傳授給當下無法察覺的學生，學生可能日後才會發現，學到的東西原來是錯的。

雖然商品的消費者可能也無法在當下直接判斷商品的品質，但他們購買東西大多買不止一次，經驗可以指引未來的購置。不過，多數人只上一次大學，也很少會選修同一門課程超過一次。此外，有許多機構可以檢驗商品，並向大眾報告商品的品質。這些機構不僅包括測試多種產品並公開測試結果的組織（例如《消

費者報告》〔*Consumer Reports*〕、《好管家》〔*House Keeping*〕等雜誌），也包括專業的組織與刊物（例如評鑑音響、汽車、相機、旅館、遊輪以及無數產品與服務）。

在學術教育方面，最接近商品評鑑的報告是《美國新聞與世界報導》的年度大學排名，但這類排名廣受嚴厲的批評。不管那些批評是否恰當，愈來愈多的大學開始拒絕提供這類排名使用的資料，也因此破壞了這類排名的有效性。[17]

此外，多數商品與服務的排名是對最終產品的評估，但學術機構的排名幾乎都是根據教育的投入（input），而不是根據教育的產出（output）而定。誠如《經濟學人》的報導：

目前，僅有兩家機構每年試圖對世界各地的大學做出排名評比。上海交通大學自二〇〇三年起，英國的《泰晤士報高等教育增刊》（Times Higher Education Supplement）則是自二〇〇四年開始做類似的排名。在瞬息萬變且不斷擴張的全球教育市場中，這兩個指標備受參與者的關注，但它們只反映出教職員的數量與素質，以及他們獲得多少獎項、發表多少文章等「投入」。[18]

美國或英國教授的智識成就不會自動轉化為更好的學生教育。《經濟學人》亦指出：「教授可能忙於寫作與研究，很少或根本沒有時間投入教學，這是美國名校的一大缺點。」此外，學術

機構的排名，很大程度上取決於那些任意分配的權重，因此「評估方法的改變可能會造成排名的驚人變化」：

　　例如，在上週發布的英國排名中，向來頂尖的倫敦政經學院從第十七名跌至第五十九名，主要是因為它向來特別擅長吸引大量的外國學生，但今年這項優點的權重不如以往。[19]

　　試圖衡量教育「產出」而非教育「投入」的排名屈指可數，華盛頓的一家智庫就是一例，它的排名與《美國新聞與世界報導》的排名有很大的出入。當大學可負擔性與生產力中心（Center for College Affordability and Productivity）按照學生日後的成就以及學生對教授的評分來做大學排名時，惠特曼學院（Whitman College）在文理大學中的排名從第三十七名升至第九名，瓦伯西學院（Wabash College）從第五十二名升至第十名，巴納德學院（Barnard College）從第三十名升至第八名。[20]

　　另一種較為正式的評估，是由造訪全美各地大學的認證機構考核，考核的結果決定那些學校有沒有資格獲得政府的補助。不過，這些認證機構衡量的也是「投入」，而非「產出」，因為他們既沒有時間、也沒有資源去深入研究數千所學校教室中所發生的事情，或是研究那些學校的教育成果。然而，很少學校敢公開批評這些認證機構，有些學校甚至乾脆拒絕配合考核（像許多學

校拒絕配合《美國新聞與世界報導》的排名那樣)。

　　認證機構做評鑑時,使用的是學校資源的籠統指標,例如校內圖書館的藏書量、師生比等等。簡而言之,就是衡量同類的「**投入**」標準,而不是衡量教育的「**產出**」(這跟《美國新聞與世界報導》遭到抨擊的原因如出一轍)。這些認證機構並未採用可靠的教育品質或效率指標,它們使用的指標可能阻止大學使用成本較低的新方法來教育學生(改換成本較低的新方法可使學費降低)。

　　例如,線上讀物或 DVD 可以取代採購成本較高的書籍與裝訂成冊的學術期刊,而且還可以節省圖書館書架上比較昂貴的儲存空間。但是,如果認證機構使用大學圖書館的藏書量做為認證標準,就等於否定了低成本新學校的優勢。這類新學校可藉由收取較低、更多學生與家庭付得起的學費,更有效地與現有的傳統大學競爭。

　　還有一些方法可以減少教職員的人數,但同樣地,認證機構的評鑑標準也對現有的高成本大學較為有利。如果師生比也是認證的標準之一,有許多教授從事研究的大學,會比專門為教學而設立的新大學更有可能獲得認證:在許多教授從事研究的大學裡,教授的研究生承擔了大部分基礎課程的教學;相較之下,在專門為教學而設立的新大學裡,基礎課程由教授講授,而不是研

究生授課，所以教授的教學負擔較重，師生比看起來較糟，即使班級的規模並沒有比較大。

師生比與班級規模之間的相關性非常小。例如，德州農工大學（Texas A&M University）的師生比是一：二○，這個數字看起來比邁阿密達德學院（Miami Dade College）的一：二六來得好。但達德學院有三二％的班級，學生人數不到二十人；德州農工大學僅二一％的班級有那麼少的學生人數。另一方面，達德學院僅有一％的班級有五十名以上的學生，而德州農工大學有二四％的班級有那麼多學生。[21] 當所有的教師都上場教學時，我們才能從師生比推斷出班級規模。但是，教學型大學與研究型大學之間，教授授課的比例可能大不相同。研究型大學的教授不僅更有可能抽離教學、專注在校園裡做研究，他們也更有可能休假去別的地方做研究或是做其他的事情。（原注：以我自己來說，我隸屬加州大學洛杉磯分校的教職員十二年，但實際任教的時間只有五年，其他幾年我都在華盛頓及帕羅奧圖〔Palo Alto〕做研究，以及在安默斯特學院〔Amherst College〕擔任客座教授。但是，當我離加州大學洛杉磯分校上百英里遠時，我很可能也被列入該校的師生比中。）

要減少教職員的使用還有好幾種創新的方法，只不過這些創新的方法除了會降低成本，也會降低大學獲得認證的機率。例

如，有些法學院會聘請許多執業律師與法官來兼職、傳授他們的專業領域（例如遺產法或反托拉斯法），而聘來講授更廣泛、更基礎的課程（如憲法）的全職終身教授較少。那些法官與律師願意以微薄的報酬，在晚上的課程講授他們的專業領域，而且他們可能在那些專業領域中具備非常豐富的最新知識。他們不必是在法律期刊上發表文章的教授，也不必是著名法學院的教授，但這種平價的師資及普通的校園設施，讓一些法學院可以收取遠比傳統法學院低得多的學費。

然而，就算這些法學院的多數畢業生能一次通過律師資格考，美國律師協會（American Bar Association）還是拒絕認可某些以這種方式運作的法學院。科羅拉多大學法學院現有的認證就受到威脅，儘管該校九二％的畢業生在第一次應試就能通過律師考試──這不僅高於全美的平均水準，也比哈佛與耶魯等著名法學院的畢業生首次應試就通過的比例還高。[22]《丹佛郵報》（*Denver Post*）報導：

科羅拉多大學在缺乏州政府補助下，無法建造新的法學院大樓。法學院認證協會再次對此表示關切。

總部位於芝加哥的美國律師協會要求科羅拉多大學的校長貝琪‧霍夫曼（Betsy Hoffman）和即將上任的法學院院長大衛‧

格奇斯（David Getches）一月與認證委員會會面，說明為什麼該法學院不應列入審查名單，或為何不應從已獲認證的法學院名單中除名……

美國律師協會也發信給科羅拉多大學，要求校方解釋為什麼該法學院缺乏少數族裔與女性教授，並表示擔心兼職教授（律師兼職教學）的課程數量過多……

此外，美國律師協會也指出，科羅拉多大學在法律圖書館資料上的年度支出僅一百七十萬美元，比平均值低了一百萬美元，所以排名較低。[23]

如同那些認證機構，美國律師協會認證與考量的因素都是對教育過程的「**投入**」，而不是合格畢業生的「**產出**」——但效率的衡量是計算一定量的「投入」轉化為多少的「產出」。以法學院來說，產出品質有一個客觀的外部衡量標準，亦即畢業生通過律師考試的能力。雖然這不是唯一可能的品質衡量標準，卻相當關鍵，因為學生過不了律師考試，就不能成為律師。有志於學術路線、獲得聲望，或政策導向目標的學生，有各種法學院可以選擇。但預算有限、付不起高昂學費的學生，就只能讀那些透過減少教職員、圖書館與建築開支來維持學費的法學院了。

在科羅拉多大學法學院的例子中，為了符合美國律師協會的

要求，該院需要花費四千多萬美元建造新系館。這項建設以及其他成本的增加，導致該州居民就讀法學院每年的學費從六千七百美元漲到一萬六千七百三十八美元，非居民的學費更是漲到三萬零八百一十四美元。短短幾年，學費就漲了不止一倍，無疑使該校法學院的學費超出一些學生的經濟負擔。然而，這也保護了那些高成本的法學院，使它們不再受到科羅拉多大學法學院先前低學費的競爭威脅，並使其他低成本的法學院更難與高成本的法學院競爭。簡而言之，美國律師協會的認證標準與做法的作用就像保護性關稅：保護了高成本的廠商，避免它們受到低成本廠商的競爭威脅。

很少有法學院可以像納什維爾法學院（Nashville School of Law）那樣，冒著沒認證的風險營運，全憑平價的學費來吸引學生，並靠畢業生通過州律師資格考的能力來維持法學院的聲譽。雖然該院畢業生通過州律師資格考後可在田納西州執業，也有很多人也在當地發展出成功的職涯，但由於他們是從未經認證的法學院獲得法律學位，該校的學位在其他地方有可能不被接受。

法學院的特別之處在於，他們的畢業生可接受一種獨立、客觀、與職業相關的考試——這對認證機構的標準相關性有牽制的效果。其他大學與學院的認證機構往往採用類似美國律師協會那種「投入」標準，很少顧及（或根本不考慮）「產出」品質，而

且同樣縱容認證機構成員的先入之見。

這些做法阻礙了平價型高等教育的興起，因此保護了傳統的學術機構，避免它們受到低成本新機構的競爭。傳統學術機構承襲了過去的龐大成本，例如許多教授的終身教職，或是維護費用高昂的大型圖書館；新型機構透過電子圖書與期刊、提高非終身教員的比例來避免那些高成本。而這種認證造成的最終結果，就是傳統學術機構調降學費或抑制學費持續上漲的競爭壓力變小了。

此外，我們也應該注意的是，那些決定認證標準的人，大多在現有的學術機構從事著全職的工作。例如，中部各州高等教育評審會（Middle States Commission on Higher Education）的董事會中，逾五分之四的董事在該組織認證的學術機構裡工作。[24] 這種利益上的衝突是學術認證機構常有的現象，這些機構有權拒絕那些與現有大學運作方式不同、成本較低的大學。例如，二〇〇七年，各區的認證協會中，有三千五百多位教授與行政人員是協會志工，全職的人員則不到一百五十人。[25]

認證機構可利用的時間與資源有限，其實也決定了這些機構只能把焦點放在容易衡量的標準上，而不是去評估大學畢業生的智識素質。誠如萊斯大學（Rice University）的校長所言：「認證機構對學生學習什麼或如何學習不感興趣，他們只在乎每個學生可使用多少平方英尺的教室空間。」[26]

學校為了獲得聯邦政府的補助資金，必須取得認證。這種認證規定為認證機構帶來了巨大的影響力，尤其一九六三—六四學年到二○○八—○九學年之間，聯邦補助成長了六十倍以上。[27]這使得認證機構可用任意的先入之見來評鑑學校，例如學生和教師中各種群體人口的「代表性」；美國律師協會的認證還具體要求每位法學教授的辦公室至少要有幾平方英尺。[28]

　　儘管認證流程遭到濫用，但有些品管標準顯然還是有其必要性。許多「文憑工廠」基本上就是為了獲得聯邦政府的學生補助而設立的，當它們達不到認證標準而得不到補助時，就關閉了。此外，任何人都不應該直覺以為，營利或非營利機構會自動達到品質標準，或甚至誠實標準。一些訴訟顯示，未經認證的營利機構誤導學生相信，他們的學分可以自動轉移至其他機構，而且他們的學位會獲得認可，但實際上這兩種說法都是不實的宣稱。許多書籍與文章也提到非營利學術機構誤導學生的方式，諾貝爾獎得主喬治・史蒂格勒（George J. Stigler）就曾指出：「典型的大學目錄永遠不會阻止第歐根尼（注：Diogenes，古希臘的哲學家，他在白天打著燈籠尋找誠實的人，但一直找不到。此舉的言外之意是：他所看見的人都如此腐敗墮落，不算真正的人。）尋找誠實的人。」[29]

學術生涯

　　美國大學特殊的就業保障政策衍生了獨特的結果，那些結果往往與政策的目標大相逕庭。學者在某大學工作一定年限後，必須晉升到永久終身教職，否則就得走人──這就是所謂的「不晉則退」系統（up or out）。升上去的人，工作更有保障；被迫離開的人，工作保障更差──不僅比那些幸運升等的學術同行差，還比沒有這種工作保障系統的其他產業同齡者差。

　　由於學術工作保障制度使大學必須對終身教職的教授做出長期承諾，學校在每位終身教職的教授身上得付出數百萬美元，此外還有可能導致續聘要求變得更加嚴格。然而，尚未取得終身教職保障的教授（通常是助理教授）就算目前的表現令人滿意，但遇到「不晉則退」系統時，常因沒有充分證據讓人確信他們將在未來幾年取得資深教員應有的更高成就（尤其在學術研究方面），最後往往得不到續聘，不得不離開。

　　此外，即使教員流動對大學及個人來說都有成本，我們也找不到任何理由相信下一批助理教授會比離開的助理教授來得好。教員流動的原因是為了符合美國大學教授協會的標準，且不必長期為每位教員支出高達數百萬美元的成本。

　　在排名領先的大學中，**多數**助理教授在升上副教授之前就遭

到解聘是很常見的現象，因為他們幾乎沒有時間去完成那些大學要求資深教授必須在研究品質與數量上達到的高標準。簡而言之，一項政策的目標（本例中是指更好的工作保障）與該項政策的實際結果並沒有多大的關係，反而導致那些教職員的工作保障比其他產業的同齡人士還少。

這種學術晉升制度也可以拿來解釋許多大學中一種常見但矛盾的現象：學生看到優秀的年輕教師遭到解聘時，往往感到錯愕不解，他們甚至會發起抗議行動，卻常常徒勞無功。哈佛大學的一位前院長指出：「大學生普遍認為，他們最喜歡的老師被系統性地剝奪了終身教職。」[30] 一些學校裡甚至盛傳，「年度教師獎」是年輕教員的「死亡之吻」。優秀的教學非常耗時，除了得準備優質的課程內容及出色的講課能力，還要對難以理解課程的學生給予個別的關注。這往往導致那些資淺的教員沒有足夠的時間去完成在頂尖大學獲得終身教職所需的研究數量與品質。而那些大學往往會從其他地方聘用論文發表的質與量皆已符合標準的學者，來填補那些資深的高位。

那些以研究著稱的一流大學，通常也是教師薪資最高的大學。二〇〇八～〇九學年，史丹佛與普林斯頓大學的正教授平均年薪逾十八萬美元，哈佛大學的正教授平均年薪逾十九萬美元。同一期間，一般四年制大學的全職教授平均年薪不到九萬美元。

不過，在頂尖的四年制大學裡，例如安默斯特學院和斯沃斯莫爾學院（Swarthmore College），正教授的平均年薪逾十二萬美元。[31]教員薪酬與大學聲望一樣，學校給得起高薪，並不代表該校的大學生就可以獲得最好的教育。在許多領域裡（例如數學或經濟學），學生需要在入門課程中打下扎實的基礎，才能掌握進階課程。那些領高薪的全球頂尖教授有可能比較擅長教入門課程嗎？他們有可能答應去教入門課程嗎？

對於那些考慮去要讀哪種大學的學生而言，他們通常得在小型的文理學院或大型的知名研究型大學之間抉擇。小型文理學院由稱職的教授授課，大型知名研究型大學由資淺的教員授課，甚至可能是研究生授課。資淺的教員與研究生都只是在該校短暫停留，他們必須做好準備（通常是透過研究），以提高他們在其他地方找到理想工作的前景。此外，他們也得花時間在就業市場上白我宣傳，以及前往各地面試。

至於學生能否在入門課程中學會數學的偏微分或經濟學的需求彈性，對他們來說，可能不像一些已經在文理學院立足的教授，或是喜歡教學更勝於研究的教授來得重要。一項分析教員如何在教學與研究之間分配時間的研究發現，在研究型大學任教的教員，他們的工作時間只有不到一半在做教學相關的任務。在文理學院任教的教員，教學相關任務則占工作時間的三分之二。[32]

學生

　　美國約有一千八百萬名大學生，包括近五百萬名就讀兩年制院校的學生（無論是全職學生還是半工半讀）、約八百萬名四年制的全職大學生，以及一百七十萬名半工半讀的大學生，還有三百多萬名研究生。[33] 超過正常大學年齡的年長學生愈來愈多。一九七〇年到二〇〇五年間，二十五歲以下的大學生人數增加約七一％，但二十五歲及以上的大學生人數增加了一八三％。[34]

　　當然，整體來說，學生不是隨機分布在大學中。學生會挑大學，大學也會挑學生，這兩種選擇都涉及事實與謬誤。

▌挑選大學

　　學院的學術聲望，尤其是大學的學術聲望，主要取決於教授的研究與論文；因此學生在更有名、給薪更好的大學中，不見得能獲得更好的教育。各種研究顯示，小型文理學院的學生在醫學院等考試中的表現，和著名研究型大學的學生一樣好或甚至更好。文理學院的大學生繼續攻讀博士學位的比例也比較高。[35] 學生畢業後，獲得博士學位比例最高的四所院校，都是大學生人數不到兩千人的小型學院：加州理工學院（California Institute of

Technology）、哈維穆德學院（Harvey Mudd）、斯沃斯莫爾學院、里德學院（Reed）。加州理工學院與哈維穆德學院的大學生人數都不到一千人。事實上，這份榜單的前十名大多是小型學院。格林內爾學院（Grinnell College）的大學畢業生獲得博士學位的比例，比哈佛與耶魯還高。[36]

關於學術機構，「讀名校幾乎是日後飛黃騰達的必要條件」是最大的謬誤之一。二〇〇六年受訪的美國五十大企業執行長中，僅四人有常春藤盟校的學位，有一半多一點的人畢業於州立大學、城市學院或社區大學。[37] 有些人根本沒畢業，包括戴爾電腦公司的邁克・戴爾（Michel Dell）和微軟的比爾・蓋茲。

一般來說，大學學歷對日後的財力或其他成就有多少貢獻，並不容易確定。一般常用的衡量方法很容易誇大大學學歷的影響，尤其是名校的影響。如果就讀名校與非名校從一開始就有可比性，那種衡量方式就有效，我們可以把這些學生畢業後的收入與職業差異，歸因於大學裡發生的事情。問題是，我們不能直接假設那些學生有可比性。

如果進入哈佛的學生本來素質就比進入龐頓州立大學（Podunk State）的學生好，我們不能把兩校畢業生後來的差異隨便歸因於這兩校的教育不同。如果哈佛畢業生更有可能繼續攻讀醫學院、法學院或其他碩士領域，他們以後的收入可能又比龐頓

州立大學的畢業生高出許多。理想的情況下，若要比較兩校的差異，應該要比較哈佛畢業生和原本被哈佛錄取、卻選擇去讀龐頓州立大學的畢業生。遺憾的是，這種樣本太小，以致無法進行統計分析，而且做出那種選擇的人可能也不是這兩所學校的典型學生。

　　一些研究已經比較過考試成績有可比性的名校與非名校學生，以判斷學校本身的「附加價值」。有些研究顯示，名校確實有附加價值，但另一些研究顯示並沒有。不過，這些研究顯示，名校的附加價值很少像原始統計資料未考慮學生本身差異時那麼大。

　　一種常見的說法是，讀大學可為一輩子增加一百多萬美元的收入──這種說法把各種類型的大專院校都混為一談。若進一步細分，你會發現高中畢業生與大學畢業生的終生「總」收入差距，從略高於五十萬美元（私立開放招生學院）到兩百多萬美元（最難進的私立學校）不等。然而，考慮到學費及大學求學期間損失的收入，兩者的終生「淨」收入差距，是從十五萬美元（私立開放招生學院）到五十萬美元（最難進的私立學校）不等。把這些金額除以五十年的職業生涯來算，高中學歷與私立開放招生學院的學歷，每年的收入差額是三千美元。但這個金額會延遲領取，所以還要進一步折現。

　　如果再按學校進一步細分，你會發現，從喬治亞大學畢業的

淨效益遠高於哈佛大學，從德拉瓦大學畢業的淨效益高於任何常春藤盟校。這些研究都沒有把畢業的科系考慮進去。畢業十年後，擁有商業或工程學位者的收入，是擁有教育學位者的兩倍。[38]

　　不僅學生本身不同，他們各自的家庭情況也不同。如果富人比較有可能把孩子送進名校，那些富家子弟日後的收入可能反映了幾種情況：家庭人脈帶來更大的就業機會、他們更有可能負擔得起研究所的深造，或繼承資產所帶來的較高收入，而不是名校帶來的效益。（原注：很大程度上，這可能也得看統計資料是引用收入中位數、還是平均收入而定。如果引用的是平均收入，那麼我哈佛的同班同學可能平均收入非常高，即使我們多數人只領最低工資也是如此，因為那個班級裡有洛克菲勒家族的成員〔注：指 John Davison Rockfeller 的家族，他創辦了標準石油公司，成為歷史上第一位億萬富豪，普遍被認為是西方世界的史上首富。多位家族成員為政商界的佼佼者〕和阿迦汗四世〔注：Aga Khan，伊斯蘭教什葉派伊斯瑪儀派的現任最高精神領袖〕。）

▌大學的「附加價值」

　　試圖比較「讀大學」與「高中畢業後（或甚至沒畢業）馬上就業」的相對價值時，類似的問題也會出現。把大學畢業生、高

中畢業生、高中輟學生或其他人的收入互相比較，再把大學畢業生高出來的收入歸因於大學教育，是很常見的做法。但是，我們不能直接假設沒上大學的人在態度、價值觀、優先考量或能力上，與讀大學的人是相同的。因此，他們之間的收入差距，不能自動歸因於大學傳授的東西。看待這個問題的另一種方式是，我們不能假設某個有特定能力、特定偏好的人去讀某一所學校、而不是另一所學校的差異，跟其他人讀不同學校的統計資料一樣大。

更麻煩的是，許多高中輟學者後來又接受了某種形式的教育，無論是去學術機構求學，還是習得某種技藝，或是從微軟、Oracle、Adobe 或其他電腦公司的課程取得認證。輟學生的收入統計中，是否把後來又恢復教育者的收入也算進去了？另外，有些輟學者沒有高中文憑，但後來取得了博士學位（例如本書的作者），他們的收入是否也納入輟學者的收入統計中了呢？還是「輟學」一詞只套用在那些不再繼續受教育的人身上呢？

對於那些考慮何時停止（至少暫時停止）求學的人來說，統計資料是否做出上述的區分很重要。由於長期追蹤個體相當困難，成本也高，多數的統計數據是否做到上述的區分著實令人懷疑，也許根本沒有統計數據如此區分。這表示那些高中輟學、後來直接攻讀更高學位的人，很可能不會被計入高中輟學者的收入統計中。

▍招生流程

　　大學的招生流程與學術機構內部的其他決策流程一樣,不僅
反映了大學的非營利性質,也反映了那些決策者面臨的特殊動
機。大學招生流程的一個根本事實,就是名校的錄取率很低。截
至二〇〇八年,哈佛大學的錄取率僅七%,耶魯大學的錄取率是
八%,哥倫比亞大學的錄取率是九%。鮑登學院(Bowdoin
College)、喬治城大學、達特茅斯學院(Dartmouth College)、布
朗大學(Brown University)的錄取率都不到二〇%。[39] 既然申請
名校的人數是錄取名額的好幾倍,這些名校每年還是大把大把地
花錢在全美甚至海外招生,似乎很奇怪。然而,那些可能從未想
過申請哈佛或史丹佛大學的高三學生可能會察覺,他們收到這些
名校及其他知名學府主動寄來的郵件,鼓勵他們申請。一位招生
主任如此描述這個流程:

　　對於一個不習慣收到成堆信件的高中生來說,他們可能會覺
得自己突然變得很搶手。有多少學生收到史丹佛大學或歐柏林學
院(Oberlin College)的來信後心想:「他們肯定想收我!」[40]

　　事實上,吸引那麼多學生前來申請的動機之一,就是為了能
夠拒絕絕大多數的申請者——以便在《美國新聞與世界報導》和

其他多種大學指南的排名中，維持學校「篩選嚴格」的聲譽，因為「篩選嚴苛度」取決於實際錄取率有多低。另一個動機是為了提供較多的人選，以滿足教授對聰明學生的需求。教授可以從更多學業優秀的學生中挑選菁英。

由於許多名校的錄取率很低，許多學生覺得有必要多申請幾家大學，以期至少被一間大學錄取。學生往往會申請至少一所無意就讀的學校，以免想去的大學全部落選。簡而言之，美國大學的低錄取率所造成的不確定性，導致學生得同時申請多間大學，既耗費金錢，也耗費時間。此外，學生同時申請多所大學也為大學的招生處帶來不確定性，因為他們無法確定錄取的學生中有多少人會來註冊。

這些不確定性為學生與校方都帶來了金錢與時間上的成本。例如，由於范德比大學（Vanderbilt University）建造了一棟可容納一千五百五十名大一新鮮人的宿舍，招生處必須負責把宿舍填滿，不留空房——這表示不能有人不繳學費，不能有人不繳宿舍費，同時也不能有任何新生無宿舍可住。范德比大學的一位招生人員表示：「對我來說，一個學生都不能少。」[41] 由於范德比大學與其他大學都不確定他們錄取的學生中有多少人真的會來註冊，所以他們設計出多種因應策略，包括候補名單、提前決定，以及各種讓新生註冊人數剛剛好的方法。

這些策略並非萬無一失，也不是毫無成本。幾年前，狄金森學院（Dickinson College）一發現實際來註冊的學生人數不夠，便發送錄取通知給在候補名單上的學生，但候補的人數依然不足以填滿新生的班級。因此，狄金森學院後來提高了錄取率，雖然這麼做可能會對該校在大學指南上的「篩選嚴格度」評級有不利的影響。一位狄金森學院的招生人員指出：「我寧可先犧牲錄取率，也不希望招生不足。」[42]

　　雖然學生或家長可能會認為，錄取與否取決於學生是否符合學校的學術標準，但事實不然。由於大學招生人員採用的標準非常主觀，不管學生的學業或考試成績如何，學生都無法篤定自己獲得某校的錄取。

　　二〇一一學年，申請安默斯特學院的學生中，SAT 數學成績介於七五〇到八〇〇分的人裡，有一半以上遭到淘汰，但有二十位數學成績不到五五〇分的學生獲得錄取。[43] 二〇一二學年，申請布朗大學的學生中，即使 SAT 數學成績達到滿分八〇〇分，獲得錄取的機率也只有二六％，但數學成績不到五〇〇分的人中，有二十個人順利錄取了。[44] 其他篩選嚴格的大學也有類似的模式，由於招生委員會的判斷非常主觀，許多遭到淘汰的學生的學術資格，可能比被錄取的學生還要好。

　　儘管如此，榜上無名的學生可能會認為，自己一定是有什麼

不足之處才會遭到淘汰，並且對此非常介懷。誠如一位招生主任所言：

收到拒絕信的人，無論他們獲得錄取的機率在客觀觀察者的眼裡有多麼低，他們往往還是會大吃一驚。你只要問問四月擔任過高中諮商輔導員的人就知道了，我曾經當過。身為諮商輔導員，學生的痛苦我感同身受。但身為招生主任時，我造成了他們的痛苦。[45]

實際的甄選流程反映了大學內部群體（亦即招生人員）的優先要務與利益，因為大學沒有外部群體，不像公司有股東或潛在的股東會出來反對資源的低效運用。與坐等學生來申請、直接挑選學業或考試成績最好的學生相比，廣泛的招生活動（包括走遍全美造訪各地的高中，並與高中的諮商輔導員維繫關係）所需要的人力與預算都要多出許多。例如，《高等教育紀事報》指出，北密西根大學的「十四名招生人員，今年總共造訪了一千五百所高中，參加了許多大學招生博覽會。」[46] 即便是俄亥俄州衛斯理大學（Ohio Wesleyan University）那種小型文理學院，招生人員也提到「我們與數千位高中的諮商輔導員都有聯繫」。[47]

若採用客觀的篩選標準，需要的招生人力會比現行的做法少很多。現行的招生標準與做法不僅反映出人力需求的增加，也讓

招生人員以為自己很重要，覺得他們可以深入洞察申請者的「領導潛力」與「責任心」等主觀特質，以及獎勵申請者克服逆境或從事所謂「社區服務」（雖是任意定義的）等義行善舉。

由於種族的「多元性」是招生委員會重視的主流概念之一，這些委員會可以創造出他們喜歡的任何人口特質組合。這又是另一個因組織是非營利才有可能存在的決定，因為沒有股東或其他的外部監督人員會來關注這種招生委員會的決定所衍生的經濟或教育成本。這種不受約束的決定產生了許多後果，其一是亞洲人與亞裔美籍學生在大學中通常有「過度代表」的現象（亦即他們在校園中的比例比在一般人口中的比例還高），尤其是在名校中；所以想要營造人口「多元性」的招生委員比較沒有動機錄取亞裔，甚至可能還有動機去限制亞裔學生的錄取人數，就像過去一些大學限制猶太學生的錄取人數一樣，即使他們在學業上比那些被錄取的非猶太學生更加優異。

例如，一項鎖定密西根大學亞裔申請者的研究發現，該校錄取的亞裔學生，SAT 成績比錄取的白人學生平均高出五十分，比西語裔學生高出一百四十分，比黑人學生高出兩百四十分。二〇〇六年，一位 SAT 滿分，且物理、化學、微積分成績都接近滿分的亞裔美籍學生獲得哈佛與耶魯的錄取，卻被史丹佛、麻省理工以及三所常春藤盟校拒於門外。[48] 這並非特例，由於錄取標準

非常主觀，各校標準不太可能一致，所以某個學生遭到某一所大學拒絕，卻被名次更高的大學錄取，並非前所未聞。

與客觀標準主導的情況相比，主觀標準賦予招生委員會的成員更多的預算、更多的權力、更強烈的擁兵自重感。就像許多事情一樣，學術機構的非營利性質使得內部成員能在較少的限制下追求自己的利益，不像那些需要滿足客戶與投資人的營利機構那樣，受到那麼多的限制。

招生處的人力可以比現在更少並不是臆測。在美國學術機構發展的歷史中，大部分的時間，招生處的規模都遠比現在來得小。例如，二戰結束後，哈佛大學的招生處只有一位招生人員和一名兼職的秘書。[49] 如今，連小型的大學都可能有十幾位以上的全職招生人員，外加大量的辦事員，以處理招生處在全美各地辦活動所衍生的一切文書工作。多年來，隨著大學可利用的資金愈來愈多（連私校都有政府補貼），官僚體系也日益擴張。

營利組織會獎勵員工以最少的人力與資源來完成任務，非營利組織的獎勵誘因則正好相反：盡可能說服管理高層批准愈多的人力及愈高的預算，因為管理愈多的員工及獲得更多的預算，變成他們要求更高的薪酬及更被重視的理由。誠如某位史丹佛大學的前招生主任所云：「如果我們單憑 SAT 分數來錄取學生，我就失業了。」[50] 要是真的只看 SAT 分數，她絕對不會有那麼多的員

工或預算。無論是有意還是無意，大學招生人員都有充分的動機，把篩選申請人的流程搞得非常深奧又極度主觀，除了需要投入大量的人力與工時，每年還要走遍全美各地，與各地的高中輔導員和學生會談。

這點就像學術界的其他方面一樣，沒有外部力量可以監督決策效果、金錢成本或流失的人才。不像企業有業主或股東會要求他們「少花錢、多辦事」。

每當有學術界的管理者試圖檢測招生處那些錄取標準的有效性時（例如根據客觀標準錄取一半的新生、根據招生處的決定錄取另一半的新生，然後在畢業時觀察這兩組的差異），總是像捅馬蜂窩，引發激烈的反對，這不僅對他個人的職涯毫無助益，還可能會帶來極大的傷害。考慮到動機與限制，對學術界的管理者來說，最輕鬆省事的做法就是避免自找麻煩，因為無論就金錢來說，還是就實現大學宣稱的教育目標來說，提高大學效率幾乎都對自身的利益毫無助益。

▌大學的成本

讀大學的成本很容易被低估，也很容易被高估。媒體一再提到昂貴私校的學費時，學費往往被高估了，儘管二〇〇八～〇九

學年有五六％的學生是就讀每年學費不到九千美元的四年制大學。[51] 媒體經常提到的一些名校學費都超過三萬美元，但這些學費不僅不是典型的例子，真正支付那麼多學費的學生其實不到一半，因為很多學生都會拿到所謂的「助學金」（有如學費折扣）。

即使在大學學費居高不下且不斷上漲的時代，在許多情況下，讀大學的最大成本並不是學費，而是放棄全職工作而少賺的機會成本。州立大學的平均學費往往低於基層工作的年收入，社區大學的學費也幾乎都比較低。然而，讀大學的成本還包括不斷上漲的書本費，但**不包括**全部的食宿費，因為無論學生要不要讀大學，他們都得吃飯，也得有地方住；除非校園內的食宿費比外面高，食宿費才算是大學教育成本的一部分。簡而言之，金錢支出不能衡量念大學的總成本。念大學的總成本可能更高，也可能更低，端看學校與環境而定。

許多人哀歎，在美國讀大學的費用可能會使學生畢業後背負沉重的學貸好幾年，而且這些債務對於收入不高的人來說更是特別沉重。政客可能會對那些哀歎做出回應，尤其是選舉來臨之際。然而，這類問題的討論大多忽略了成本與價格在經濟中的作用，彷彿任何人只要欲望受到經濟牽制，政府就應該出面移除那些限制似的——也就是說，把那些成本轉嫁給納稅人。

儘管《高等教育紀事報》把學貸描述成美國的「國家危

機」，但約有三分之一的大學生畢業時沒有背債，其他學生的學貸平均約為兩萬美元——「略低於二〇〇九年福特 Escape 汽車的起售價。」[52] 沒有人會認為車貸太沉重，應該要由納稅人來補貼購車。此外，大學教育的債務只要償還一次，而多數美國人一輩子購買的汽車則不止一輛。況且，一般納稅人的收入不見得比普通大學畢業生還多，所以拿「幫助弱勢」這種常見論點來強迫納稅人補貼經濟前景比他們更好的人，是站不住腳的。

至於有人認為學貸對於從事低薪職業的人來說較為沉重，這種論點忽略了價格在分配稀缺資源（包括受過昂貴教育的人）方面的整體作用。如果金錢無法影響民眾的決定，印再多的鈔票也是徒勞。畢竟，金錢本身不是財富，否則政府直接印更多的鈔票，就可以讓所有人都變得更富有。貨幣不過是一種人為機制，為那些創造實質財富的經濟行為提供誘因。如果民眾能自動做出選擇，不受金錢影響，那麼印鈔就是一種紙張與墨水的巨大浪費。

很少人會認為挑選職業不該考慮薪資水準。但我們經常看到，一些彷彿有先見之明的第三方可以判斷哪些特殊職業「真正」符合社會「需求」，因此要求納稅人補貼。這種武斷的選擇是由不必為錯誤付出代價的第三方做出來的，而且有些人還認為，第三方的選擇在經濟或道德上都優於自費買東西的人所做的選擇；自掏腰包的消費者買自己喜歡的東西，從而決定哪些產

品、行業、職業將獲得多大的報酬。

學術成本

在財務討論中，有時候大家會把成本與價格混為一談。在學術界，成本指的是大學為了進行各種活動而支付給員工及所有物品（從電力到辦公用品）供應商的一切。價格則是學術機構向其他人收取的費用，無論是教育學生、為政府或私營企業做研究，還是舉辦體育賽事或出版書籍和學術期刊等活動。這些價格當中，最突出的是學費。學費以及送孩子上大學的其他費用，已經成為許多美國家庭預算中非常明顯的項目。

誠如哈佛大學的一位前院長所言：「如今多數私立學校一年的學費，約與美國家庭收入的中位數相當，不是只有一流私校如此。」[53] 不僅八所常春藤盟校及史丹佛大學、麻省理工學院、芝加哥大學等同級大學收取每年超過三萬美元的學費，喬治華盛頓大學（George Washington University）、漢普郡學院（Hampshire College）、查普曼大學（Chapman University）、西方學院（Occidental College）等沒那麼出名的學校也收取那麼高額的學費。[54] 這當然不包括食宿及其他的大學開支。

雖然學術機構跟其他機構一樣（無論是營利企業、還是非營

利組織），收入必須足以支付成本才能存續。但有一些財務因素是大學獨有的現象。

雖然「成本」這個詞看上去簡短單純，但它隱含了多種複雜的情況，無論是在學術上，還是在非學術的脈絡中。成本是指生產商品與服務所產生的費用，價格是向消費那些商品與服務的消費者所收取的費用。舉例來說，價格管制法可以降低價格，但對成本毫無影響——這正是這類法律造成負面影響的原因之一（原注：參見拙著《經濟學的思考方式》第三章）。就算我們明明知道我們想考慮的是生產成本，一項商品或服務也未必真的有「某個確定」的生產成本。量產降低了商品的單位成本，所以許多東西的生產成本取決於產量而定。

在經濟學中，「成本」通常指的是生產某個數量與品質的商品或服務的固有或最低費用。不這樣定義的話，任何金錢上的支出（無論是效率低下、不負責任還是貪腐造成的），都算是生產成本了。但前文提過，有些學術政策和做法使大學的實際財務支出遠遠超過這些固有成本，無論這些政策和做法是源自大學內部，還是由認證機構、美國大學教授協會或其他機構從外部強加的。

經營大學的固有成本包括教育學生的成本以及聘用教職員工的成本。而這兩種成本都沒有像營利企業那樣需要抑制成本的

誘因。

教育學生的成本

　　大學把一切的花費都統稱為「成本」。只要是成本，就可以拿來做為提高學費的理由，同時呼籲政府與其他捐贈者幫它因應「不斷上漲的成本」。這些「成本」包括在離德州大學奧斯丁分校六英里遠的地方蓋一座高科技中心，伊凡斯維爾大學和達拉斯大學分別在英國和羅馬創立海外校區，史丹佛大學在歐洲與南美設立留學生中心。《經濟學人》曾報導，俄亥俄大學有一座學生中心，「內有一間兩百五十個座位的劇院、一個美食廣場、一個五層樓高的中庭。」《商業週刊》報導，普林斯頓大學斥資一億三千萬美元，為五百名學生打造新宿舍。每間學生房內都有「裝著三層鉛玻璃的紅木窗扉」，此外「餐廳有十米高的橡木山牆天花板」。[55]

　　即便大學支出是為了真正的學術目的，也不見得會對大學生有益。許多大學增設的新科學實驗室就是一例：

　　就算是理科的大學生也很難享受到新校園實驗室的好處。那些實驗室主要是為教授及其研究生的利益而建造的。[56]

當大學把自願性的開支增加稱為「成本上升」，並把它拿來當做提高學費、尋求更多稅金補助的理由，甚至為此動用捐贈基金的本金時，顯然營利企業面臨的經濟限制在學術界根本毫無作用。

　　在這種背景下，難怪保齡球館、豪華休息室等校園設施的激增都成了教育成本。例如，賓州印第安納大學斥資兩億七千萬美元，興建《高等教育紀事報》所說的「奢華」新宿舍。[57]《高等教育紀事報》指出，整體來說，如今的大學宿舍比以前「更加舒適」。[58] 其他的設施也變得更加精緻昂貴：

　　去年，《達拉斯晨報》（*Dalla's Morning News*）報導，貝勒大學（Baylor University）一得知德州農工大學的攀岩牆高達四十四英尺，就把計劃興建的攀岩牆從四十一英尺增高為五十二英尺。後來，休士頓大學建了一座五十三英尺高的攀岩牆。不過，這個高度之後又被德州大學聖安東尼奧分校給超過了。[59]

　　那些單純靠盈利生存的非典型大學則很少提供非營利大學的那些便利設施。一項研究指出：

　　營利性大學有多處校區是在較為簡樸、但相當舒適的建築中營運，而不是集中在一個大型的校園內。這類大學的每個校區約

有數百人註冊，頂多幾千人。他們幾乎所有的設施都與教學或管理直接相關，少有典型大學校園裡常見的娛樂設施、美術館、音樂廳、研究實驗室或圖書館。[60]

營利性大學所提供的教育不僅比較有成本概念，也比較注重那些可以培養職業技能的課程，例如電腦程式設計、工商管理，以及就業市場重視的其他學科，而不是哲學、人類學等課程。[61]簡而言之，它們跟營利企業一樣，根據付費顧客的需求量身打造供應的內容。

由於認證機構和美國大學教授協會限制學術界做價格上的競爭，加上有納稅人的稅金可拿來補貼「不斷上漲的成本」，而且「必要時」還可以動用捐贈基金，非營利大學只能透過便利設施做非價格的競爭，就像從前航空業受到政府管制、不得削價競爭那樣（例如贈送洗漱用品包或免費葡萄酒）。後來管制放寬，新的廉價航空公司出現，使得許多航空公司的便利贈品就此消失。然而，大學受到認證機構的保護，那些認證機構把許多便利設施及額外的福利視為成本，新大學必須承擔這些成本才能獲得認證，以吸引學生、獲得政府補助。

對大學來說，成本特別難以捉摸，因為多數的大學生產的是聯合產品，同時包含教學與研究。**聯合產品沒有所謂的平均成**

本。養一頭豬可以算出平均成本，但生產培根的平均成本算不出來，因為培根是由火腿、豬排、豬皮合起來產出的。在學術界，同樣的教授、同樣的圖書館、同樣的科學實驗室、同樣的電腦設施都是用來生產教學與研究，這兩種活動之間的任何成本分配都是隨性的。

教學與研究的成本難以判斷還有另一層意義：多年來，許多大學的平均教學負擔從一學期十二學分減至六學分，等於是雇用兩倍的教職員工來教一定數量的課程。雖然額外的成本在學校會計記錄中可歸為教學，但實際上，減少教學負擔的關鍵原因，是為了提供教授更多的時間做更多的研究。

大學常常辯稱，他們教育學生的成本高於收取的學費，有些人覺得這是非營利機構的利他表現。但是，由於教學是大學的聯合產品之一，是伴隨研究及其他輔助活動一起存在的，所以這不過是一種含糊其辭的藉口。

如果紐約洋基隊的老闆提出類似的說法，說經營棒球隊的所有費用不是由去洋基體育場看球的球迷支付的，並因此推論洋基隊是一個利他的組織，沒有人會把這種說法當真。球隊出售的聯合產品包括洋基體育場的球賽、球賽的電視轉播、球場的廣告版面出售，以及球隊外出參賽及淡季期間出租場館做為其他娛樂活動的收入。既然這些活動的收入來源眾多，買票觀賽的球迷根本

沒有理由支付在洋基體育場內經營棒球隊的所有成本（原注：此外，球場看台上的球迷還為電視觀眾帶來比在空蕩球場內比賽更壯觀的場面。場上的球迷就像電影中的臨時演員，唯一的差別在於，他們不像臨時演員那樣拿到報酬，而是付錢進場觀賽）。

同理，我們也沒有理由要求學生支付大學所有活動的成本。然而，很多人還是相信了史丹佛大學教務長的說法，他說學費只占學生教育成本的五八％。[62] 事實上，根本沒有明確的方法可以判斷史丹佛大學或其他多功能大學的支出中，有多少可以歸類為教學支出。《高等教育紀事報》曾算過學生支付的教育費用，算法是「以每家院校的年度預算總額除以招生人數」，並因此得出結論：州立研究型大學的學生只為這些大學支付四七％的成本，[63] 彷彿這些大學的成本都來自教育學生似的。

如果大學聲稱「他們在每個學生身上都賠了錢」的說法為真，那麼，為什麼這些大學要花那麼多時間金錢去招收學生，以及為什麼那些學校錄取的學生人數愈來愈多，便很難解釋了（原注：哈佛創校兩百多年後，每屆畢業的人數才達到一百人。Harry R. Lewis, *Excellence Without a Soul*, p. 27.）。但若是考慮到每多收一個學生的**增量成本**（incremental cost）可能很低，那麼該說法可能是真的。教室、宿舍、圖書館、運動場及其他校園設施一旦建好，讓更多的學生使用那些設施的成本可能就會很低。換句話

說，如果一所大學實際來註冊的學生不足以填滿宿舍時，失去學生所少收的學費與宿舍費，將大於空宿舍所減少的宿舍維護成本。《高等教育紀事報》曾報導：

> 隨著招生競爭愈演愈烈，大學校長開始把招生主任當成美式足球教練那樣看待，解雇那些無法招滿學生的人。[64]

如果大學真的在學生身上賠錢，就不該出現這種行為。大學對招生的渴望，至少像紐約洋基隊渴望吸引球迷到洋基體育場那樣，雖然學費與入場費都不足以涵蓋組織營運的所有成本。在這種情況下，學術界稱為「助學金」的價格折扣是有經濟意義的。有一本由大學校長及大學院長合著的書寫道：

> 就像航空公司意識到，以大幅的折扣價把座位填滿，總比留著空位好；現在的大學也意識到，拿到大筆助學金的學生所帶來的淨收入，比讓教室座位或宿舍床位空著更好。[65]

在申請人數大於可錄取人數的大學中，他們可以只錄取那些付得起全額學費的學生，但那樣做會與教職員的願望、學校的公關、大學招生處的普遍觀念背道而馳。大學招生處即使是根據成績發放獎助學金，也常被指責是在「收買」資質好的學生，有些人認為獎助學金應該發給需要財務補助、但學業成績沒那麼好的

學生。此外，由於大學不像企業那樣有業主或投資人監督決策對收入的影響，代表招生處可以更自由恣意行事。學術界普遍認為：「按成績發放獎助學金，是對那些已經獲得太多國家資源的學生發送另一種獎勵。」[66]

這帶出了一個根本性的問題：招生政策及獎助學金政策想要達成的目標到底是什麼？這些政策究竟是為了讓招生處的人員根據他們自己武斷的社會觀念，來處理這些金錢或實物的贈予呢？還是為了把該校的財務與學術資源投資在最「物有所值」的地方呢（以畢業生的智力素質來衡量）？由於沒有營利標準可以衡量招生政策及獎助學金政策的成敗，招生處的人員成了另一個可按著個人意願行事的內部群體，他們幾乎不考慮或根本不考慮外部的機構目的。而且，對機構效率有既得利益的人，也很少或根本無法監督他們的決定。

▌ 教職員的成本

大學的主要成本之一是教師的終身教職。終身教職加上反對年齡歧視的法律，意味著終身的就業保障。就算教授已經跟不上專業領域的進步，或晚年難以教學或做研究，他們的金飯碗還是牢不可破。大學若要打發他們，只能支付一大筆退休金才能請他

們走路。除了請他們離開，另一種選擇則是雇用其他人來教那位教授未能跟上專業領域最新發展的科目。如此一來，重複雇用人力的成本很高，但為了避免讓知識落後的教授教出較差的學生，這可能是名校維持聲譽的唯一方式。

雖然大學對有終身教職的教授幾乎束手無策，但那些教授退休或去世後，聘用他們的大學可以選擇聘用有終身教職的繼任者，也可以聘用沒有終身教職、也不會在「不晉則退」制度下爭搶終身教職的人。這些非終身教職的職位可以是兼職教師或兼職講師，也可以是聘用合約上不會讓人產生終身教職預期的全職講師。

這些年來，愈來愈多的大學聘用沒有終身教職或是對終身教職沒有期待的教員，這些人包括兼職教員及一些沒有終身教職的全職教員。隨著時間的推移，全體教職員中，沒有終身教職資格的人所占的比例愈來愈高。[67] 二〇一〇年，《紐約時報》曾報導：

一九六〇年，七五％的大學教師是全職的終身教職、或有資格取得終身教職的教授，現在的比例只有二七％。其餘的是研究生或兼職教員和臨時教員 —— 亦即按課程聘用或每年一聘的教員，他們通常沒有福利，收入只有終身教職同事的三分之一或更少。[68]

在排名較低的大學、社區大學、營利性大學中，兼職教員特別普遍。例如，在杜佩奇學院（College Of Dupage），兼職教師的數量是全職教師的三倍多；在鳳凰城大學之類的營利性大學，幾乎所有的教員都是兼職。

然而，廣泛使用非終身教職的教員並不是名氣較低的大學獨有的現象。在一些名校中，非終身教職的教員也廣泛存在。因為許多頂尖的學者不願意教大學生，他們比較想把心力放在更高階的工作上，畢竟高階的工作在智識上及財務上為他們帶來較多的回報。密西根大學一位理科教授曾直言不諱地說：「我在大學生課堂上度過的每一分鐘，都是在浪費我的金錢與聲望。」[69] 對於學生來說，這意味著，這些學生可能是受到名校聲譽的吸引來就讀的，而名校的聲譽是由那些知名的教授所創造出來的，但那些教授不太可能教他們，尤其是大一的基礎課程。在某些情況下，學生只有去讀研究所，才有可能上到那些教授的課。

▌ 學術收入

大學雖然是非營利機構，但並不代表它對金錢無動於衷，或對金錢的追求不如營利企業那般積極。在許多大學中，初級教員必須為大學帶來研究補助經費，才有可能晉升為終身教職的教

員。大學會從那些研究補助經費中收取很大比例的金額做為管理費用。例如，從美國衛生及公共服務部（Department of Health and Human Services）獲得的研究補助經費中，平均約四四％要貢獻給校方。[70]

某種程度上，這些管理費用代表校方投資教員的職涯早期所獲得的回報。《高等教育紀事報》指出，威斯康辛大學麥迪遜分校估計，「每位新教授的起始成本是一百二十萬美元」。《高等教育紀事報》又補充提到：

一位教授通常需要八年的時間，才能為學校帶來足夠的研究經費支應這筆成本。平均而言，一位教授獲得終身教職後，在麥迪遜待上二十五年，便能帶來約一千三百萬美元的研究經費。但是，許多教授在大學回收那筆初始成本之前就離開了。[71]

由於在頂尖研究型大學內任教的教授可為校方帶來大筆經費，難怪頂尖研究型大學紛紛爭搶那些教授，導致教授的薪水上漲。教學型大學則比較沒有這種現象。

政府

在美國，政府是大學的主要收入來源。前文提過，在四年制

的大學裡，尤其是研究型大學，大學從政府獲得的經費超過了學生的學費。[72]

政府為家庭收入負擔不起大學教育的學生提供補貼。這種補貼成為鼓勵大學把學費維持在高點、讓許多學生「**負擔不起**」的誘因。當政府發放助學金的公式是從大學收費減去家庭對大學學費的「預期貢獻」（主要是以家庭收入為基礎）時，即使是規模很小的學校，只要學校把學費壓在多數家庭負擔得起的範圍內，就等於每年自動放棄數百萬美元的政府補助。從大學的財務利益來看，較有意義的做法是讓多數的學生負擔不起學費，並利用政府補助的資金來升級校園設施，以便與其他大學競爭，而不是靠學費來競爭。

這種導致學費持續攀升的謬論，忽略了一個事實：補貼現有的「成本」正為這些成本的進一步提升提供了誘因。一項研究發現：「就公立四年制的大學而論，聯邦助學金每增加一百美元，學費也跟著提升五十美元。」[73]

大學會去遊說國會，爭取一般高等教育的補助金以及該校專用的專款。由於立法指定的專款是一種繞過同行評審流程的方法（聯邦機構透過這個流程來權衡相互競爭的資金申請），那些無法靠研究與名校競爭補助金的機構，會特別尋求這類的專款。一項研究指出：「絕大多數大學的遊說活動，以及非頂尖研究型大

學近一〇〇％的遊說活動，都是為了爭取這類的專款。」[74] 該研究也描述了遊說流程：

一月，大學的管理者先與遊說人員會面，為即將到來的財政年度規劃遊說策略。他們會按照成功的機率，決定優先提出哪些專款請求，並確定哪些民選官員為他們的遊說對象。他們通常會鎖定該校所在地區與州的眾議員或參議員。三月，大學會開始遊說那些鎖定的對象，請他們把該校的請求納入撥款的立法中。八月休會後，遊說人員會繼續推動那些請求，以便納入十三項撥款法案中的一項。時序進入深秋，隨著撥款法案送到總統手中，遊說週期也就跟著結束。[75]

運用遊說管道爭取聯邦資金的大學，平均每年在這類的遊說上花了超過十萬美元，並收到超過一百萬美元的聯邦資金。如果大學位於那些屬於撥款委員會的眾議員或參議員所在的地區或州，其遊說的投資報酬率甚至會達其他大學的八倍以上。所以，大學雖為非營利機構，並不代表他們對金錢追求的熱衷度比營利企業來得低。

外部資金來源（政府、產業、基金會、個人捐贈）對研究非常重要，這些研究又對個人與學校的蓬勃發展及聲譽極其重要。即便是哈佛、耶魯這種捐贈資金雄厚的大學（每年會從投資金融

市場的捐贈基金中獲得數百萬美元的投資收入），它們大部分的研究資金也不是由自有的資金供應，而是來自政府與其他的外部資金來源。例如，二〇〇四年財政年度，耶魯大學用來資助研發的資金中，來自政府的資金是自有資金的十倍多；哈佛大學更是完全沒有動用自有資金做研發，全靠政府補助的三億九千九百萬美元。[76]

學費與助學金

雖然政府補助的錢超過了學生支付的學費，但學費收入並非不重要。雖然每個人應繳的正式學費一樣，但許多學費高昂的大學讓多數學生獲得所謂的「助學金」，等於是學費折扣。學術界所謂的「學費」，在私營產業中稱為「定價」；根據收入給予不同的「折扣」，在私營產業中則是「收取顧客肯付的價格」。

大學的非營利性，指的是與營利企業相比，在競爭激烈的市場中，大學比較容易跟著學術界內外的局勢與壓力來調整政策。所以，當國會對擁有豐厚捐贈基金的大學施壓，要求他們用更多的捐贈基金來降低學生讀大學的費用時，哈佛率先宣布，它將幫所有家庭年收入低於六萬美元的學生支付大學費用。營利性的私營企業不能這樣免費贈送商品或服務。哈佛那個決定是不是捐贈

基金的最佳運用——這個問題無論是從教育角度、還是從社會角度來看，都不是做那個決策的人需要面對的問題，因為沒有業主或投資人會在他們的經濟利益遭到犧牲時出來抗議。

▍校際運動

在美國，校際運動——尤其是美式足球與籃球——對一些大學而言，是另一筆可觀的收入來源。一些擁有一流運動校隊的大學與一些公司簽下了價值數千萬美元的比賽轉播合約。二〇〇九年，俄亥俄州立大學簽了一份為期十年的合約，確保了總值一億一千萬美元的媒體與行銷權。[77] 然而，這些收入對這些大學的教育活動幾乎沒什麼貢獻。

耶魯大學一位前校長的說法，一語道盡了這個情況：「我從未看過學校用美式足球或籃球的收入來建造實驗室、圖書館或宿舍。」[78] 儘管頂級的校際運動可為大學帶來數百萬美元的門票收入，大學籃球賽的轉播權也能為大學賺進數十億美元，[79] 但這些運動及其他運動的花費往往比它們為大學帶來的收入還要多。

雖然教學與研究是聯合產品，成本不能單獨計算，但校際運動涉及的成本大多**不是**與其他學術活動共同發生的成本。體育場通常不是做研究或上學術科目的場所。為了讓大學運動員的成績

維持在能夠繼續代表學校參賽的水準，大學通常會另行安排教員、甚至不同的教室，讓運動員獲得異於一般學生的學術指導與建議。

二〇〇六年，俄亥俄州立大學成為第一個每年在諸多運動項目上花費超過一億美元的大學。然而，由於該校有排名第一的美式足球隊參加比賽，當年該校高達一億零四百七十萬美元的收入足以支應一億零一百八十萬美元的開支。[80] 不過，在多數的大學中，運動項目造成財務虧損才是常態。此外，即使某年的運動項目收入可以支應開支，也不見得年年都能如此。二〇〇七年，《高等教育紀事報》報導了俄勒岡大學的狀況：

美國僅有少數幾所大學的體育部有盈餘。俄勒岡大學自豪地宣布，該校最近也加入了這少數幾所大學的行列。但學校高層亦承認，只要幾個賽季的表現不佳，就足以使體育部再度陷入虧損狀態。[81]

《紐約時報》報導，儘管有些學校運用「有創意」的會計手法來隱藏一些校際運動的成本，美國大學體育協會（National Collegiate Athletic Association, NCAA）的負責人坦言：「妥善認列成本的話，一千多個大學體育部中，有盈餘的不到十個。」[82] 大學棒球是虧損最大的校際運動，原因可能是電視轉播大學棒球

賽的需求很少。相較之下，轉播大學美式足球賽的需求很高，隨之而來收入可以彌補一些成本。二〇〇四到二〇〇六年間，大學棒球的損失中位數每年將近七十萬美元。[83]

NCAA 是一個全國性的壟斷組織，其指導原則為，校際運動所涉及的鉅額資金，不得支付給那些冒著身體風險參賽的學生運動員。然而同一時間，那些在場邊指揮運動賽事的人卻可以得到豐厚的報酬。一百多年前，哈佛大學聘請第一位領薪酬的美式足球教練時，他的薪資「比薪水最高的哈佛教授多三〇％，跟查理斯‧威廉‧艾略特（注：Charles William Eliot，美國大學歷史上在位時間最長的校長，在他的任期間，艾略特把哈佛從地方院校轉變成知名的研究型大學。）擔任校長近四十年後的薪水差不多。」[84] 這種型態如今依然相當普遍，只不過現在美式足球教練的薪酬**高於**校長薪酬的情況更為常見。[85]

如今，連去高中招募美式足球員的大學球探，年薪也可以超過二十萬美元，比哈佛大學全職教授的平均薪酬還高。[86] 二〇〇七年，二十一所一級聯賽（注：Division I，NCAA 校際體育賽事的最高級別，一級聯賽的學校在預算、設施、體育獎學金等各方面都更有優勢）大學每年為了招募運動員，花了一百萬美元以上的經費，其中田納西大學諾克斯維爾分校的花費更是超過了兩百萬美元。即使多數的常春藤盟校不算重要的一級聯賽大學，他們

每年也花七十五萬到一百萬美元來招募運動員。[87]

對一所大學來說，一項活動經常虧損，卻要支付那麼高的薪酬給指導那項活動的人，雖稱不上不理性，卻也很奇怪。不過，同樣地，我們有必要區分看利益的角度：究竟是從整個大學的立場出發，還是從大學內部那個決策者的立場出發。此外，短期的經濟效益也與長期的經濟效益不同。

短期內，體育館與其他體育設施已經建成，所以唯一重要的成本就是維護以及經營那些設施的**增量**成本，那些成本可能只占總成本（含建設那些設施的成本）的一小部分。一項成功的運動可帶來的收入（門票收入、電視轉播權、賽事獎金等等）可能輕易超越維持那項運動的增量成本。另一方面，如果美式足球隊或籃球隊在比賽中長期輸球，那些收入來源可能會大幅縮水，甚至無法彌補經營那項運動的增量成本。

顯然，相對於一支獲勝的冠軍隊伍，敗北的球隊肯定很多，畢竟全體大學球隊的總勝負數量必須相等；所以戰績頻頻告捷、讓體育場爆滿、賽事轉播搶手的球隊沒有幾支。考慮到這些誘因與限制因素，一位可能創造長紅戰績的教練也許值得大學以高薪禮聘。

然而，長遠來看，體育場與其他體育設施的翻新或重建所費不貲。單純從經濟的角度來看，當校際運動帶來的收入比花費的

成本少時，也許大學停掉那項校際運動會比較好。不過，從大學校長的角度來看，終止校長多年來一直批准的美式足球隊或籃球隊，進而引發學生、校友、甚至一些教職員的憤怒，真的值得嗎？大學校長幾乎沒什麼動機去思考超出自己任期的長期議題。此外，校長的任期也可能因為觸怒大學的各種利害關係人而縮短。

例如，學術導向的小型文理學院伯明翰南方學院（Birmingham-Southern）決定從一級聯賽退居三級聯賽，以後只和其他學術導向的小型文理學院競賽。此舉不僅引發了學生抗議，也遭到當地報紙的強烈抨擊，儘管六百五十萬美元的運動預算僅占該校總預算的一五％。[88] 如果一所不曾以美式足球隊或籃球隊出名的學校，僅因降到不太重要的運動聯賽級別就引發了軒然大波，大家可以想見完全放棄校際運動可能會引發什麼反應。

由於參加校際運動的大學是非營利組織，因此沒有股東會抱怨補貼那些虧損活動沒有效率，更不可能有人發起活動罷免那個降低投資報酬率的校長。在一家營利導向的企業中，任何虧損的活動都會威脅到公司的長期經濟狀況，那種長期威脅也會**立即**反映在該公司的各個層面上：股價下跌、債券評級下調、銀行或其他金融機構愈來愈不願放款等。值得注意的是，營利性的大學（包括學生人數多於非營利大學的鳳凰城大學）都沒有美式足球隊或體育場（原注：鳳凰城大學會像企業那樣，付錢掛名在體育

場上，當做一種廣告的方式。但鳳凰城大學沒有像非營利大學那樣承擔建造體育場的費用）。

這些決策以及學術界許多決策的核心，在於大學高層的決策所衍生的長期經濟或教育後果，幾乎不會直接危及到任何人的利益。學生讀個幾年就畢業了，教授也很容易轉換學校，如今很少大學校長能像哈佛大學的艾略特、哥倫比亞大學的尼古拉斯‧默里‧巴特勒（Nicholas Murray Butler）、芝加哥大學的羅伯‧哈欽斯（Robert Hutchins）那樣，在同一所大學裡待上數十年。

在排名較低的大學擔任校長的人，可能會想去排名較前面的學校；名校的校長可能會想轉戰政壇或基金會的高層。但是，現在幾乎看不到任何大學的長期承諾，能夠激勵學生、教師或管理人員從長遠的角度來看待當前的決策對大學的影響，無論那些決策涉及校際運動，還是大學教育的其他面向。

值得注意的是，儘管 NCAA 的發言人將校際運動描述為「學業優先，運動次之」，一級聯賽的運動員平均每週花在運動場上的時間是四十四‧八小時，連參加校際高爾夫球的選手，每週平均投入高爾夫球的時間也高達四〇‧八小時。[89] 由於大學運動員的學業標準轉趨嚴格，許多大學為校隊選手設立了昂貴的學業輔導專案。《高等教育紀事報》報導：

一九九七年以來，美國七十三個最大的大學體育部中，為運動員的學業輔導所編列的預算，有一半以上平均增加了一倍多，達到每年一百多萬美元。二〇〇七年，有一所學校甚至花了將近三百萬美元——平均來說，在每個運動員身上花了超過六千美元。[90]

二〇〇七～〇八學年，這種專為大學運動員提供學業輔導的設施，在奧克拉荷馬大學的年度預算高達近三百萬美元；而且在至少十幾所大學裡，這種設施還安置在面積超過兩萬平方英尺（注：約五百六十二坪）的建築內。在塔斯卡盧薩的阿拉巴馬大學及巴頓魯治的路易斯安納州立大學，這種設施甚至占地逾五萬平方英尺（注：約一千四百零五坪）。[91]

校際運動最大的受益者包括職業美式足球聯盟及籃球聯盟，他們為大學球隊取了一個貼切的稱號：「免費的小聯盟」。據估計，如果大學營運屬經濟導向，他們可以向職業美式足球聯盟及籃球聯盟收取一億美元以上的費用，因為他們是那些聯盟的求才來源。[92]。

其他收入來源

美國大學的其他收入來源還包括捐贈基金的投資收益及出售

債券的收益。擁有豐厚捐贈基金的大學,可靠捐贈基金的收益或本金得到二〇%至四〇%的營運收入。例如有幾年,普林斯頓大學近一半的預算是由捐贈基金提供的。然而,二〇〇九年,《華爾街日報》報導,一般大學的捐贈基金僅貢獻約五%的營運收入。發行債券也可以獲得資金,滿足目前的現金流需求,儘管那筆錢不是收入,而是一筆必須償還的貸款。在經濟低迷的時期,普林斯頓大學就是靠著發行債券籌集了十億美元,哈佛大學也曾靠這種方式獲得十五億美元。[93]

摘要與結論

美國大學的許多經濟與教育決策似乎令人費解,因為那些決策看起來既不像是在追求學生的最佳利益,也不像在追求大學本身的最佳利益。然而,如果你把大學的行為想成各種自主決策者(例如教授、管理者、校董、球隊教練以及其他追求自身利益的人)面臨動機與限制時所做的反應,那就比較容易理解了。在追求利潤的企業中,這種與機構整體目標有利益衝突的現象比較容易受到約束。因為在企業中,盈虧之差攸關企業的存亡。股東與外部金融機構對營利企業內部決策的短期與長期影響都會迅速反應。

私人企業的投資法人（例如銀行與華爾街的金融機構）比個別股東更有可能擁有專業的知識與經驗，所以會格外注意企業的效率。雖然很多事情可以瞞著公司股東，但淨利或淨損很難掩飾。然而，非營利的學術界沒有這種淨利或淨損的考量，無論在財務上還是在教育品質上皆是如此。大學的投資法人通常是其他的非營利組織，例如基金會或政府機構，它們不像商業投資者那樣對大學有個人的利害關係。

　　當終極的考量是滿足付費的顧客與投資人、而不是組織的內部人員或其他地方志同道合的同儕時，內部人士自我沉溺的程度自然而然會受到限制。然而，在大學這種非營利的組織中，他們無須顧及金主的想法，大學的金主不僅包括納稅人，也包括為大學的捐贈基金或特定學術專案捐款的已故捐贈者。就算捐贈者仍在世，當他們發現校方並未依循捐款目的行事、或把款項挪作他用（包括用在與捐贈者意圖相反的目的上）時，他們可能也沒什麼追索權，除非訴諸代價高昂、曠日持久的訴訟，而且結果也不確定。

　　儘管大學可能向政府尋求專款補助，但校方並不希望捐款者指定捐款用途，這樣他們就可以更自由地把捐款用在想花錢的任何地方。當學生與教職員的校園研究設施都得到政府補貼時，納稅人其實就得為大學之間的聲譽競爭買單，那本質上是一種零和

競爭。雖然有些研究的結果對整個社會來說有其價值，但學術界內外都有許多見多識廣的人抱怨，許多（也許是大多數）研究只對必須填補履歷以利職涯發展的人有價值，對其他人幾乎一無是處。

由於這些研究大多是由政府、基金會以及其他外部來源資助的，這些研究的發展幾乎不受限制（不像企業的研究必須確保研究的投資報酬可以支應研究的成本）。此外，大學在產出畢業生方面也幾乎不受經濟限制，因為大學畢業生在某些領域找不到工作是學生自己的問題，而不是大學的問題。在許多領域中，一直有人抱怨拿到博士學位卻很難在那個專業領域找到工作，這種抱怨已經持續好幾年了，甚至好幾十年了，但是大學從來沒有為了改善供需關係而減少授予博士學位的數量。爭取一個歷史教職職缺者一度多達一百多人，爭取英文與哲學教職的人更多。[94]

政府補貼造成了這種無視需求有限、持續過度生產學位的現象。因為這些補貼減輕了大學培養研究生的鉅額成本，也讓那些研究生不必面對就業市場的問題（市場對他們學習的技能是否有足夠的需求）。政府的研究助學金支持了許多研究生，無論是在他們攻讀博士學位期間，還是取得博士學位之後（因為博士後的研究補助在他們取得博士學位、但找不到工作時，仍支持他們待在學校裡）。

長久以來，這個問題雖然在人文學科中特別嚴重，但在自然學科中也見得到。二〇〇七年《高等教育紀事報》報導：「在物理學領域，近七〇％的新科博士接受了臨時的博士後職位。」[95] 換句話說，當市場對博士的需求減少時，大學應該縮減博士學位的授予，但政府補貼降低了學校縮減供給的誘因。

　　一般而言，大學的資金取得方式讓學術界的決策者在決定做什麼時享有更多的自由，他們不像企業必須滿足顧客及投資方能生存。也難怪大學的許多決定比較符合決策者的利益，而不是大學的利益，更遑論廣大社會的利益了。

　　即使在財政緊縮的期間，學術上的優先要務也可以從哪些東西遭到削減、哪些不動如山看出端倪。一位大學校長曾諷刺地把學校面臨金融危機時所發生的事情，比喻成一艘正在下沉的輪船。他說，大學校長就像那艘船的船長，教職員就像船員，學生就像乘客：

　　總之，這很像一艘船撞上了冰山，船長在船下沉時宣布，他的首要任務是拯救船員，次要任務是讓所有的活動繼續下去（包括午夜自助餐、賓果遊戲、推圓盤比賽），避免造成任何的不便。第三要務則是修理那艘船。第四要務，也是最後一項要務，是在時間許可下拯救乘客。[96]

第 5 章

收入的謬誤與真相

> 「衡量收入成長或收入不平等，有點像奧運的花式溜冰──充滿危險的跳躍與旋轉，不像看起來那麼容易。然而，收入的成長與不平等，似乎讓許多人對非常薄弱的統計數據產生非常強烈的看法。」──經濟學家艾倫・雷諾茲（Alan Reynolds）[1]

　　馬克・吐溫說過，世上有三種謊言：「謊言、該死的謊言、統計數據。」數字透過不同的排列方式，不僅可以得出不同的結論，還可以得出完全相反的斷語。收入統計就是個典型的例子。與收入與財富有關的謬論很多，舉幾個例子來說：

　　一、除了富人之外，美國人的收入已停滯多年。
　　二、美國中產階級的規模愈來愈小。

三、多年來，窮人愈來愈窮。

四、公司高階主管的薪酬過高，損害了股東與消費者的利
　　益。

　　有些統計資料可用來佐證這些說法，有些統計資料（甚至是
以不同方式解讀相同的資料）可用來推翻這些觀點。儘管美國普
查局、其他政府機構以及許多私人研究企業蒐集了大量的統計資
料，即使數字本身很少有爭議，爭論依舊持續不休。有爭議的是
分析，或是其中的謬誤。

　　一些誤導性最強的謬誤，源於統計類別與血肉之軀被混為一
談。家庭、收入等級、其他類別的統計資料可能也有強烈的誤導
性，因為（一）、每個類別的人數往往不同，（二）、個人會從一
個類別轉移另一個類別。因此，近年來，「收入最高的一％」這
個統計類別在國民所得中的比例愈占愈大。然而，一九九六年真
的屬於那個類別的納稅人，其實到了二〇〇五年，收入反而是**下
降**的。這兩個顯然互相矛盾的說法之所以有可能並存，是因為那
十年間，原本屬於收入頂端一％的人中，有超過一半的人在十年
後退出了那個類別。隨著收入的減少，他們跌出了最頂端的
一％。

　　同樣的原則也適用於收入底層。過去幾年間，統計上位於

「最底層二〇％」的納稅人，占國民所得的比重是下降的，但是一九九六年屬於底層二〇％的那些人，到了二〇〇五年的收入平均增加了九一％，幾乎高了一倍——也就是說，有一半以上的人脫離了「最底層的二〇％」。[2]

收入停滯

多數美國人的收入是否有成長？這個看似最容易回答的問題，實際上卻是最有爭議的問題。

▌家戶收入

常有人聲稱，幾十年來，美國家戶的平均實質收入幾乎沒變。從一九六九年到一九九六年，美國家戶的平均實質收入（亦即經過通膨調整後的貨幣收入）僅成長六％，這是不爭的事實，大家很可能因此認為這算停滯。但另一個同樣不爭的事實是，同期美國的人均實質收入成長了五一％。[3]

為什麼這兩個資料都是真的？因為多年來，每個家戶的平均人數一直在下降。一九〇〇年，美國一半的家戶有六個人或更多人。一九五〇年，這個比例降至二一％。一九八八年，僅一〇％

的美國家戶有那麼多人。[4]

　　每個家戶的平均人數不僅隨著時間推移而變，在特定時點，不同種族或族裔的家戶平均人數不同，不同收入階層的家戶平均人數也不同。例如，截至二○○七年，黑人家戶的收入低於西語裔家戶的收入，儘管黑人的人均收入高於西語裔的人均收入——因為黑人家戶的平均人數少於西語裔家戶。同樣地，亞裔美國人的家戶收入高於白人家戶的收入，但白人的人均收入高於亞裔美國人的人均收入，這也是因為亞裔美國人的家戶平均人數較多。[5]

　　以家戶收入來衡量生活水準，遠不如個人收入來得可靠，因為家戶的規模各不相同，個人收入永遠只看一個人。對民眾的實際消費（亦即生活水準）所做的研究顯示，多年來，連窮人的消費也有大幅的增長[6]——這更符合實質人均收入的成長（五一％），而不是實質家戶收入的成長（六％）。但家戶收入的統計為謬論的興起提供了蓬勃發展的良機，媒體、政界、學術界的許多人都把握了這個機會，大肆渲染。

　　例如，《華盛頓郵報》的撰稿人曾言：「過去三十年來，多數美國家戶的收入始終停滯不前。」[7]藉此暗示生活水準幾乎沒變。《紐約時報》的撰稿人也同樣宣稱：「一九七三年以來，多數美國家戶的收入一直跟不上通膨的速度。」[8]《基督科學箴言報》（*Christian Science Monitor*）援引華盛頓一家智庫負責人的話說：

「經濟在成長，但平均生活水準卻沒有提高。」[9]哈佛大學的經濟學家班傑明‧傅利曼（Benjamin M. Friedman）表示：「考慮物價上漲後，家庭收入的中位數正在下降。只有少數位於收入階層頂端的人享有收入成長。」[10]

有時這種結論是出於對統計數據的天真解讀，但有時資料引用得不一致也透露出偏見。例如，《紐約時報》的資深專欄作家湯姆‧威克（Tom Wicker）描述詹森總統的經濟政策很成功時，他使用了人均收入的統計資料；當他描述雷根總統與老布希總統的政策失敗時，使用的卻是家庭收入的統計資料。[11]家庭（family）就像家戶（household）一樣，規模會隨著時間改變，而且不同族群、不同收入階層的家庭規模都不一樣。[12]

生活水準提高，就是家戶規模隨著時間日益縮小的因素之一。一九六〇年代，美國人口普查局的一項研究指出：「愈來愈多人想自己住，而不是與親人同住，或以室友、房客等身分搬進現有的家戶中。」[13]人均收入的增加使更多人能住在自己的獨立住宅內，而不是和父母、室友或陌生人住在一起。然而，收入增加導致同住人口減少，卻可能促成大家常引用來證明經濟停滯的統計資料。在低收入的家戶中，收入增加可能使家庭擺脫貧窮線，或是讓一些成員有能力搬出去自組獨立家庭，以緩解過度擁擠的現象——這可能導致統計資料呈現出兩個家庭都生活在貧困

線之下，而之前只有一個。這些統計資料並非不準確，但得出的結論可能是錯的。

不同收入階層的家庭，規模差異很大。美國的人口普查資料顯示，家戶收入底層二〇％的家戶，共有三千九百萬人；家戶收入頂層二〇％的家戶，共有六千四百萬人。[14] 這種情況下，以家戶為單位來衡量收入差距或收入增減，可能會與以個人為單位來衡量收入的結果完全不同。比較不同規模的家戶，就像比較蘋果和橘子，根本不能相提並論。不同收入水準的家戶不僅每戶的人數迥異，家中實際的**勞動人口**差異更大。

二〇〇〇年，收入前二〇％的家戶中，有一千九百萬名戶長有工作。相較之下，收入最低二〇％的家戶中，僅不到八百萬名戶長有工作。若是比較全年從事全職工作的人，差異又更極端了。收入前二〇％的家戶中，全年從事全職工作的人數幾乎是收入最低二〇％家戶的六倍。[15] 即使是收入最頂端五％的家戶，全年全職工作五十週以上的人數，也比收入最低二〇％的家戶還多。以絕對數字來說，收入前五％的家戶中，有三百九十萬名戶長全年從事全職工作，收入最低二〇％的家戶中，僅有三百三十萬名戶長全年從事全職工作。[16]

以前有所謂「閒散富人」和「辛勞窮人」等說法，但那個時代早已過去。收入最低二〇％的家戶中，多數家戶**沒有任何**全年

從事全職工作的人，其中五六％的家戶連從事兼職工作的人都沒有。[17] 有些低收入戶是由領取福利救濟金的單親媽媽與子女組成的；另一些低收入戶則是靠著社會福利金過活的退休人員或無法工作的人，或是因殘疾、其他原因只能做兼職或打零工的人。

所以，無論是比較某個時間點的收入差距，還是追蹤多年的收入變化，家戶的收入資料可能充滿誤導性。例如，一項研究把國家按收入分成「五等分」，從而對「收入最高與最低二〇％家戶之間的貧富差距」得出可怕的結論。[18] 然而，等比例劃分的**家戶**，絕對不等於等比例劃分的**人口**，因為收入最低二〇％的家戶比收入前二〇％的家戶少了兩千五百萬人。在一個工作報酬增加的時代，收入不平等日益加劇變得沒那麼神祕了，因為那表示工作不多、或根本不工作的人無法享有收入成長的機會。不同收入階層除了戶長有工作的人數不同以外，整個家戶中有多少勞動人口的差異更大。收入前二〇％家戶的勞動人口，是收入最低二〇％家戶的四倍。如果看的是全年全職投入工作的人數，前者是後者的五倍以上。[19]

毫無疑問，每戶的工作人數差異與家庭收入的差異有關，但是在討論「社會」造成的收入「差距」與「不平等」時，大家往往忽略了這些事實。大家很少提到、更不會去深入驗證一種可能：不平等不是社會造成的，而是由那些對經濟貢獻較少、報酬

因此也比較少的人造成的。然而，收入最低二〇％的家戶不僅勞動貢獻較少，他們也因學歷不高，能貢獻的技能也少很多。收入前二〇％的美國家戶中，近六〇％有大學學歷；收入最低二〇％的家戶中，僅六％有大學學歷。[20] 在假設「社會」失靈的討論中，這些顯而易見的事實常常被忽略，他們堅決不理會與其想法相反的事實。

從另一個面向來看，多數關於收入不平等的統計資料也充滿誤導性：這些統計資料幾乎都遺漏了政府補助低收入戶的方案。那些補助方案為低收入戶免費提供了大量的福利。對收入底層二〇％的人來說，他們有三人之二以上的收入來自政府撥款。所以，若把這些現金轉移排除在統計之外，會嚴重誇大他們的貧困。忽略實物轉移（例如住宅補貼）也會進一步扭曲他們的經濟狀況。例如，二〇〇一年，現金與實物轉移加總占最底層二〇％家戶經濟資源的七七．八％。[21] 換句話說，說到低收入戶的收入，媒體與政客往往會引用驚人的統計數據，但那些數據其實只占低收入戶**可支配的實質經濟資源的二二％**。

有鑑於經濟現實與統計數據之間的差距，我們比較容易理解以下這種看似異常的現象：活在官方貧窮線之下的美國人，花費遠超過收入[22]——因為這裡的收入是指統計研究中定義的收入。至於收入停滯不前的問題，二〇〇一年多數被定義為窮人的人過

著以前大家認為是中產階級的生活方式。例如，現在四分之三的窮人有空調，相較之下，一九七一年僅三分之一的美國人有；九七％的窮人有彩色電視，一九七一年不到一半的美國人有；七三％的窮人有微波爐，一九七一年僅不到一％的美國人有。九八％的「窮人」有錄影機或 DVD 播放機，一九七一年還沒有人擁有這兩種設備。此外，七二％的「窮人」有一輛汽車或卡車。[23] 即便如此，大家依然把「有錢人／富人」（haves）和「沒錢人／窮人」（have nots）這種說法掛在嘴邊，但在現實社會中，可能改稱為「過得去的人」（haves）與「過得不錯的人」（have lots）更為精確。

當然，社會上還是有一些真正的窮人過得確實很苦。但他們與統計數據常提到的那些收入底層二〇％的數百萬人幾乎沒有相似之處。許多貧困是合法或非法的移民從墨西哥帶來美國的。在美國，外來移民的貧困率幾乎是全美平均值的兩倍。[24] 無家可歸者（有一些人是因毒品或精神問題而無力工作）是貧困人口的另一個來源。然而，因社會不公以致於收入「落後」的「窮忙族」，與美國收入底層二〇％的多數人，幾乎沒有相似之處。儘管《紐約時報》的一位專欄作家曾描述，二〇〇七年許多人「辛勤工作卻依然無法脫貧」[25]，但同年的人口普查資料顯示，全年全職工作者的貧窮率為二‧五％。[26]

█ 勞工收入

有些人認為美國勞工近期的收入並未上升。這種說法需要仔細檢查統計資料才能驗證。針對這點，大家也對統計中記錄的基本事實爭論不休。例如《華盛頓郵報》的社論指出，一九八〇年至二〇〇四年的二十五年間，「一般勞工的薪資其實略有下降。」多年來，許多人也在同樣知名的出版品與書籍中重複過類似的說法。談到那些年，經濟學家雷諾茲曾指出：「人均實質消費成長了七四％」，也有一些人斷然否定「勞工收入沒有成長」的說法。在這個問題上，這種截然相反的主張很常見，[27]且雙方都引用了官方的統計資料。

這個問題就像其他的問題一樣，對於「統計資料證明了ＸＸＸ」之類的籠統主張，我們不能照單全收。我們必須仔細檢查統計中使用的定義，並注意統計中包含及排除了哪些東西。

以「勞工的收入多年來沒有明顯增加或毫無增加」的統計主張來說，那些資料排除了健保、退休金等工作福利的價值，而多年來那些福利占員工薪酬的比例愈來愈高。[28]此外，所謂的「勞工」，是把全職和兼職者皆混為一談，但這些年來，兼職勞工占全部勞工的比例愈來愈大。兼職勞工的週薪低於全職勞工，是因為他們的工時較少，而且時薪通常也比較低。雖然生產工人的實

質時薪在二十世紀的最後二十年有所下降，但同一時期這些勞工總薪酬的實際價值是持續上升的。[29]

簡而言之，儘管兼職勞工的工作增加了國民產出，也增加了他們自己的家庭收入，但兼職勞工的週薪拉低了全體勞工的統計平均值。所以，並非全職勞工的薪資比以前少，而是更多的兼職勞工拉低了統計平均值。因此，儘管經濟更繁榮了，但就統計上看來，勞工收入停滯不前，因為截至二〇〇三年的平均週薪與三十年前非常相似。差別在於，在那段時間裡，平均而言每週的工時減少了，因為有更多的兼職勞工被納入統計資料中，也因為現在有更多的勞工薪酬是以健保、退休金等形式呈現的。

儘管如此，一九八〇年至二〇〇四年間，美國全職勞工的貨幣收入增加了一三％或一七％（究竟是一三％還是一七％，端看物價指數而定）。[30] 若是計入健保與退休金，一九八〇年至二〇〇四年間，勞工薪酬成長了將近三分之一，而且還不包括「統計中看不見的個人退休帳戶（IRA）和退休福利計劃401(k)（注：一九八一年美國創立的一種延後課稅的退休金帳戶計劃，明訂在國稅法第401(k)條中，故有此稱）的報酬」。[31]

實質收入的計算方式往往會低估收入隨時間的成長。由於實質收入僅是貨幣收入除以某個物價指數以計入通膨，因此一切都取決於該物價指數的準確性與有效性。然而，這些指數的建構與

使用絕對不是嚴謹的科學。例如，許多知名經濟學家認為，消費者物價指數（CPI）本質上誇大了通貨膨脹率，儘管那是無意中造成的。物價指數高估了通膨多少，實質收入就被低估了多少。

消費者物價指數之所以會有通膨偏差，是因為它計算一組商品一段時間內的價格，而那些商品本身也會隨著時間的推移而變化。例如，汽車價格在上漲，但汽車配備的功能也持續在增加，如今的汽車通常內建空調、音響，以及許多從前只有豪華轎車才有的功能。因此，汽車的價格上漲不全然是通貨膨脹。如果現在雪佛蘭的車包含了許多以前只在凱迪拉克才有的功能，那麼多年來雪佛蘭的價格持續上漲到過去凱迪拉克的價位，就不全然是通貨膨脹所致。當相似的汽車有相似的價格時，就與通貨膨脹無關了，只不過是相似的車在不同時代有不同的名稱罷了。

消費者物價指數的另一個通膨偏差，在於它只計算多數人可能購買的東西。儘管這看起來很合理，但民眾會買什麼東西顯然是看價格而定。所以，昂貴的新產品要等其價格降至多數人負擔得起的水準後，才會納入物價指數。舉例來說，筆記型電腦、錄影機之類的東西曾是富人才有的奢侈品，如今多數人都買得起了，消費者物價指數才會把這些東西納入計算。統計上，這表示價格的漲跌在消費者物價指數中的反映並不相同。

這對於估計一段時間內的實質收入有多大的影響呢？如果物

價指數估計的通膨率是三％，貨幣收入的統計數據需要經過通膨率的調整，才能算出實質收入。如果比較精確的通膨率估值是二％，那一％的差異會對實質收入的統計數據產生很大的影響。據估計，若每年差一％，二十五年後，累積起來的影響在統計上會低估美國一般民眾的實質年收入將近九千美元。[32] 這是另一個促成「實質收入停滯不前」這個謬誤的因素，即使實質收入是增加的。

還有一個長期存在的謬誤是，美國經濟失去的工作（無論是因為外國競爭還是技術變革）都是高薪的工作，後來創造出來的新工作都是低薪的工作（在餐廳裡煎漢堡是個常見的例子）。[33] 然而，在一九九三年至一九九六年間新增的工作中，七〇％的薪資高於全美平均水準。經濟學家雷諾茲以消費資料做為最實際的生活水準指標，結果發現，在大家聲稱勞工薪酬停滯的時期，實質消費卻成長了七四％。[34]

在生成統計資料以佐證所謂「勞工薪酬停滯」這個方面，還涉及其他更技術性的謬誤。[35] 但我們已經看到夠多的例子，知道這些統計資料的問題所在。至於為什麼有那麼多人亟欲接受並重申這些可怕的結論呢，那是另一個超出經濟學領域的問題了。

收入不平等

歸根究柢，我們關心的是人、特別是民眾的生活水準，而不是統計類別。由於富人可以自給自足，低收入者就成了大家關注的焦點。儘管這一切看來顯而易見，但很多人把聰明才智用在捏造驚悚的統計數據上，那些數據和真實血肉之軀的生活水準幾乎毫無關係。

例如，一項人家廣泛引用的研究利用所得稅的資料來顯示，不同「計稅單位」（tax unit）之間的收入不平等遽增，讓大家誤以為人與人之間的收入不平等也激升了。有些計稅單位是個人，有些計稅單位是夫妻，有些計稅單位兩者皆非，因為那可能是企業。這種不同類別的比較根本不能相提並論。一些媒體在解讀這些研究時，常把這些計稅單位籠統地稱為「家庭」。[36] 然而，一對同居但分開報稅的夫妻並不是兩個家庭。把他們的收入列為家庭收入，就是人為地創造出兩個統計上的「家庭」，平均下來，他們的收入只有真實家庭的一半。

在統計上收入不平等遽增的時期，美國稅法出現了重大的改變。一些之前被當成「營業所得」課稅的收入，現在被當做「個人所得」，尤其是最高收入的階層（營業所得占總所得的比例最高）。換句話說，以前在高收入計稅單位中，個人所得的錢是不

會被計算進去的，現在計入了。這種統計讓大家產生一種印象：確實有人的實質所得出現巨變，但實際上不過是編制統計資料時的定義變了。該研究在注腳中提出了這個重要的警語，但許多媒體發布那些令人震驚的報導時，卻很少提到注腳。[37]

　　誠如收入統計大大低估了低收入階層可獲得的經濟資源一樣，大幅累進所得稅也大大**高估**了高收入階層可支配的實際經濟資源。多數的收入統計資料看的是稅前收入，不含政府的現金及實物補助。由於稅收大多是由收入高於平均水準的人繳納，而收入底層的大部分收入來自政府補助，因此收入統計資料誇大了實際生活水準的差異。如果你在高估甲的同時低估了乙，甲和乙之間的差距就會拉得更大。然而，政界、媒體界乃至學術界針對收入的「差距」與「不平等」所發出的警訊，都建立在這種簡單的謬誤上。

　　大家常把「對貧困的擔憂」與「對收入差距的擔憂」混為一談，彷彿富人的財富是藉由剝削窮人而來的，但這只是零和謬誤的眾多形式之一。照這個邏輯，美國的億萬富翁人數是其他國家的好幾倍，如果富人的財富是靠剝削窮人而來，一般美國人應該是全球最貧困的一群。反之，億萬富翁在全球最貧困的地區非常罕見，例如撒哈拉以南的非洲地區。有些人為了捍衛這種零和觀點，聲稱富國的富人是在剝削貧國的窮人，我們將在第 7 章討論

第三世界國家時，檢視這個謬誤。但在那之前，我們必須把「貧窮」與「不平等」拆開來單獨分析，並小心定義它們。

▌「富人」與「窮人」

即使是「富人」與「窮人」這種大家廣泛使用的名稱也很少有確切的定義，且用法常常不一致。例如，所謂的「富人」通常是指擁有大量財富的人；然而討論「富人」時所用的多數統計資料，大多與財富的累積**無關**，而是取決於某年分的收入流動。同理，「窮人」通常是根據目前的收入來定義的，而不是根據他們累積或沒累積多少財富。收入與財富不僅概念上有所不同，在「誰分別擁有多少收入與財富」方面，也有很大的差異。例如，收入低但不算貧窮的人，有下列幾種情況：

一、有錢男人的妻子及有錢女人的丈夫。

二、有錢的投機者、投資人、企業主，其事業剛好面臨不景氣或甚至虧損。

三、年中從高中、大學或研究所畢業的人，他們畢業第一年的收入是翌年的一半或更少。

四、職涯剛開始的醫生、牙醫，以及其他獨立的專業人士。

剛開始他們尚未累積足夠的客群來支付辦公室與其他費用，因此收入無法跟幾年後相提並論。

五、仍與父母同住、無須支付租金的富家子弟，或是住在他處，探索各種可能、打零工、做低薪的基層工作，或在慈善事業、政治圈當志工的人，但生活開支由父母負擔。

六、退休者。他們的收入雖然比較低，但因為有自己的房子，不必付房租或房貸已經付清。他們的資產通常比年輕人多。

多數人在談論「窮人」時都不會想到這些人。但統計資料無法區別目前收入低的人和真正貧窮的人。真正的貧窮是一種持久的階層，他們的生活水準將持續低落多年，甚至終生，因為他們缺乏收入或財富，無法過上更好的生活。同理，目前收入前一〇％或前二〇％的人中，多數的人不見得富裕。真正的富人一生大部分的時間都處於收入與財富的最高階層。收入的統計資料大多是呈現某個時間點的快照——那個結果與長時間追蹤同一群個人的統計資料截然不同。

例如，一九七五年收入最低二〇％的美國人中，有四分之三的人在未來十六年的某個時刻也將進入收入前四〇％之列。[38] 換句話說，某年的收入屬於「窮人」的人中，有很大一部分的人，

後來的收入將排在全美的前五〇％。這並不是美國獨有的現象。英國的一項研究針對數千人進行了長達六年的追蹤調查，發現那段時間結束時，最初收入位於底層一〇％的人中，有近三分之二的人已經脫離底層。其他研究顯示，希臘一半的人以及荷蘭三分之二的人在某年曾處於貧窮線之下，但在兩年內晉升到貧窮線上。加拿大與紐西蘭的研究也顯現類似的結果。[39]

所得稅申報單的資料顯示，近來美國人也有類似的狀況，甚至變動更大、細節更詳盡。一九九六年有申報所得稅的二十五歲以上人群中，最初處於收入底層二〇％的人，二〇〇五年的收入增加了九一％。同時，一九九六年收入在前一％的同類人群中，二〇〇五年的收入減少了二六％。[40]簡而言之，媒體與政壇一再提到「富者愈富，貧者愈貧」的情況，與所得稅資料所顯示的情況正好相反。然而，這兩種情況都建立在準確性毫無爭議的官方統計資料之上。

兩者的差別在於，一組統計資料（例如人口普查局的資料）比較的是某**收入階層**的收入在過去幾年間的變化，而另一組統計資料（例如財政部的所得稅資料）則是比較某些**個人**多年來的收入變化。關鍵的差異在於，個人會隨著時間經過，從一個收入階層移到另一個收入階層。一九九六年到二〇〇五年間，美國國稅局（IRS）追蹤的人中，有半數以上移至不同的層級。[41]所得稅申

報者中，收入最底層的二○％裡，有很多人在十年內收入多了幾乎一倍，他們後來就不再屬於收入底層了。同樣地，收入前二○％的階層中，也有很多人在那十年內收入縮減了約四分之一，他們後來就跌出最高收入的階層。

大家可能會認為，那些收入前一％的人，尤其是前○‧○一％的人，肯定屬於歷久不衰的富人階層。然而，事實上，財政部的所得稅申報資料顯示，一九九六年排名前一％的人中，超過一半的人在二○○五年已經不屬於前一％了。一九九六年排名前○‧○一％的納稅人中，有四分之三的人到了二○○五年就不再屬於前○‧○一％的頂層了。[42] 造成收入激增的原因很多，這些因素都有可能在某一年把某個人推升至那個超高的收入階層，例如賣房、獲得遺產、把累積多年的股票或債券變現，或在賭城贏了一大筆錢。但那些事情並不保證那些人會維持那樣的收入水準。這世上有真正的富人，也有真正的窮人，但是對收入階層的「快照」統計資料很容易讓人嚴重誤解富人與窮人的數量。比較統計類別（此例中是指收入階層）隨著時間的變化，和比較真實個人隨著時間的變化是不同的，因為那些個人會從一個類別轉移至另一個類別。

諷刺的是，大家在處理體育方面的統計資料時，反而處理得比收入與財富等更加重要的統計資料更為謹慎。在體育的統計資

料中，不僅個人隨著時間變化的資料更常見，體育統計也比較不會把抽象類別與真實個人混為一談。沒有人會認為今天的舊金山四十九人隊（注：San Francisco 49ers，美國國家美式足球聯盟〔NFL〕球隊）和十年前的四十九人隊一樣，但大家卻常常以為收入最高的那群人多年後還是同一批，因此聲稱「富人」在國民收入所占的比例愈來愈高，即使一九九六年收入最高一％的真實個人（他們所謂的「富人」）在過去十年間的收入大幅下降了。我們常看到有些人從抽象統計分類（例如收入階層）的資料得出結論，然後再根據那些結論，為真實的個人制定公共政策。

由於個體屬於低收入階層的時間可能很短暫，我們更容易從中了解以下這種看似反常的現象：為什麼有好幾萬個年收入低於兩萬美元的家庭住得起價值逾三十萬美元或更貴的住宅。[43] 除了這些特例，收入底層二〇％的人，平均每年的花費約是其年收入的兩倍。[44] 顯然，他們一定有額外的購買力來源——無論是靠以前的儲蓄、以前的收入及未來的前景取得的信貸、未申報的非法收入，還是由配偶、父母、政府或其他捐助者提供的資金。

儘管許多人把老人描述成勉強度日的人，但在美國社會中，以七十歲至七十四歲者為戶長的家戶，平均財富是所有年齡層最高的。雖然戶長六十五歲以上的平均家戶**收入**，不到戶長三十五歲至四十四歲的平均家戶收入的一半，但前者的平均家戶**財富**幾

乎是後者的三倍，甚至是戶主三十五歲以下的家戶財富的十五倍以上。[45] 戶長六十五歲以上的家戶收入中，僅有二四％是盈收（earnings，可能是工作或投資賺的），五七％則來自社會福利金或其他養老金。[46] 這表示，以「盈收」為基礎的「收入分配」統計資料嚴重低估了老人的收入。他們實際的收入是「盈收」的四倍。

這甚至還沒有把老年屋主透過「反向房貸」（reverse mortgage），利用房屋淨值所獲得的資金算進去。抵押房屋所獲得的貸款並不算收入，因為這些貸款將由他們死後的遺產償還。但是，就經濟現實面來說，把房屋淨值轉化為現金流後，即使這筆資金不計入收入統計資料，它的作用也跟收入一樣。

儘管美國媒體與政界把老人描述成深陷貧困、為了省錢就醫而不得不吃狗糧的人，但二〇〇七年六十五歲以上人口的貧窮率低於全國平均水準。此外，這些老人中沒有醫療保險的比例不到二％。[47] 老人的收入之所以會低於平均水準，是因為許多人已經退休，但他們絕對不算貧窮。六十五歲以上的人中，八〇％要麼是屋主，要麼是購房者。這八〇％中，就二〇〇一年而論，他們每個月的平均住宅成本僅需三百三十九美元，包括房產稅、水電費、維護費、共管公寓與社團費（對住這種公寓的人來說）、房貸（對尚未還清房貸的人而言）。這些人的住宅中，八五％有空

調。[48] 這個年齡層不僅住宅成本較低，而且退休者不用通勤上下班，少了日常交通費及其他費用。

老年人的醫療費用往往比較高，但他們的淨支出要看其醫療保險（包括聯邦醫療保險〔Medicare〕）所覆蓋的範圍而定。無論他們的淨生活成本如何，他們的經濟狀況若要與年輕群體相比，都不能只比較平均盈收，甚至不能只比較平均收入。

當前收入的統計資料不僅對「窮人」的定義不明確，對「富人」的定義也不明確。很少統計會以具體的金額（無論是財富還是收入）來定義富人，界定的方法往往是以某個**百分比**（例如最富有的一○％或二○％）為準。此外，對「富人」提高課稅的法律，幾乎都是對特定的收入階層增稅，而不涉及財富的累積。但是政客或媒體認定的有錢人，其收入往往遠低於多數人認定的富人。

例如，截至二○○一年，八萬四千美元的家戶年收入就足以讓人躋身美國的前二○％，但一對夫妻各賺四萬兩千美元，很難算得上多數人眼中的富有。即使是美國前五％的家戶收入，也只略高於十五萬美元——也就是說，一對勞工階級夫妻每人各賺七萬五千美元就能躋身此列。[49] 至於個人收入若要擠進前一○％，二○○四年要有八萬七千三百美元的年收入。[50] 這樣的收入雖然可以過上舒適的生活，但還住不起比佛利山，也買不起遊艇或私

人飛機。

　　不同收入階層的人年齡不同，四十五歲至五十四歲的人平均收入最高。這點清楚顯示，高收入階層的人大多都是從收入較低的階層跟著職涯發展爬上來的。換句話說，收入階層就和「窮人」一樣，並不是一種終生不變的概念。儘管大家熱烈討論階級之間的經濟差距，但經濟差距大多反映了一個很平凡的事實：多數人一開始做的是低薪的基層工作，久而久之，隨著技能與經驗的累積，收入跟著提升。他們在某個收入階層中都只是過客，不會久留，大部分的人不會一直待在富人或窮人階層不動。同一個人在不同的人生階段可能分屬不同的統計類別。

　　衡量收入不平等的方法有很多種，但根本的區別，得看是在某個時間點的不平等（無論如何衡量）還是終生的不平等（這也是大家在討論「富人」與「窮人」等「階級」時所隱含的意思）。由於一個人一生中可能從一個收入水準移至另一個收入水準，特定時間點的不平等小於終生的不平等，並不會令人訝異。[51]此外，實習醫生都很清楚他們以後就會成為正式醫生，就像其他基層工作者不會預期自己終生都要繼續做基層的工作一樣。然而，媒體、政界、學術界談到收入的「差距」或「不平等」時，看的主要還是某個時間點的收入不平等。此外，在幾年內對整體人口的收入不平等程度進行連續的衡量，依然沒有考慮到隨著時

間經過，個人的收入會晉升到更高的收入階層。

　　媒體、政界、知識分子常說，最底層二○％的家戶「愈來愈落後」高收入階層。這個意思並不是說任何實際個體愈來愈落後，因為隨著時間經過，最底層二○％的多數人會晉升到更高的收入階層。此外，即使一個抽象統計類別落後其他的抽象統計類別，不見得代表人均實質收入下降，對於那些短暫屬於該類別的人來說，也是如此。收入底層二○％的家戶在整體收入中的占比，從一九八五年的四％下降到二○○一年的三‧五％，但這並未阻止底層這些家戶增加實質收入——這還不包括一九八五年至二○○一年間脫離底層的個體。[52]

　　即使論及的「富人」真的是指那些擁有大量財富的人（而不是談當前收入高的人），很多的說法或假設也不正確。至少在美國，多數富人不是因為繼承財產而致富的。一九八二年，《富比士》雜誌首次發布了四百大富豪排行榜，靠繼承財富上榜的人僅占二一％。也就是說，這些富人中，近五分之四是自己白手起家賺到財富的。到了二○○六年，《富比士》的四百大富豪中，僅不到二％是靠繼承上榜的。儘管俗話說「富者愈富，貧者愈貧」，但二○○八年全球財產逾十億美元的富豪人數，從一千多人減至不到八百人，美國百萬富翁的人數也從九百二十萬人下降至六百七十萬人。[53]

▌「正在消失」的中產階級

　　一種根據收入統計資料常見的警訊是：美國中產階級的規模正在縮小，社會上很可能只剩下一小部分富人及大量的窮人。但中產階級到底發生了什麼事？

　　最簡單的統計錯覺之一，就是把中產階級定義為某個固定的收入區間（例如年收入四萬到六萬美元），然後算出多年來那個區間內共有多少人。如果選擇的區間位於收入統計分布的中間，**只要收入分配的中點不變**，那可能就是個有效的定義。但是，誠如前述，儘管很多人竭盡所能想以統計資料顯示收入看似停滯不前，但實際上多年來美國人的收入一直在成長。隨著這些年收入的統計分布向右移動（見下頁的圖），那個收入範圍（原本位於分布的中央）內的人數減少了。換句話說，在一個收入水準不斷提高的國家，當「中產階級」的定義固定不變，中產階級的人數就會減少。

　　這兩張圖顯示，收入明明普遍增加了，媒體與政界卻不斷大肆抨擊中產階級的萎縮——意指圖上 a 與 b 兩條垂直線之間的人數減少了。

　　我們以上圖代表原始的收入分配，把 a 與 b 兩條線之間的收入定義為「中產階級」的收入，以下圖代表收入中位數增加：

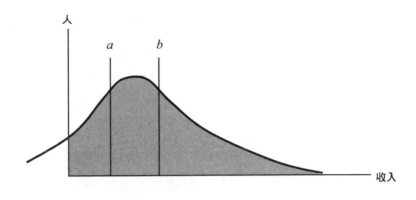

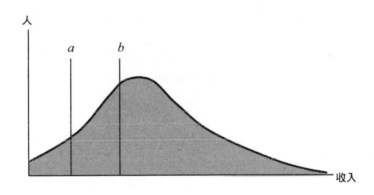

　　收入中位數增加時，a 和 b 之間這個**之前**被定義為「中產階級」的固定收入階層人數減少了，但這並不代表中產階級消失了。儘管這種謬誤很簡單，但那些理應了解個中原因（或確實了解）的人，卻把這個現象描述得駭人聽聞。經濟學家保羅‧克魯曼（Paul Krugman）就曾說：

幾乎以任何標準來衡量，如今中產階級的人數都比一九七三年少……現在大家普遍認為，美國夢已步入歧途，下一代的生活會比上一代更糟。[54]

言下之意是說，統計的收入分布已經往左移；但實際上所有的證據都顯示，收入分布是往右移。不過，克魯曼教授不是唯一提到中產階級萎縮的人。多年來，同樣的主題在《紐約時報》、《華盛頓郵報》、《大西洋月刊》等知名報章雜誌上一再出現。[55]

另一個導致長時間（尤其長達一個世代）的收入比較變得更為複雜的原因是：通貨膨脹會使人進入更高的收入階層，但他們的實質購買力或生活水準並未提升。為了避免這個問題，我們可以比較實質收入（亦即經過通膨調整後的貨幣收入）。實質收入的資料顯示，收入分配確實向右移動了，也就是說，實質收入增加了，而不止是貨幣收入增加。例如，截至二○○七年，略高於一半（五○‧三％）的美國家戶收入超過五萬美元。相較之下，一九六七年，略高於三分之一（三三‧七％）的家戶有同樣購買力的收入。此外，一九六七年，那三分之一的家戶中，大部分家戶（占所有家戶的二○‧六％）的實際購買力相當於二○○七年擁有五萬至七萬四千九百九十九美元的收入。不過，二○○七年，更多人集中在這個收入範圍的頂部，而不是底部。

二〇〇七年，收入超過十萬美元的人比收入介於五萬至七萬四千九百九十九美元的人還多。事實上，整個收入分配都往右移了，無論是低收入戶還是高收入戶。一九六七年，一八・三％家戶的貨幣收入購買力，還不及二〇〇七年的一萬五千美元。但二〇〇七年收入那麼少的家戶比例已經降至一三・二％。[56] 所以，「富者愈富，貧者愈貧」的說法完全錯了。收入上漲時，無論是富人還是窮人，大家的財力都增加了。

▋ 高階主管的薪酬

　　公司高層的高薪，尤其是執行長優渥的薪酬，引起了大眾、媒體、政界的許多關注——遠比職業運動員、電影明星、媒體名人、其他高收入群體類似或更高的薪酬受到更多的關注。二〇〇六年，重要到足以列入標準普爾指數（S&P 500）的企業中，執行長的年薪中位數是八百三十萬美元。雖然那顯然是多數人收入的好幾倍，但高爾夫球好手魏聖美（Michelle Wie，一千兩百萬美元）、網球名將瑪麗亞・莎拉波娃（Maria Sharapova，兩千六百萬美元）、棒球明星艾力士・羅德里奎茲（Alex Rodriguez，三千四百萬美元）、籃球巨星柯比・布萊恩（Kobe Bryant，三千九百萬美元）、高爾夫名將老虎・伍茲（Tiger Woods，一億一千五

百萬美元）的收入都遠遠超過那個數字。[57]即使是年收入最高的執行長（年收入七千一百七十萬美元），[58]也不及歐普拉（Oprah Winfrey）的三分之一。

然而，我們很少聽到、甚至沒聽過有人批評體育、電影或媒體明星的收入太高，更遑論譴責他們「貪婪」了。但「貪婪」卻是大家最常用來形容那些高薪企業高層的用語，也是最謬誤的妄稱。當你的薪水取決於別人願意付你多少錢時，你就算是全世界最貪婪的人，薪水也不會因此提高。任何對公司高層薪酬的解釋，都應該以**開出那些高薪**的理由為基礎，而不是以高層本身渴望高薪的理由為基礎。每個人都可以渴望任何東西，但那不會促使別人去滿足那些欲望。為什麼企業願意為頂級高階主管開出那麼高的薪酬？市場供需可能是最簡潔的答案，想要提出更完整的答案，可能需要招募者的特定知識和經驗。由於公司的決策往往涉及數十億美元的利益，如果一個人可以減少一〇％的決策錯誤，為公司省下一億美元，那麼每年給他八百三十萬美元的年薪可能是個很划算的價格。

有些人認為，公司的董事會濫用股東的錢，所以執行長的薪酬才會那麼高。若要證實這是**普遍的**原因，就得提出更多具體的例子。為了驗證這個說法是否屬實，可以拿由大量股東擁有的公司，與由一些大型金融機構持股及掌控的公司進行比較。前者的

股東大多不知道、更不可能評估公司內部的決策；後者的股東既有專業知識又有經驗，還會花自己的錢聘請執行長。

結果發現，正是後者給執行長的薪酬最高。[59] 這些大型金融機構的決策不必迎合大眾輿論，他們可以根據自己的知識和專業做決定，而他們的知識與專業水準都遠比大眾、媒體或政治人物還要高。他們最不可能支付比必要還多的薪酬，也最不可能在挑選經營人選時省小錢花大錢，畢竟這個事業的經營攸關機構投資人數十億美元的投資。雖然許多行動分子主張，股東對上市公司執行長的薪酬應該要有更多的決定權，但遭到投資這些公司的共同基金反對。[60] 就像投資私人企業的金融機構不太關注高層薪酬一樣，他們比較關心高階主管能不能把公司經營好，讓他們的投資產生獲利。

許多局外人對於企業高層獲得高薪感到難以置信、百思不得其解，但外人本來就沒有必要理解為什麼甲願意為乙的服務支付任何金額。那些服務又不是提供給外部觀察者的，外部觀察者也大多沒有評估那些服務價值的經驗，況且他們更沒有理由去否決那些**確實有**專業知識與經驗、可評估服務價值的人所做的決定。例如，《華盛頓郵報》的董事長曾如此評估某位董事的建議：「毫無疑問，巴菲特先生向管理高層提出的建議，價值數十億美元。」[61]

巴菲特從《華盛頓郵報》公司獲得的薪酬是否真的高達數十億美元，我們無從得知。但只要他的薪酬有數百萬美元，就足以讓第三方的觀察者高呼不敢置信，甚至義憤填膺。外人之所以對企業薪酬忿忿不平，原因並不明顯。如果是因為他們覺得個人對公司的貢獻得到了太高的報酬，他們對那些根本沒做任何事就繼承數億美元的人應該會更加憤怒。然而，財富繼承人很少像執行長那樣引起眾怒，更遑論被譴責了。舉例來說，洛克菲勒家族還有三位財富繼承人被選為三個州的州長。

有兩件事似乎令那些批評高層薪酬的人格外憤慨：（一）、他們認為高層的高薪犧牲了消費者、股東、員工的利益；（二）、那些顯然經營失敗的高階主管往往可以領到數百萬美元的遣散費。不過，就像任何地方雇用任何人一樣（不分職位高低），執行長之所以獲聘，正是因為公司預期他將為公司帶來的好處，超過公司付給他的薪酬。如果公司預期年薪八百三十萬美元的執行長可為公司省下一億美元，股東並未有任何損失，實際上他們還倒賺了九千多萬美元，消費者與員工也沒有損失任何東西。就像多數的經濟交易一樣，聘用執行長不是零和交易，而是為了追求互利。

如果有人指出，為喬治・史考特（George C. Scott）在電影《巴頓將軍》（*Patton*）中擔任主角所支付的片酬，對股東、觀眾，或在電影拍攝過程中執行例常任務的低階員工來說是損失，

大家應該可以輕易看出為何這種零和觀點是錯的。除非我們相信這部電影不找史考特來演也可以創下同樣的票房，我們才能把他的片酬視為股東、觀眾，以及其他電影工作人員的損失。很多人認為企業高層的薪酬是一般員工的好幾倍（確切的倍數因例而異），但沒有人會費心去計算史考特的片酬是臨時演員或燈光師等片廠一般員工的多少倍。

對許多人來說，高層薪酬中最令人髮指又難以理解的是，為了打發經營不善的執行長所支付的遣散費，往往高達數百萬美元，亦即所謂的「黃金降落傘」。例如《華爾街日報》就曾報導，二〇〇七年，美林證券（Merrill Lynch）的執行長獲得了「超過一億六千萬美元」的「退休金」，還將這筆錢稱為「對失敗的豐厚獎勵」，因為美林證券在他的領導下，在抵押貸款的相關交易中損失了七十九億美元。[62]

人非聖賢，孰能無過？無論是基層員工、技術不純熟的員工還是貴為執行長，犯錯都在所難免。問題在於：當執行長顯然經營失敗，又變成公司的累贅時，公司有什麼選擇？當某人的決策可能造成數百萬、甚至數十億美元的損失時，速度可能是最重要的考慮因素。盡快拉那位執行長下台，避免公司內部發生內鬥、扯上官司，可能就價值數百萬美元了。美林證券支付一億六千萬美元的「退休金」給即將離職的執行長，如果能因此避免公司再

損失**七十九億美元**，那就是一筆划算的交易了。

雖然價值數十億美元的公司所發放的遣散費比大家更熟悉的其他情況還多，但這並非特例。年邁的大學教授跟不上專業領域的最新發展時，校方可能會提供豐厚的提前退休方案，以便聘請與時俱進的新教授來取代老教授。同樣地，許多已婚人士花了一大筆錢才終於離婚——那筆錢占收入的比重，可能比企業遣散費占營收的比重還大。

在這種情況下，結束一段糟糕的關係可能和最初關係的啟動一樣、或甚至更有價值。就像最初的雇用決定一樣，股東、消費者、其他員工並沒有因為公司支付給高階主管鉅額的遣散費而有所虧損。如果打發執行長可以減少損失，讓經營失敗的執行長留下來將導致公司的損失更大。此外，當初聘用那位執行長的決定也不見得是錯的。時代在變，人也會隨著時間而變，所以當初看起來非常合適的執行長，多年後可能已經無法勝任後來演變的情況。

塞維爾‧艾弗里（Sewell Avery）曾於一九〇五年到一九三一年擔任美國石膏公司（U. S. Gypsum）的負責人，一九三一年之後，他擔任蒙哥馬利沃德（Montgomery Ward）零售連鎖店的負責人，是公認美國頂尖的商業領袖。然而，在他晚年的時光，零售業的情況已變得截然不同，[63] 大家開始埋怨他領導無方，公

司內部也想盡辦法要他走路。當他終於離開時，蒙哥馬利沃德的股價立即飆升。對股東、顧客、員工而言，付給艾弗里足夠的錢讓他早點離開可能是一筆划算的交易，因為經營不善的公司傷害了他們所有人的利益。

第三方觀察者看到一些人因失敗而獲得豐厚的獎勵時，可能會感到憤恨不平。但第三方既不是自己出錢，也不知道擺脫某人有多大的價值。一個人付出高昂的代價與無法共處的配偶離婚時，也有可能被認為是在獎勵失敗。但這種情況會有第三方冒昧地跳出來，主張離婚的決定是錯的嗎？那些覺得自己道義上有權義憤填膺，或呼籲政府要去阻止這類事情的第三方就更不用說了。

▌社會流動性

我們已經提過一種社經流動性：人會隨著職涯發展脫離收入最底層。密西根大學有一項研究追蹤了同一批人（總計數萬人）長達數十年，結果發現，那些積極投入職場的人中，一九七五年屬於收入底層二〇％的人，到了一九九一年只剩五％還留在底層，但有二九％的人已經晉升到**最頂層**的二〇％。[64]一九七五至一九九一年間，那些原本墊底的人中，有一半以上曾經升到最頂層的二〇％。[65]然而，前面也提過，不是每個人都在工作，尤其

是收入最底層的人。工作者能晉升到收入高層，代表社會有那樣的機會存在。至於有多少人能把握那些機會，又是另一個問題了。

另一種許多人寫過的社經流動性是：有多少低收入家庭的子女，後來的收入或職業層級超越了父母？這個問題混淆了許多事情，包括可利用的機會有多少 vs. 真正用掉的機會有多少。社會流動性的相關討論大多都以「人生機遇」為基礎──亦即生於特定社經環境的人，長大後達到某個經濟層級或職業層級的可能性。因果關係和責任歸咎有時會被混為一談，就像當有人試圖指出那些會阻礙任何社會群體進步的因素時，就被說成是在「檢討被害人」（那些可能被「社會」所害的人）一樣。

然而，許多因素其實沒有要歸究責任的意思，這些因素可能不是個人、也不是社會造成的，而是環境所致。例如，即使貝多芬在失去聽力後仍繼續創作音樂，天生失聰的人不太可能成為音樂家。個人無法掌控的生理或心智障礙，可能會降低把握各種機會的可能性。文化價值觀是經由社會傳承下來的，而不是先天遺傳的。即使機會確實存在，但沒有人能選擇自己生在哪種文化中，所以文化價值觀也會降低一個人的收入或職業晉升的統計**機率**。即便是一些複雜的統計分析（分析不同群體的人達到不同收入或職業階層的可能性），也常常把機率低歸因於人為的障礙。

在重視體力更勝於智力的家庭中長大的孩子，他的目標和優先要務不太可能跟重文輕武家庭出身的孩子一樣。有些人把這種情況視為「障礙」與「特權」的例子。例如，《紐約時報》的報導指出：「從一個經濟階級升到另一個經濟階級變得更加困難了」，原因在於一種新的特權：

> 功績制（merit）取代了舊有的繼承特權制。在舊有的制度中，父母理所當然會把莊園傳給子女。但事實證明，功績制（至少有部分）也受到階級的影響。有錢、有學歷、有人脈的父母會培養孩子養成功績制度所獎勵的習慣。當他們的孩子成功時，大家也會覺得他們的成功是靠著自己的努力獲得的。[66]

同樣的脈絡，羅素塞奇基金會（Russell Sage Foundation）的負責人坦言：「舊有的遺傳障礙與排他障礙幾乎已經消失了」，但他認為「新的傳遞性優勢」正在取代這些障礙。[67]

無法區分阻礙個人進步的**外部**障礙和個人取向的**內部**差異，導致有些人在判斷或衡量可利用的機會之際徒勞無功或混淆是非。例如，一項研究顯示，收入位於底層二五％的父親，其子在三十出頭時收入就超過一半以上人口的比例「只有」三二％，[68]但那些統計資料並沒有告訴我們，這究竟是外部障礙造成的，還是內在差異所致。此外，這項廣受媒體報導的研究隨意忽略了下

列的統計資料：三十出頭以後的男性向上爬升的狀況、所有女性向上爬升的狀況，以及任何未達收入前五〇％者的爬升狀況。其目的究竟為何，實在啟人疑竇。

某種程度上來說，歸咎「社會」或多或少已經變成解釋收入階層、種族、社會族群之間社會流動性差異的預設說法了。這種歸因方式導致大家把注意力從那些阻礙許多人把握機會的內部因素移開，也因此減少了改革那些內部障礙的契機，進而降低了低收入者晉升的機會（然而，那些研究卻又宣稱，低收入者的晉升是他們關注的焦點）。

摘要與結論

一些充滿模糊及矛盾字眼、佐以誤導性統計資料的謬論，扭曲了一些關於收入與財富的簡單事實。畢竟，缺乏經驗的年輕人在職涯之初，不太可能像年長、經驗豐富、技能純熟、記錄良好的人那樣獲得高薪——這是個不爭的事實。同樣地，勞動人口較少的家戶收入，也不可能像有常年全職工作者的家戶那麼多。當一個人的決策攸關企業的數十億盈虧時，薪酬高達數百萬美元也不足為奇。

許多與收入和財富有關的謬論，建立在從統計類別貿然推論

的經濟現實上。就收入底層二〇％的人來說，因為他們可獲得的經濟資源中，有三分之二以上來自政府的現金或實物轉移，而被排除在收入統計之外——如此一來，統計資料與現實之間就會出現嚴重的差異。同樣地，老人可用的經濟資源中，也有四分之三未計入收入統計，而這都不是隨機差異。這些廣為報導的統計資料，幾乎都誇大了貧困，也低估了生活水準。當收入統計資料忽略了政府對高收入階層課的稅以及對低收入階層的補貼時，它們誇大了某個時間點的不平等。當它們不能長時間追蹤同一群個體時，也誇大了終身的不平等程度，導致一些觀察者談論那些暫時處於某個收入階層的人時，彷彿他們永遠屬於那個「階級」，永不得翻身似的。

說一些人達到某個收入或職業階層的機率較小，太常被解讀成是「社會」阻礙了他們的晉升。這種說法**事先**排除了「他們的經濟表現不如人，可能有內部原因」的可能性。此外，這不是純粹的抽象判斷。倘若真的有內部原因導致他們的表現不如人，把大家的注意力從這些原因移開反而會減少這些原因被解決的可能性，他們獲得晉升的可能又更小了。總之，那些落後者獲得了更好的大眾形象，但前景得不到改善。

有些人宣稱他們無法理解巨大的收入差距，也無法解釋巨大的收入差距（「貧富差距」、「不平等」）——這又是第三方自以

為是最佳裁判的另一個例子，彷彿民眾的收入就像他們的住所一樣，應該根據呈現出來的外貌來評價，而不是根據反映的住戶選擇及相互遷就來判斷。這種第三方的觀點往往相當自以為是，他們自認為較高學歷團體的一員，也認為自己平均而言比多數的其他人更具智識──**殊不知**其他人的**集體**知識遠遠超過他們，且其他人手邊就有那些攸關決策的特定知識。第三方不可能比當事人更了解他們的價值觀、偏好、優先要務、潛能、環境與限制。

有時第三方的推論是出於道德觀點，而不是根據智識。那些判斷誰「真正」配得上多少收入的第三方，往往把功績與生產力混為一談，更不用說他們是否有資格評判兩者了。在人類社會中，不可能每個人都有同樣的生產力。出生富貴、享有各種優勢的人，可能不需要任何努力奮鬥就可以大展長才。反之，需要努力克服許多劣勢的人，必須努力證明自己的實力，才有可能展現出些許的才能。但經濟不是道德檢討會，不會頒發能力勳章給應得的人。經濟是一種創造物質財富的機制，數百萬人的生活水準都仰賴著這些物質財富。

薪酬不是對能力的回溯性獎勵，而是對生產力貢獻的預期性激勵。由於眾人生產的東西種類繁多、生產流程也相當複雜，要評估各行各業不同人貢獻的相對價值是不太可能的事，也幾乎沒人敢宣稱自己辦得到。民眾只能對眼見的收入或財富差距表示困

惑與反感，並含蓄或明確地表示他們難以相信個人應得的東西竟有如此巨大的差異。這種觀點由來已久，例如，文豪蕭伯納（George Bernard Shaw）就曾說過：

> 同樣是工作一小時，一個女人賺一先令，另一個女人賺三千先令——這種差異與道德無關，不過是個已經發生、但不該發生的事實罷了。一個長得可愛、有點演戲天分的小孩要是去拍電影，他賺的錢可能是他母親辛苦從事普通行業的上百倍。[69]

以下是目前為止對於「收入分配」的多數批評所涉及的關鍵要素。首先，這些批評隱含的假設是：財富是集體的，所以需要切割分配。接著，假設這種分配目前不涉及任何原則，只是「剛好如此」。最後一個隱含的假設是，一個人投入的努力是衡量其產出價值及報酬適切度的有效標準。然而，現實中，大多數的收入並不是分配的，所以大家常掛在嘴邊的「收入分配」是個誤導人的說法。大多數的收入是透過生產商品與服務賺取的，至於那種生產的「真正」價值是多少，不該由第三方來決定，因為直接從那些商品與服務中獲益的人，會比其他人更清楚那些東西的價值，他們也最有動力去尋找最便宜的生產替代方法。

總之，為整個社會做集體決策既沒有必要，也是不可能的，更不用說這相當冒失。重點不在於獎勵努力或長才，而是以產品

受益者所決定的價值、而非第三方旁觀者所決定的價值來取得產品。如果數百萬名電影觀眾覺得童星帶來的樂趣，遠比少數人購買其母辛勤生產的產品所獲得的效益還重要，蕭伯納或其他人憑什麼干涉大家如何花自己的錢呢？

一個人的收入可能是另一個人的上百倍或上千倍，但他的智慧或努力是否也是另一人的上百、上千倍，當然令人懷疑。再次重申，「**投入**」不是衡量價值的標準，產出的「**結果**」才是。

二〇〇八年，老虎・伍茲因動了膝蓋手術而缺席了美國各大高球錦標賽好幾個月，導致電視觀眾的人數大減，世界高球錦標賽（World Golf Championship）的收視率降了三六％，PGA 錦標賽（PGA Championship）的收視率降了五五％。[70]

在一家年收數十億美元的公司裡，一個人的商業決策可能輕易造成數百萬、甚至數十億美元的差異。認為每年付這種人一兩千萬美元是犧牲消費者或股東利益的人，其實暗中抱持著零和經濟的觀念。不管公司聘用的是企業高階主管、還是生產線上的員工，只要他提供的服務價值超過其薪酬，消費者與股東都會受惠，並沒有損失。

當乘客與航空公司的股東皆因機長提供的服務而受惠時，有人會說機長的薪酬犧牲了乘客或航空公司股東的利益嗎？有人會覺得開飛機都差不多，所以用較低的薪資聘請噴灑殺蟲劑的農用

機飛行員來開民航機，對股東和乘客更好嗎？然而，在討論公司執行長的薪酬時，常常有人會套用這種推理，或根本不講道理，而且他們幾乎都不會提及其他領域也有類似或更高薪的專業人士，例如職業運動員與藝人。也許最荒謬的假設是，沒有經驗也沒有專業知識的第三方只憑情緒反應，就能做出比當事人更好的決定；明明當事人既有經驗又專業，與決策結果也有直接的利害關係。

　　儘管「收入分配」這個詞很流行，但多數的收入是靠努力**掙得的**，而不是分來的。即使是百萬富翁，單靠繼承致富的人也不多。[71] 美國社會中，僅有一小部分的收入是靠分配取得的，例如社會福利金或福利補助。多數的收入只是在統計上呈現「分配」，亦即以圖表上的曲線來表示不同人的不同收入，誠如前文討論的中產階級收入。但是，關於收入差異的大部分說法，都彷彿「社會」集體決定該給不同的人多少錢似的。於是，有人又進一步推論，既然如今有很多人不了解或不喜歡「社會」**分配**收入的結果，我們應該要把收入分配改成大家更想要的樣子。

　　現實中，這絕對不是個簡單或無害的改變。反之，這代表經濟體系將會澈底顛覆，從「多數人的所得由產出的受益者支付」（由消費者、雇主、其他受益者的供需來決定薪酬），變成「收入由『社會』分配」（由第三方決策者來決定每個人「應得」多

少）。認為這種改變可以創造出更好的經濟與社會結果的人，大可為這種改變提出理由與論據。但明確地提出理由與論據，與打著「收入分配」的幌子是截然不同的。

第6章

種族的謬誤與真相

　　像種族這樣產生如此多謬誤的主題寥寥無幾。有些人甚至說,種族本身就是一種謬誤,儘管高呼區別種族身分的主張喊得震天價響,在這個世界上,種族融的合卻愈來愈多,遠遠超越了過往。

　　美洲原住民印第安人曾被稱為「正在消失的美國人」(vanishing Americans),因為他們在美國日益成長的人口中,比例愈占愈小。但近年來,他們的官方人數成長速度遠遠超過任何

生物學的實例，因為愈來愈多擁有一小部分美洲印第安人血統的人，選擇認同自己為這個群體的成員。在地球另一端的紐西蘭也出現了類似的情況，那裡有大量的毛利人，但他們身上的白人血統至少和毛利血統一樣多。在美國的黑人中，有純正非洲血統的人為數並不多，而且總是有一些像美國有色人種協進會（NAACP）前會長沃特・懷特（Walter White）那樣的人，大家依照慣例或多或少把他們視為黑人，儘管他們有白人的特徵以及藍色的眼珠。

種族差異政治上的意味愈來愈濃，但異族通婚率的增加，減少了種族差異生物學上的意義。一九六三年，黑人的異族通婚率不到一％，一九九三年升至一二％。[2] 一九九○年的人口普查顯示，日裔美國人的婚姻中，異族通婚率略多於二五％；印度裔美國人的異族通婚率是六○％。[3] 一九八五到一九九○年間，猶太裔美國人的異族通婚率升至五七％。[4] 然而，那幾年間也出現了種族或族裔「身分」更明顯分隔的趨勢。

我們可以把種族視為帶有生物學成分的社會現實，並加以討論。然而，這種社會現實衍生的影響非常嚴重，至今依然如此。種族謬誤所衍生的影響也是。這些謬誤包括：種族是奴隸制的基礎；種族主義是導致白人與黑人的收入差異、以及生活中方方面面有賴收入的領域都有差異的主因。此外，一種常見的隱含假

設，在於種族主義與歧視緊密相連，兩者的興衰是同步的。然而，我們等一下會看到，在有些時期與地點種族主義相當盛行，但歧視反而沒那麼嚴重。即使沒有種族主義，歧視也可能存在。一些種族討論的背後潛藏著一個問題：種族在天生的智力上是否有所不同？——這個問題也在議題的正反兩面產生了謬誤。

群體差異

我們常會看到有人把某個群體（例如美國黑人）拿來與美國全國平均水準比較，然後把其中的差異視為那個群體的特殊性，或是針對該群體的政策或態度的特殊性。但是，當全國平均水準只是許多差異廣泛的種族、地區以及其他群體混合在一起的結果時，任何結論都可能有誤導性。雖然美國的黑人與白人長久以來在收入、受教育年限、預期壽命、失業率、犯罪率，多種測試得分等多元的社經變數方面一直有差異，但其他的群體之間以及其他群體與世界各地的全國平均水準之間，也有很大的差異。

不同群體之間最常遭到忽視、但也最重要的差異之一，在於他們的年齡。美國黑人的年齡中位數比全國整體人口的年齡中位數（三十五歲）少了五歲，但黑人絕對不是唯一年齡中位數低於全國或其他族群中位數的群體。在亞裔美國人中，日裔美國人的

年齡中位數是四十三歲，柬埔寨裔美國人的中位數是二十四歲，仡蒙裔（注：Hmong，苗族的一個分支，Hmong「蒙」為他們的自稱，亦稱苗族蒙人）美國人的中位數是十六歲。[5] 收入與年齡密不可分，年輕人剛開始工作的收入，通常比年長及更有經驗的勞工少很多。因此，當群體的年齡中位數可能相差十歲、甚至二十五歲時，比較種族或民族之間的收入可能就有誤導性。年齡差異也不是亞裔美國人之間唯一的差異。雖然六一％的日裔美國人在美國出生，但華裔、菲裔、越裔、韓裔等亞裔美國人或印度裔美國人中，僅三分之一在美國出生。[6] 在美國土生土長的公民顯然更熟悉社會中有哪些機會，也更有能力去把握那些機會。

美國少數族裔與較大族群之間的教育差異很大，但少數族裔之間的教育差異也一樣大。十六歲到二十一歲的高中畢業生中，黑人或西語裔的學生繼續就讀大學的比例不到一半；但是近五分之四的亞裔美國人會繼續讀大學。[7] 儘管西語裔在人口數量上已經超越黑人，但黑人獲得博士學位的人數依然比西語裔多。與黑人或西語裔相比，亞裔美國人的人口規模相當小，但是亞裔美國人獲得博士學位的人數比西語裔多，且數量幾乎和黑人一樣。[8] 簡而言之，無論是年齡、學歷還是其他特徵，群體的均勻分布都不常見。

美國種族之間社經差異的重要性並非全球獨一無二的情況。

舉例來說，在馬來西亞，華人與馬來人之間的收入差距，長久以來一直大於美國黑人與白人之間的收入差距。[9]奈及利亞的不同部落之間，或東非的亞洲人與非洲人之間，經濟上的差異也是如此。

世界各地的不同群體之間有很多差異，從人均飲酒量到智商都有所不同。事實上，差異一直都是常態，相同的社經狀況反而很少見，甚至根本不存在。所以，只把某個群體挑出來和全國平均水準相比，並因此指出那個群體很特別（忽略了群體之間的廣泛差異其實是全球常態），就會有很大的誤導性。這並不是說群體之間的差異無關緊要，有些差異確實事關重大。

這些差距背後的原因是什麼呢？或許，更根本的問題可能是：**我們有什麼理由預期這些群體應該要一樣呢？**世界各國各個群體的地理、人口、歷史、文化都不相同。[10]前文說過，即使是在同一個國家，不同群體的年齡中位數也可能有很大的差異，光是美國本土出生的亞裔美國人之間就有很大的不同了。在其他國家裡以及不同的國家之間也是如此。德國與義大利的年齡中位數是四十歲，葉門與阿富汗的年齡中位數是二十歲以下。[11]

換句話說，產生謬誤的機會很多。很多謬誤之所以會產生，是因為大家以為不同的群體在技能、經歷或態度上是可以比較的，所以他們之間的統計差異只能以「周遭社會對待他們的方式不同」來解釋。在絕大部分的歷史中，許多（可能是多數）的社

會都有群體歧視，但歧視並不是導致群體差異的唯一因素，其中的挑戰在於如何評估所有相關因素的影響。而且，不同因素的相對權重也會隨著時間而改變，因此我們也必須考慮到歷史。

歷史

關於少數族裔的歷史，最大的謬誤或許就是「少數族裔面臨的敵意與歧視會隨著時間的流逝而減少。」在許多國家，少數族裔在晚近時期所面臨的敵意與歧視比以前還大，在其他國家的情況則正好相反。但時間的流逝並不會自動產生這兩種結果。

▍時間的作用

早在十五世紀末，遭西班牙驅逐的猶太人，主要逃往了中東的伊斯蘭國家。他們在那裡受到的待遇通常比歐洲好——也遠比二十世紀他們在同樣的中東國家所受到的待遇來得好。在鄂圖曼帝國中，猶太人以醫生的地位見長，十七世紀，鄂圖曼帝國的蘇丹有猶太醫生隨侍在側的情況並不罕見，甚至還有猶太醫生成了御醫之首。[12] 猶太人也經常擔任鄂圖曼帝國駐歐使節的翻譯。[13]由於當時猶太人擔任海關官員非常普遍，鄂圖曼帝國的許多海關

收據還是用希伯來文寫的。[14] 在鄂圖曼帝國的經濟中，猶太人所扮演的角色從街頭小販到國際貿易商都非常突出。[15]

然而，隨著鄂圖曼帝國在軍事、文化、科學方面的卓越地位逐漸被歐洲國家超越，帝國內部對少數民族的自信與包容也逐漸被內憂外患帶來的焦慮所取代。他們開始出現仇視外國人的心態，而那種心態嚴重限制且危害了猶太人及其他少數族裔。二十世紀初、直到德國納粹崛起之前，猶太人在中東遭受的迫害比其他地方還要嚴重。二戰之前與二戰期間，納粹的種族主義以及反猶太的教條與政策獲得許多中東支持者的青睞。二戰後以色列建國時，猶太人在那些曾屬於鄂圖曼帝國的中東國家中，已經遭到普遍的仇視。

印度外海的島國斯里蘭卡在更短的時間內，從一個多數民族與少數民族融洽相處的典範，變成一個內戰長達數十年、導致數萬人喪命的國家。二十世紀上半葉，占多數的僧伽羅人（Sinhalese）和少數民族坦米爾人（Tamil）之間，一次動亂也沒發生過。但在二十世紀的下半葉，兩族之間衝突頻頻且粗暴至極，最終演變成內戰，甚至到了二十一世紀初仍未完全結束。

在許多國家與歷史上的許多時期都可以找到其他類似的例子。在波希米亞，日耳曼人與捷克人和平共處了數百年，後來捷克的民族主義興起，並於一戰後新國家「捷克斯洛伐克」建國時

達到顛峰，導致對德國人的歧視，引發了德國的反彈，最終釀成一九三八年的慕尼黑危機，捷克人被迫把德國人占多數的蘇台德地區（Sudetenland）割讓給納粹德國。後來德國佔領了整個捷克斯洛伐克後，捷克斯洛伐克境內的德國人加入了納粹對捷克人的迫害。德國在二戰中戰敗後，捷克斯洛伐克境內的數百萬名德國人遭到驅逐，情況慘烈，許多人因此喪生。

美國也有這種群體之間關係倒退的現象，只是通常沒那麼極端。十九世紀末以前，美國的猶太人主要來自德國，他們在美國的同化程度較深，也受到較好的對待。但在十九世紀末與二十世紀初，數百萬名未同化的東歐猶太人抵達美國後，引發了美國社會對全體猶太人的反彈，導致很多地方開始對猶太人設下前所未有的限制。十九世紀末，美國黑人在北方城市受到的待遇也遠比二十世紀上半葉好，因為在二十世紀，同化程度較低的南方黑人大舉移民北上，引發了類似的反彈，導致所有黑人都受到新的限制。以前在北方城市裡，黑人主要散居在白人之間；但二十世紀初，這些城市出現了嚴格的住宅隔離模式，形成黑人聚居區，且這種聚居區很快就成為常態。

把種族關係倒退描述成時間經過的必然結果，就像把種族關係進步描述為隨著時間推移自動發生的情況一樣，兩者都是錯誤的。二十世紀下半葉，美國出現了許多種族關係的進步，尤其是

黑人。由於這種事情不是自動發生的，了解其原因與時機就很重要，仔細審查證據更是特別要緊——因為許多個人與組織會出於既得利益，聲稱並重申進步是他們的功勞，有時候大眾就會被誤導，並信以為真。

種族關係的進步與倒退不見得是在不同的時代發生的。在同一個時代，有些方面可能是進步的，而其他方面可能是退步的。對美國黑人來說，二十世紀的下半葉就是如此。

一九五四年，在最高法院對「布朗訴托皮卡教育局案」（注：Brown v. Board of Education，美國歷史上非常重要、具有指標意義的訴訟案。最後美國最高法院判定，種族隔離本質上就是一種不平等）做出開創性的裁決以前，那些曾經構成南部邦聯的南方各州，以及密蘇里州、德州、奧克拉荷馬州與哥倫比亞特區的學校都要求學校實施種族隔離。懷俄明州、亞利桑那州、新墨西哥州允許學校實施種族隔離。美國最高法院的判決廢除了這些法律，在後續的幾十年間，學校也逐漸廢除了種族隔離的做法。一九六四年，美國的《民權法》（Civil Rights Act）宣布，在公營與私營的企業、機構中，實施種族隔離是非法的，並禁止就業歧視。一九六五年的《選舉權法》（Voting Rights Act）宣布，剝奪南方黑人選舉權的作為是非法的。一九七〇年代則是出現了優先僱用少數族裔的「平權行動」（affirmative action）。

一般往往會認為，黑人在經濟與政治方面的提升，要歸功於這些民權革命的重要里程碑。選舉權法確實促使南部的黑人投票率大幅增加，也使後來南部黑人的民選官員數量激增。但是，關於黑人的經濟進步，歷史卻顯現出一個全然不同的故事。

一九四〇年至一九六〇年間，收入低於貧窮線的黑人家庭比例下降最多，從八七％降至四七％，那是在一九六四年的《民權法》及一九六五年的《選舉權法》通過之前發生的，更是早在一九七〇年代「平權行動」演變成數字「目標」或「配額」之前。然而，那些重要的法律頒布之後，貧窮減少的趨勢並未加速，反而減緩了。一九六〇年代那十年間，貧窮率從四七％降至三〇％；一九七〇年代，貧窮率只從三〇％降至二九％。[16] 無論大家覺得一九六〇年代的《民權法》或同一年代的「抗貧計劃」（The War on Poverty）有多麼功不可沒，確鑿的事實顯示，在政府採取任何行動之前，黑人擺脫貧窮的成效比較顯著。

黑人在晉升專業工作、管理職以及其他高等職業方面，也出現了類似的歷史趨勢。一九四〇年到一九六〇年間，從事白領工作、管理職與行政工作的黑人數量多了一倍，從事專業工作的黑人數量也幾乎翻倍。同時，一九六〇年擔任農場工人的黑人數量僅是一九四〇年的二五％。[17] 這些有利趨勢在一九六〇年之後仍舊持續下去，但它們**不是**從一九六〇年代開始的。群體偏好與配

額（亦即始於一九七〇年代的「平權行動」）對黑人與白人收入的相對大小幾乎沒有影響。一九七〇年，黑人家戶收入的中位數是白人的六〇‧九％，而且整個一九七〇年代都沒有超過、甚至達不到那個比例。截至一九八〇年，黑人家戶收入的中位數占白人家戶中位數的五七‧六％。[18]

儘管事實很清楚，但謬論依舊主張，是《民權法》、一九六〇年代的「抗貧計劃」與平權行動幫助黑人脫離貧困，晉升到中產階級的職業。

▍奴隸制

奴隸制除了在盛行的時代罪大惡極外，它所衍生的謬論也延續至今，混淆了許多問題。知名歷史學家丹尼爾‧布爾斯廷（Daniel J. Boorstin）曾說過一句許多學者熟知、但一般大眾完全沒聽過的話；他指出，隨著非洲人被大規模地運送至西半球，「現在，西方歷史上首度出現奴隸地位與種族差異同時發生。」[19]

幾個世紀以前，歐洲人奴役其他的歐洲人，亞洲人奴役其他的亞洲人，非洲人奴役其他的非洲人。直到近代，才有財富與技術得以跨海運送一大批人——無論是做為奴隸還是自由移民。歐洲人也不是唯一這樣跨海運送奴隸的人。從一五〇〇年到一八

○○年，光是北非巴巴里海岸（Barbary Coast）的海盜就俘虜及奴役了至少一百萬名歐洲人。那些海盜綁架的歐洲人，比被捆綁到美國及美國殖民地的非洲人還多。[20] 此外，在美國黑人獲得解放幾十年後，伊斯蘭世界的奴隸市場中仍在持續買賣歐洲人。[21]

奴隸制在世界各國及數千年的歷史記載中，幾乎是一種普遍的制度。事實上，考古證據顯示，人類在學會寫字之前就學會奴役他人了。奴隸制衍生出許多謬論，其中之一是主張「奴隸制建立在種族差異之上。」支撐這個謬論的手法很簡單卻也相當普遍：只注重歐洲人對非洲人的奴役，彷彿那是個獨特的現象，而非遍及全球的人類悲劇的一小部分。種族主義起源於非洲奴隸制，尤其在美國更是如此，但奴隸制的存在比種族主義早了好幾千年。在第一個非洲人被綁到西半球當奴隸之前，歐洲人已經奴役其他的歐洲人好幾個世紀了。

這世上有個殘酷的現實：一旦有人發現有弱勢群體可以利用，就會想盡辦法去占他們的便宜，不管弱勢群體是什麼種族或膚色。民族國家崛起，就會組成陸軍與海軍保護人民，但世界上不是每個地方都有可能建立起民族國家，部分原因在於地理問題。無論是在非洲、亞洲、還是無人守衛的歐洲海岸線，沒有陸軍或海軍保護的人群，很容易淪為奴隸。巴巴里海盜突襲的就是無人戍守的歐洲海岸線，通常是地中海附近，但有時也會遠至英

格蘭或冰島。[22] 文獻與媒體對西半球奴隸制、尤其是美國奴隸制的大量集中報導創造出一種假象，讓人很難了解美國的奴隸制歷史。

幾個世紀以來，奴隸制在世界各地已是大家普遍接受的現實，但在美國，奴隸制從未獲得那樣普遍的接受——畢竟，美國是一個以自由原則立國的國家，顯然與奴隸制相互矛盾。從《獨立宣言》的初稿開始，奴隸制就受到意識形態的攻擊。[23] 一些北方的州在獨立後那幾年立即禁止了奴隸制。即使是在南方，自由思想也不是毫無效用，美國人從英國獲得自由後，成千上萬名的奴隸被奴隸主自願釋放了。

然而，多數南方的奴隸主仍然堅決留住奴隸。為此，他們必須針對自由的意識形態以及奴隸制受到的廣泛抨擊，做一些自我辯護。於是，種族主義就成了他們的擋箭牌。在不自由的社會裡，做那種辯護毫無必要，例如巴西進口的奴隸比美國還多，但並沒有發展出像美國南方那樣嚴重的種族主義。在西方文明之外，奴隸主沒有必要為奴隸制辯護，因為非西方社會並不認為奴隸制有什麼不對。在十八世紀以前，西方文明對奴隸制也未提出任何嚴重的質疑。

在一個無法以其他理由來辯護奴隸制的社會裡，種族主義就成了實行奴隸制的理由。而且，種族主義雖然是奴隸制造成的，

也存在好幾個世紀了，但它並未隨著奴隸制的廢除而突然消失。奴隸制與種族主義之間的因果方向，正好與那些把奴役非洲人視為種族主義結果的人所想的恰恰相反——種族主義變成奴隸制留下的持久遺毒。至於如今還有多少遺毒留下、遺毒的強度有多大，仍有待檢視與辯論。不過，奴隸制留下的其他東西是可以透過經驗檢驗的，我們不必將它們視為必然的結論。

▋ 黑人家庭

一些與黑人家庭有關的基本想法與假設顯然是錯的。舉例來說，大家普遍認為黑人的姓氏是採用奴隸主的姓氏而來的。這種想法導致許多美國黑人拋棄了奴隸制遺留下來的姓名，並為自己另取一個新的，此現象在一九六〇年代特別盛行。例如，著名的拳擊冠軍卡修斯·克萊（Cassius Clay）就把自己的名字改為穆罕默德·阿里（Muhammad Ali）。

事實上，在美國遭到奴役的黑人是禁止擁有姓氏的，[24] 就像其他地方與時代也禁止地位卑微的人擁有姓氏一樣，例如中國與中東部分地區的奴隸；[25] 日本平民直到一八七〇年以後才獲准使用姓氏。[26] 在西方文明中，普通老百姓從中世紀開始有姓氏。[27]在許多地方與時代，一般認為，只有在較大圈子內活動（無論是

地理上還是社交上），且家族聲望相當重要的菁英階級，才有必要及適合使用姓氏。美國的奴隸偷偷給自己取姓以維持家庭意識，但他們不會在白人身邊使用那些姓氏。黑人剛獲得解放的那幾年，奴隸制時代出生的黑人仍然不願意告訴白人他們的全名。[28]

「奴隸姓名」這個謬誤之所以是錯的，不僅是因為白人並沒有給奴隸姓氏，也因為黑人給自己取的姓氏並不是採用主人的名字。在奴隸制時代，選擇其他名字很常見。否則，如果屬於某個奴隸主的所有黑人家庭都使用奴隸主的姓，那就違背了建立獨立家庭身分的目的了。諷刺的是，二十世紀一些黑人開始拋棄他們所謂的「奴隸姓名」時，他們常改取阿拉伯姓名，儘管幾百年來阿拉伯人奴役的非洲人比歐洲人奴役的非洲人還要多。[29]

另一個影響更大的謬論是：如今黑人中普遍存在的無父家庭，是「奴隸制的遺毒」，因為奴隸制不承認家庭。就像其他歸因於「奴隸制遺毒」的社會問題一樣，這種謬誤忽視了一個事實：這個問題在遠離奴隸制的黑人世代中，比在接近奴隸制的黑人世代中更為普遍。多數的黑人孩子是在雙親家庭中長大的，即便在奴隸制下是如此，奴隸制結束後的幾個世代也是如此。[30] 獲得解放的黑人結了婚，在二十世紀初，黑人的結婚率略高於白人。[31] 一八九〇至一九五〇年間，每次的人口普查顯示，黑人的勞動參與率也略高於白人。[32]

一九三○年代初期，三一％的黑人孩子是由未婚婦女所生；到了一九九○年代初期，該比例升至七七％。[33] 如果未婚生子是「奴隸制留下來的現象」，為什麼距離奴隸制更近的兩代黑人中，這種現象反而比較不普遍呢？黑人社群中，核心家庭崩解的跡象之一，在於一九九三年有一百多萬名黑人孩童是由祖父母撫養的，這個數字約為白人的三分之二，儘管美國人口中，白人的數量是黑人的好幾倍。[34]

　　二十世紀下半葉這些令人遺憾的倒退現象日益明顯時，「奴隸制的遺毒」變成大家普遍用來解釋這種情況的謬論，從而避免了面對當代問題中的當代因素。

　　這些倒退現象不僅引人矚目，也對其他重要的個人與社會結果產生了重大的影響。例如，截至一九七○年，多數的黑人兒童仍在雙親家庭中成長，但是到了一九九五年，只剩三分之一。[35] 此外，許多社會病態現象與父親的缺席非常相關，無論是在黑人家庭還是白人家庭中都是如此。但這個問題在黑人家庭中更為嚴重，因為在這些家庭中，父親的缺席率更高。二十世紀晚期，絕大多數缺乏丈夫的黑人家庭都生活在貧困中；至於夫妻都不缺席的黑人家庭中，八○％的家庭並不貧困。[36] 從一九九四年到二十一世紀，夫妻都不缺席的黑人家庭中，生活貧困的比例不到一○％。[37]

顯然，大幅降低黑人（或其他族群）貧困率與嬰兒死亡率的因素，不單只是「結婚」這個行為，而是促成人結婚的價值觀與行為模式。而且，這種價值觀與行為模式對很多事情都有更廣泛的影響。[38]

▌ 文化

　　前文提過，種族之所以不同，可能是出於非種族的原因，因為人除了會遺傳基因，也會承襲文化。只要一代人養育下一代人，這種傳承就不可能改變。如今美國黑人與白人之間的許多社會或文化差異，在南北戰爭之前被當成南方白人與北方白人之間的差異，包括說話方式、暴力與犯罪率、非婚生子、學歷以及經濟主動性（或缺乏主動性）。[39]

　　美國南北戰爭以前，僅約三分之一的白人住在南方；但至少九〇％的美國黑人一直都生活在南方，直到二十世紀。簡而言之，絕大多數的黑人生活在一個生產力較低、對一般居民來說比較不平穩的文化中。此外，黑人要搬離那種文化的機會也比較有限。

　　雖然那種文化是區域性的，但黑人與白人搬離南方時，身上都帶著南方文化。舉一個很小、但很重要的例子：一八三〇與一

八四〇年代，創辦公立學校的風潮席捲美國時，不僅北方的創校成果比南方豐碩，在俄亥俄州、印第安納州、伊利諾州等南方白人定居的北部州，創辦公立學校的速度是最慢的。[40]

相較於奴隸制留下的影響，南方文化的影響在南方人後代的行為中更為顯著。一些著名的十九世紀作家曾說，那解釋了南北戰爭之前南方白人的行為；[41] 而後來的作家說，那解釋了黑人的行為。事實上，美國南方的地域文化在幾個世紀以前，就已經在英國的某些地區存在了，那些注定要搬到美國南方定居的人，在移民到美國南方之前就已經展現出同樣的行為模式。[42] 他們橫越大西洋之前（亦即看到奴隸之前），就已經被稱為「窮鬼」、「鄉巴佬」了。誠如一位著名的南方史學家所言：「我們不是活在過去，而是過去活在我們之中。」[43]

教育與智力是很容易記錄下來的資料，可用來檢測文化的持久性。一戰時，來自南方各州的白人士兵在智力測驗上的得分，低於來自北方各州的黑人士兵。[44] 北方的黑人士兵不僅擁有在北方就讀更好學校的優勢，他們也看到南方文化在新的環境中開始受到侵蝕。多年來，黑人在全美智力測驗中得分低於白人的現象，引起了很多人的關注。有些觀察家推論那是種族差異所致，另一些觀察家則說那是因為智力測驗有缺陷或偏見。但這兩種說法都無法解釋一次大戰時南方白人的智力測驗成績為何會比北方

的黑人低。

　　無論黑人的學歷或智力較低的原因為何，這種差異都帶來了重大的經濟與社會後果。

　　多年來，多數黑人就讀的南方學校就教育的質與量而言都比較差。然而，即使在二十世紀末，量的差距消除了，質的差距依然很大。十七歲黑人在許多學科的考試成績，與小他們幾歲的白人成績相同。[45] 在一個日益依賴智力技能的經濟中，顯然我們無法預期黑人與白人在職場上獲得相同的結果。

▋ 犯罪與暴力

　　黑人犯罪與暴力的歷史，與大家普遍認為的犯罪與暴力肇因相互矛盾。一般常會把貧窮、失業、種族歧視列為黑人暴動與其他犯罪行為的主要「根源」。許多人對此深信不疑，甚至覺得沒必要去審查實際的歷史記錄。

　　美國黑人的犯罪，就像美國白人的犯罪一樣，在一九六〇年代**以前**的幾年間是減少的。一九六〇年代是重要的《民權法》及「抗貧計劃」出現的年代，但就在一九六〇年代，黑人與白人的犯罪率開始飆升；而且正是在充滿歷史意義的《民權法》通過**後**，黑人才開始在全美各地的城市暴動。一九六五年的《選舉權

法》才通過沒幾天，洛杉磯的黑人社區華茲（Watts）就發生了第一起暴動，而在接下來的四年間，數百起暴動遍布了全美各地。這些暴動不是從黑人最貧窮或最受壓迫的地方（亦即南方）開始的。事實上，這類暴動衝擊了許多北方城市、摧毀了北方城市的黑人社區，但在南方反而很少發生。[46] 華茲暴動中共有三十四人喪生。兩年後黑人在底特律暴動，總計四十三人死亡。

一九六〇年代後期，幾乎每個北方城市都受到暴動的衝擊，其中以底特律受創最為嚴重。但底特律的黑人貧窮率僅有全美黑人貧窮率的一半，而且底特律黑人的住宅擁有率還是全美最高的，黑人失業率僅三·四％，比全美的**白人**失業率還低。[47] 底特律並不是因為它是經濟災區才發生了大規模的暴動，它是在暴動之後才**變成**經濟災區，全美許多城市的黑人社區也是如此。此外，這些城市中因動亂而重創的社區，在此後的數十年間依然是災區，因為企業不願意進駐當地，減少了就業機會及購物場所，此外，黑人與白人的中產階級都搬離了那裡，遷往郊區居住。

無論引發這些暴動風潮的原因為何，無論那些因素是背景因素還是突發事件，它們顯然都**不是**大家一再錯誤提起的那些因素。最嚴重的黑人聚居區暴動事件，正好發生在理當防止暴動發生的事情（包括官員宣導福利國家的政策及約束警方行動）最普遍存在的時間與地點。反之，在官員抱持相反觀點的時間與地

點，暴動的破壞性最小，有時甚至根本沒有暴動。

前面提過，南方的城市反而比較不常受到城市暴動的衝擊。在北方城市中，芝加哥是受黑人聚居區暴動影響最小的城市之一。一九六七年這種暴動一次也沒發生。翌年，馬丁·路德·金恩博士（Martin Luther King）遇刺身亡後，暴動席捲全國。芝加哥市長理查·戴利（Richard J. Daley）向芝加哥警方發布了一道媒體廣泛報導的命令：「格殺勿論」（shoot to kill），因此遭到許多人的譴責。但芝加哥因暴亂死亡的人數，只是底特律等柔性勸導城市的一小部分。那些柔性勸導的城市採用比較人道、較有同情心的表達方式，警方的行動也受到約束。以全美來看，詹森總統執政期間（注：一九六三年至一九六九年）發生的城市黑人聚居區暴動最多、也最嚴重，但在雷根總統執政的八年間（注：一九八一年至一九八九年），沒有發生過任何大規模的城市暴動。然而，無論是當時還是現在，這些鐵證如山的事實並未撼動大家普遍抱持的謬誤想法。政客與行動分子都對種族謬誤有既得利益，這些謬論把黑人的進步歸功於政客與行動分子，把黑人的倒退推給其他人。

經濟

當我們忽略人口、教育，以及其他方面的各種差異時，很容易對群體間總收入的差異產生謬誤的推論。遺憾的是，比較許多種族就像比較蘋果與橘子，因為不同的種族除了人種之外，很多方面也大不相同。不同種族不僅年齡與家庭規模不同，教育與就業的比例也不同。就像比較男女一樣，比較不同種族中真正可比較的個人時，得到的結果往往與群體比較的結果截然不同。

種族和族裔的群體比較，只是試圖理解特定時間點造成收入與職業差異的因素，以及隨著時間經過所發生的改變等現象的起點。

二〇〇〇年的美國人口普查顯示，一九九九年黑人收入的中位數是兩萬七千兩百六十四美元，全美的平均收入則是三萬兩千零九十八美元，因此黑人個體的收入是美國一般收入的八五％。然而，以家庭做為比較標準時，黑人家庭的收入只有全國平均水準的六六％。這是因為一般黑人家庭的人口比一般美國家庭的人口少，由於黑人家庭缺少父親的比例較高。然而，比較黑人夫妻與其他夫妻時，黑人夫妻的收入（五萬零六百九十美元）是全國夫妻平均收入（五萬七千三百四十五美元）的八八％。[48]

在亞裔美國人中，二〇〇〇年的人口普查顯示，他們的個體

收入中位數超過全美的平均收入：亞裔美國男性是四萬零六百五十美元，全美男性的平均收入是三萬七千零五十七美元。以個體來看，亞裔美國人的收入比全國平均**高出**一〇％。以家庭來看，他們的收入高出一九％：亞裔美國家庭是五萬九千三百二十四美元，全美平均是五萬零四十六美元。[49] 部分原因在於，亞裔美國家庭中有父親的比例通常比一般美國家庭高。[50] 亞裔美國人跟黑人一樣，他們的收入不是一直像現在這樣高於全美平均水準。對亞裔與黑人這兩個族群來說，評估種族歧視的作用時，都要把歷史與經濟因素考慮進去。

　　客觀來看，我們還需要考慮其他國家的種族與族裔。以馬來西亞為例，二十世紀最後的二十五年間，雖然身為少數的華人沒有立場歧視占人口多數的馬來人，但是馬來人的平均收入不到華裔的一半。實際上，政府方案也普遍優待馬來人。在斯里蘭卡，少數民族坦米爾人的收入也高於占多數的僧伽羅人。直到一九五〇年代，法律與政策開始嚴重歧視坦米爾人，僧伽羅人的收入才在一九七三年超越坦米爾人。[51] 總體來說，歧視肯定是造成群體間經濟差異的諸多因素之一，但是一個因素能發揮多大的影響，對不同的群體、不同的國家、不同的時期皆有所不同。

就業歧視

「歧視」是一個大家很常用卻很少定義的字眼。一般人往往會把偏誤、偏見與歧視混為一談，彷彿它們大同小異。但偏誤與偏見是態度（腦中的想法），歧視則是在現實世界發生的公然行為。在分析經濟差異時，這是一個不小的區別，是現實世界中更是顯而易見的差異。我們也不能直接以為更多的偏誤或偏見一定會變成更多的歧視，或以為沒有偏誤或偏見就不會有歧視。這種錯誤的假設忽略了一點：把主觀感受轉化為公然行為的人必須付出的**代價**。

想像一下，在一個種族歧視完全合法的國家裡，某人擁有一座高爾夫球場，他對黑人抱有偏誤或偏見。有一場國際賽事預定在這座高爾夫球場舉行，這位球場的老闆如果不讓老虎‧伍茲參賽，他不必付出任何代價嗎？他需要付出的代價可能高達數百萬美元，因為伍茲缺席賽事可能會使全球觀賽的電視觀眾大減，而廣告費率及廣告收入是由收視率決定的。要是他那麼做，將減少電視台支付給球場老闆的轉播費。

在這種例子中，想像歧視的代價很容易，但在其他情況下，在市場上競爭的任何人通常都得為歧視付出代價。徵才時歧視特定族群的雇主，通常得付出更多的費用（以吸引其他族群的勞工

來填補職缺），或降低要求的職位資格（以便讓更多的求職者符合條件）。無論是採用哪種方法，雇主都得付出更多錢——無論是花更高的薪資，還是因為員工資質較差而導致生產力較低。當競爭對手的種族歧視較少或較在乎成本時，對手不需多付錢就可以雇用那些遭到前者歧視、但資格更好的勞工。在競爭激烈的市場中，這些成本差異將轉化為利潤差異，甚至可能轉化為企業存亡的差異。

歧視的代價真的會改變現實世界中的行為嗎？鐵證顯示，確實是如此。就算在南非那個白人統治及官方種族隔離政策限制或禁止黑人從事特定工作或行業的時代，在競爭性的行業裡，白人雇主所雇用的黑人人數往往會高過法律允許的數量，或是他們會雇用黑人從事法律禁止的高等職業。例如，有一回南非政府掃蕩違反種族隔離法的建商，結果有幾好百家建商因違法而被罰款。[52] 我們沒有理由認為那些雇主的種族偏見，比那些推行種族隔離法的政客來得少。他們的差別在於，政客推動這種法律不必付出任何代價，但歧視黑人會讓那些競爭型的企業付出成本。當房東歧視某些想要租房的群體，或放款者歧視某些想要借款的群體時，類似的經濟原則也同樣適用。

這並不是說歧視不存在。首先，不是所有的經濟交易都在競爭激烈的產業或營利企業中發生。種族歧視在美國變成不容於世

的非法行為之前，大學、基金會、醫院等非營利組織比較容易歧視更多群體，因為他們的生存不靠盈利，歧視性的決策所隱含的成本由其他人貢獻的捐贈基金及捐款支付。

同理，世界各地的公營企業也比較容易歧視，因為它們的歧視成本由納稅人支付，而不是歧視者支付。在某些時代，這種歧視針對的是少數群體；但在另一些時代，出現了針對多數群體的「反向歧視」，這在政治上常被稱為針對特定少數群體的「優惠待遇」。有些大學在一九六〇年代以前很少聘用黑人教授，但在一九六〇年代之後，他們開始**優先**聘用黑人教授。醫院、基金會、政府機構，以及受監管的公用事業的人事雇用措施也是如此，這些單位都有一些方法可以緩衝競爭帶來的經濟壓力。這些機構進行歧視或反向歧視時，都不會像競爭產業中的營利企業那樣付出代價。

當歧視的代價太高時，有些有種族偏見的人可能無法展現歧視。同樣地，有些毫無種族偏見的人，也可能因為一些原因而展現種族歧視，例如，不同種族之間的犯罪率、罹病率或其他不良特徵的比例不同，區分個體的其他方法成本又比較高或不準確。事實上，有些人可能因為這種原因而歧視**自己人**，例如黑人計程車司機天黑後避免載送黑人男性乘客。

簡而言之，「種族」成了一種做決策的分類工具，就算不是

種族主義的人，也有可能參考這種分類。所以，即便雇主對黑人並不反感，也很樂於雇用年長的黑人或黑人女性，但他們可能不願雇用年輕的黑人男性，因為他們知道，那個群體中有很高比例的人遭到逮捕或入獄。有項研究鎖定經常查看應徵者有無坐牢記錄的雇主，其結果發現，這些雇主比其他人更常雇用黑人男性。[53] 也就是說，這些雇主不再需要以「種族」做為挑選工具，因為他們用另一種更精確（但成本更高昂）的挑選工具來篩選一般的求職者。所以，當我們想判斷職場中究竟有多少種族歧視存在時，區分「種族主義」和「以種族做為挑選工具」又使這個問題變得更加複雜了。

另一個值得注意的點在於，大家之所以會廣泛使用「種族」做為挑選工具，是因為它的成本比其他挑選工具低得多，可以馬上用肉眼判斷，不像宗教、教育或其他工具需要花更多的時間、精力或費用。許多人說，每個人都應該被當做一個獨立的個體來評判，但實際上沒有人這樣做，因為要充分了解一個個體，其成本通常遠遠超過價值。那種成本不僅包含財務成本，甚至攸關人身安全。夜裡，你在巷子內看見一個朦朧的身影，那可能是友善的鄰居出來遛狗，也可能是一個虐待狂連環殺手埋伏在那，等待下一個受害者。你花費心力去找出答案並不值得。一般說來，挑選的精細程度取決於仔細挑選的成本與效益。以前有一段時間，

許多徵才廣告上寫著「婉拒愛爾蘭人應徵」。後來，愛爾蘭移民適應了美國的社會規範，雇主覺得排擠愛爾蘭人的效益超過成本時，這種廣告才逐漸消失。

少數族裔的歧視就像性別歧視一樣，歧視問題不僅涉及有沒有歧視或有多少歧視，也攸關歧視在哪裡發生。在這兩種情況中，歧視都可能從童年就開始了，尤其是求學期間；所以個體成年後開始就業時，可能真的有資格方面的差異。多年來（其實已經歷了好幾個世代），南方黑人兒童就讀的學校，對每個學生的平均支出遠低於白人學校。在南方的一些地區，白人學生的人均支出是黑人學生的好幾倍。[54] 有些地方一學年的上課天數不同，因此就算黑人學生與白人學生受教育的年數相同，獲得的教育數量與品質也截然不同。

在吉姆‧克勞法時代（注：Jim Crow era，指一八七六年至一九六五年間。當時美國南部各州以及邊境各州對有色人種實行了種族隔離制度的法律），有「相同」學歷的黑人與白人獲得的薪酬不同，但我們無法確認這種差異代表的是雇主歧視，還是勞工就業前就已經發生的歧視，或是兩者的組合。在後來的時代，當學生的人均支出與上學天數的差距縮小或消失後，學生的學業成績依然差異很大。前文提過，十七歲黑人在許多學科的考試成績，與小他們幾歲的白人成績相同。[55] 這裡，比較學歷「相同」

的黑人與白人的收入，依然像比較蘋果和橘子一樣，無法相提並論。所以，從所得差異推論雇主歧視依然值得懷疑。

關於歧視，可以提出的經濟問題包括：在某個時間與地點，有多少歧視？隨著時間經過，歧視有什麼變化？不同群體之間的經濟差異，有多少是歧視造成的？評估最後一個問題的方法之一，是比較來自不同種族或族裔中真正可比較的個體。原則上這似乎很簡單，但實務上並不見得那麼容易。通常我們頂多只能比較來自不同群體的可比較個體，觀察那些群體之間的總差異如何縮小。

早在一九八〇年，大學畢業的黑人夫妻的收入就略高於大學畢業的白人夫妻。[56] 早在一九六九年，家有報章雜誌及圖書館借書證，且受教育年限與年輕白人男性相同的年輕黑人男性，收入就已經與白人相當了。[57] 但這種情況並非一直如此。在更早的時期，那些文化因素的影響很小[58]——可見種族歧視在早期的影響比較大。到了一九八九年，美國同齡（二十九歲）、同智商（一〇〇）的黑人、白人、西語裔美國人全年工作的年收入差距都不到一千美元。[59]

雇主很少會詢問求職者家裡是否有報章雜誌與圖書館借書證，他們也不太可能對求職者進行智力測試。此外，即使他們做了這些不太可能的事情，有種族主義的雇主只要看到應徵者是黑

人或是他不喜歡的其他族裔，他也不太可能在乎應徵者的家裡有沒有報章雜誌、或他的智商有多高。如今，研究人員發現，這些因素把可比較的個體之間的種族收入差距縮小到近乎消失的程度，可見雇主的種族歧視只能解釋一小部分黑人與白人之間，依然有很大的收入差距。簡而言之，在文化變數可相比的個體之間，看不到種族收入差異。種族收入差異反映的是不同種族在這些文化變數上的差異。若比較那些可相比的人，甚至有可能澈底扭轉總體統計資料所得出的結論：

最近，一些研究勞力市場歧視的經濟學家與社會學家發現了黑人平均收入低於白人的真正主因。這項研究顯示，我們應該要把那種看似歧視的做法描述成「獎勵認知技能更強的員工」，這樣比較貼切。所以，一九九一年，一項針對二十六歲至三十三歲的全職男性所進行的研究發現，當我們以傳統的方式（受教育的年數）來衡量教育時，黑人的收入比同等學歷的白人少了一九％。但是，當衡量標準改為詞彙知識、段落理解、算術推理、數學知識等基本測試時，他們的表現結果正好相反。黑人男性的收入比受過同等教育（以技能來定義）的白人男性高了九％。[60]

就算「種族」沒被拿來當挑選工具，其他挑選工具也會對不同種族的人產生不同的影響。例如，淘汰有前科的應徵者可能會

使一個群體失格的比例高於另一群體。即使是淘汰身有刺青或姓名怪異的人，也可能使一個群體中受到影響的比例高於另一群體。當雇用政策或做法對不同群體有「差別影響」時，雇主就很容易因反歧視法吃上官司。

在這些案件中，舉證責任是落在被告的身上，被告必須證明他使用的標準是有效的，而一般的法律原則是原告必須負起舉證責任——這種法律原則的逆轉往往足以預告訴訟的結果，畢竟若真要提出讓沒經驗的第三方滿意的證據，所花的成本很容易就超過訴訟爭議的價值；比方說為了驗證一項心理測試，可能花上數萬美元，還不保證驗證結果會令第三方滿意（況且第三方也不太可能是心理測試、統計分析或相關行業的專家）。這種案件通常會由雇主在庭外和解，因為雇主知道，就算他沒有歧視，試圖證明自己的清白也是白費功夫。

▍消費者歧視

就業歧視並不是唯一的歧視。很多人指控，企業在黑人聚居區內販售的商品較貴或品質較差；銀行與其他放款機構歧視申請貸款的黑人；支票兌現機構為中產階級提供一些免費服務，卻向黑人收取不合理的高價。我們必須仔細審查佐證這些指控的資

料，就像其他表面上看似令人信服的資料一樣，它們只是表面上看似有理而已。

　　低收入社區的商品售價通常高於中產階級社區，這是個不爭的事實。肉類、蔬果等生鮮物品的品質也可能比較差，此外還有許多人抱怨，低收入社區的服務品質不太好。許多在少數族群聚居區研究過這些事情的人推論，這是對消費者的「剝削」或種族歧視，或兩者兼有。[61] 另一種經濟學的解釋是，在這些少數族群的聚居區經營商店的成本比較高，所以成本會轉嫁到消費者身上。如果較高的成本無法完全轉嫁到消費者身上，業者的獲利會受到壓縮，因此這些社區通常比較難吸引業者去當地開店。此外，這種少數族群的聚居區所吸引到的業者，通常是那些很難在中產階級社區中競爭的業者，因為它們的效率或服務較差。

　　雖然「種族歧視與剝削理論」和「經濟理論」都符合我們在少數族群聚居區開業的業者及中產階級社區開業的業者之間看到的差異，還是有一些實證資料可以檢驗這些理論是否屬實。首先，我們得確定，在這兩種社區裡做生意的成本是否確實不同，以及差異何在。第 2 章提過，把某個數量的商品一起運送到大型超市（或沃爾瑪、好市多那種量販店）的成本，會比送至散布在城鎮各地的許多小商店來得低。此外，少數族群聚居區的店家由於行竊、破壞、犯罪或暴力事件的發生率較高，經營成本也較

高，那些成本會反映在商品損失、維修成本、保費，以及鐵欄杆或保全等防護設備上。

雖然向消費者收取較高費用可回收部分的成本，但成本不可能完全轉嫁。與中產階級的消費者相比，低收入消費者到社區外購物的比例較高，無疑是因為他們不想支付那麼高的價格。所以，少數族群聚居區內的商店藉由提高價格來回收額外成本的能力很有限，畢竟要是他們再進一步提高價格，將導致更多的顧客外流至其他地方購物。這表示，他們的利潤比中產階級社區的商店更小。一項鎖定華盛頓低收入社區商店的研究發現，這些商店的售價確實比較高，但利潤**沒有**比較高。[62] 這可能也解釋了許多商店不去少數族群聚居區開店的原因，尤其是大型連鎖超市。那些在少數族群聚居區開店的業者可能已經經營得很困難了，卻依然受到「剝削」消費者及「貪婪」之類的指控。

這裡也應該指出，即使在犯罪率高的社區，多數的居民並非罪犯，但那些不是罪犯的人卻以多種方式為那些犯罪者付出代價。然而，他們在商店得支付的高價，卻很少歸因於造成高價的犯罪者，反而較常歸因於那些收取高價的業主。如果業主又是不同種族的人，這種謬誤的歸因更有可能出現。此外，如果當地政客及社區行動分子很愛譴責警方對犯罪分子或暴徒強勢執法，警方為了保護自己的職涯，往往會變得執法不太積極，導致犯罪分

子更加囂張，當地居民又得在經濟與其他方面為此付出代價。

此外，少數族群聚居區不見得都是缺乏商店及其他事業（提供服務與就業機會）的地方。早期犯罪率較低的時候，尤其是一九六〇年代大規模暴動發生之前，許多企業在黑人社區裡營運，是後來才搬走的（如第 2 章所述），這也是當地居民長久以來付出的慘痛代價。如今又多了另一種因素：有少數幾個例子是，沃爾瑪超市等低價大賣場考慮在少數族群人口眾多的城市或附近開店，卻往往遭到工會的政治性阻撓，工會還會號召盟友來譴責這些業者的非工會性質及其他政策。那些盟友常以少數族群之友自居——這也是許多關於種族的謬論之一。

▌借貸歧視

有些人引用黑人與白人向金融機構申請貸款的接受率差異，做為「種族歧視」的證據。一九九一年，美國聯準會（Federal Reserve Board）發布了一九九〇年全美貸款統計資料的研究，研究顯示不同種族申請貸款時獲准及遭拒比例上的差異。雖然多數黑人、白人、西語裔、亞裔的貸款申請者都獲准了，但這些族群遭到拒絕的比例差異很大：從黑人的三四％到亞裔美國人的一三％。[63] 雖然該研究提醒，它沒有貸款申請人的資產淨值、信用

記錄、就業史或其他影響貸款申請核准的資料，[64] 但馬上就有人聲稱那項研究顯示種族歧視的存在。

美國著名的黑人民權領袖傑西‧傑克遜（Jesse Jackson）曾說，銀行「處理貸款申請時，常系統化地歧視非裔與拉丁裔美國人」的做法，是「犯罪行為」。[65] 翌年，聯準會發布了另一項類似的研究，研究結果與前一年差不多，也推演出類似的推論。例如，《華盛頓郵報》報導，「壓倒性的證據」顯示「我們的銀行體系」有歧視行為。[66] 對於這兩項研究的評論，大家都把焦點放在黑人與白人的差異上（有時也會提到西語裔與白人之間的差異），但這些研究的統計資料明明也包括亞裔美國人的資料，卻幾乎總是遭到忽略。

在一九九一年與一九九二年的研究中，白人申請房貸遭拒的頻率高於亞裔。[67] 二〇〇〇年的貸款資料同樣顯示，黑人申請貸款遭拒的比率是白人的兩倍，白人申請貸款遭拒的比率幾乎是亞裔美國人的兩倍。[68] 就像白人的信用評分高於黑人一樣，亞裔美國人的平均信用評分也高於白人。[69]

如果我們把「黑人被歧視，白人占優勢」這個結論的推理方式套用在亞裔與白人上，會得出一樣可疑的結論：「白人被歧視，亞裔占優勢。」然而，不管結論有多可疑，我們都不能在實證支持我們的偏見時，就直接接納實證；在實證違背我們的偏見時，

就拒絕接受同樣的實證——這樣只會為早就夠多了的種族謬誤增添更多的謬誤。另一項研究顯示，亞裔美國人申請昂貴次貸的頻率比白人低，但媒體依舊把焦點放在黑人與白人申請昂貴次貸時的差異，而且結論依然是種族歧視導致了這類差異。[70]

就像關於就業歧視及消費者歧視的指控一樣，在此我們必須仔細審查整體的統計資料，確保那些比較不是在比完全無法相提並論的東西（如蘋果和橘子）。儘管在聯準會的研究中，貸款申請者的資料不包括資產淨值，但其他與黑人和白人的相關資料往往顯示，他們的資產淨值差異很大（即使控制了收入差異亦然）。[71] 因此，說「收入**相同**的黑人與白人遭拒的比率不同」，並不是在說「信用評級相同的個人被拒絕的機率不同」，因為核准或否決貸款的重要考慮因素之一，就是資產淨值。一項更早的研究顯示：「一般白人家庭持有的流動資產，約為一般黑人家庭的四倍。」[72]

這只是把不能相提並論的蘋果與橘子拿來比較的方式之一。一九九二年，波士頓聯邦準備銀行（Boston Federal Reserve Bank）對波士頓的貸款所做的研究顯示，黑人、白人、西語裔申請者在一些相關因素上並不相同：

> 誠如其他調查結果所示，黑人與西語裔申請者的淨財富與流

動資產比白人少得多。黑人與西語裔申請者的信用記錄通常也比白人差。

在波士頓，黑人與西語裔人比白人更有可能購買二至四個家庭同住的房子。而申請這種房貸遭拒的比例本來就比較高，不管申請者是白人、黑人還是西語裔都一樣。由此可見，放款者認為為這類房產的購買提供融資的風險比較大。[73]

這些差異及其他差異所反映的是不同族群申請一般貸款的比例不同。但一般貸款又與政府擔保貸款（government-backed loan）不同，政府擔保貸款的條件往往比較容易滿足，限制的貸款額度也比較低，縮限了資產不足者能買的房價。黑人申請政府擔保貸款的數量是申請一般貸款的八五％，白人申請政府擔保貸款的數量是申請一般貸款的三二％，亞裔申請政府擔保貸款的數量是申請一般貸款的一一％。[74]

幾乎每個有資料的變數中，這些族群都有明顯的差異。例如，白人申請貸款主要是為了以房屋抵押再融資，而不是為了修繕住屋；黑人的情況則正好相反。[75]然而，就像其他情況一樣，這裡的統計差異常被拿來做為種族歧視的證據，彷彿種族是那些族群之間的唯一差異似的。此外，亞裔資料遭到忽視也顯示他們刻意迴避矛盾的資料，以免有人尷尬地質疑從這些統計差異得出

結論的方法。這不是唯一一回避亞裔統計資料及其他事實的情況，每當亞裔的統計資料有可能破壞大家普遍用來解釋「種族差異」的便捷說法時，這種情況就會出現。[76]

波士頓聯邦準備銀行的研究試圖對各種因素進行統計控制，以判斷他們比較有相同衡量特質的黑人與白人後，還有哪些尚未解釋的殘留差異。那項研究的結論是，與白人有相同衡量特徵的黑人申請貸款遭拒的機率是一七％，但是在相同的標準下，他們遭到拒絕的機率應該只有一一％。不過，該研究並沒有直接說那六％的差異無法解釋，反而以截然不同的方式表達：

　　波士頓的黑人或西語裔的貸款申請者遭拒的機率，比情況相似的白人高了約六〇％。這表示一七％黑人或西語裔申請者遭到拒絕，而不是一一％，即使他們的債務比率、信用記錄、貸款價值比、房產特質等等都和白人申請者一樣。簡而言之，調查結果顯示，貸款市場有嚴重的問題。放款者、社區團體以及監管機構必須共同努力，確保少數族群得到公平的對待。[77]

就這樣，那無法解釋的六％差異被當成貸款遭拒的可能性增加了六〇％，因為一七％大約比一一％高出六〇％。但波士頓聯邦準備銀行那項研究的問題超出了偏見的含義，就像許多研究會維持某些變數不變一樣，這個研究似乎假設「只有這些變數很重

要，其他都不重要」，或是假設「黑人與白人之間的其他變數都
一樣」，儘管實際調查的每個變數都顯示，黑人與白人**不一樣**。
後來，其他人檢查某些銀行的放款記錄時發現，那些可比較的黑
人與白人的貸款批准率的剩餘差異，都是一家銀行造成的，而且
那家銀行是黑人開的！[78]

如果貸款歧視理論是正確的，代表黑人的信用評級必須比白
人高，貸款申請才會獲准。這又進一步表示，黑人後來的違約率
將低於白人。但是人口普查的實證資料並未顯示不同族群的違約
率差異。[79]《富比士》雜誌的一位記者曾向波士頓聯邦準備銀行
那份報告的主要作者艾麗西亞・蒙內爾（Alicia Munnell）解釋了
這個事實的寓意。在記者的追問下，蒙內爾同意他的觀點，也就
是說：「如果黑人真的被歧視，黑人的違約率應該比較低，而非
黑人與白人的違約率相同──歧視意味著好的黑人申請者遭到不
公平的拒絕。」但蒙內爾說這是「一個複雜的觀點」，[80] 隨後他們
做了以下的討論：

《富比士》：「妳有沒有想過，如果黑人與白人的違約率差不
多，表示貸款機構做了理性的決定？」

蒙內爾：「沒有。」

蒙內爾不想否認她的研究。她告訴《富比士》，經過深思

後，她覺得人口普查的資料不夠好，可以再進一步「調整」：「我確實認為，歧視是存在的。」

富比士：「妳沒有證據嗎？」

蒙內爾：「我沒有證據⋯⋯沒有人有證據。」[81]

就算沒有影響貸款因素的資料，指控「貸款歧視」也相當牽強，很難通過合理性測試。為了方便討論，假設每家銀行及儲貸會的每位放款專員都是白人，而且他們都不喜歡黑人，那會出現什麼情況呢？

放款人員總是會遇到黑人來申請貸款，無論那些黑人的申請是否獲准，該銀行中的任何人可能永遠不會再見到那些黑人了。此外，無論是黑人還是白人申請貸款，核准貸款都不算是在幫申請者一個忙，而是在幫銀行獲利。不喜歡黑人是指不喜歡每個月收到他們繳的房貸嗎？即使是種族主義最嚴重的吉姆‧克勞法時代，南方也很少白人會拒絕接受黑人寄來的支票繳款。

在這個研究聲稱有貸款歧視的期間，銀行與儲貸會正竭盡所能地避免破產，很多銀行因經營不善而關門大吉。那些黑人寄來的支票繳費可以支持銀行的營運，避免銀行倒閉。相信那些銀行會拒絕合格的黑人寄來的支票繳款，等於是相信那些銀行人員只知道那些支票是來自素未謀面的黑人，就足以讓他們自斷財務活路。

至於那些向信評等級較低的人收取較高利率的次貸業者，許多（即使不是大多數）業者蒙受了多達數百萬美元的損失。二○○一年，美國銀行（Bank of America）在損失數億美元後，突然結束次貸業務。[82] 一些次貸業者已經破產，但外界仍普遍譴責他們肆無忌憚地剝削窮人，但實際上他們只是低估了放款的風險，以至於他們收取的高利率不足以彌補那些風險。

摘要與寓意

　　雖然關於種族差異的總體資料很容易取得，但從這些資料得出的結論差異很大，爭議也多。同一組資料可能得出截然不同的結論，取決於引用資料的任意挑選以及比較群組的任意挑選。例如，在比較黑人與白人時，若是忽略亞裔美國人，可能會忽略以下的事實：推導出「黑人被歧視」的推理過程，也會推導出「白人被歧視」的結論；因為白人申請貸款遭拒的頻率不僅比亞裔高，他們也比亞裔更常被迫使用代價高昂的次貸。一項關於一九九○至一九九一年期間就業低迷的研究顯示，白人勞工比亞裔勞工更有可能失業。[83] 面對這種統計數據，我們要麼認為白人雇主歧視白人勞工，不然就得承認不同群體在攸關經濟決策的特徵上可能有所不同。

至於種族歧視是否存在、有多嚴重、後果如何等問題，我們不能用粗略的統計數字來回答，甚至不能用一些常用的研究方法來回答。例如，已經有研究使用客觀條件相同的黑人與白人去求職，或收入相同的黑人與白人去申請住宅或一般貸款，然後根據這些人獲得錄用、租到房子、買到房子或獲得貸款的比例，來判斷黑人受歧視的頻率或嚴重程度。

　　這種方法的謬誤，來自他們忽視了認知的高昂成本以及做錯決定的高昂代價。無論是客觀的工作資歷還是收入，都不能展現任何種族中任何人的全貌。當取得具體資訊的成本很高昂時，決策者可能會採用其他的挑選工具，例如，從前任雇主徵詢更多詳細的資訊（許多前雇主不願提供這種資訊，因為提供負面資訊可能會有法律風險），或雇用私家偵探調查求職者、住宅申請人或貸款申請人的私生活。這些挑選工具中，有一種是由現有的員工推薦。現有的員工沒有動機去推薦不適任的人選，畢竟那會危及自己在老闆心中的地位。前文提過，種族也可以變成挑選工具，即便使用這個工具的人對特定種族並沒有敵意，甚至同種族的自己人也會以種族做為挑選工具。

　　事實上，如果不同種族之間，被錄用、租到房子、買到房子或獲得貸款的比例有所不同，以種族做為挑選工具可能會導致許多理想的人選喪失資格，但這麼做**除了決策者自己的行為所造成**

的成本以外，並不會給整個種族帶來成本。以前，許多雇主在徵才廣告上寫「婉拒愛爾蘭人應徵」時，無疑有許多滴酒不沾、勤奮努力、生產力又強的愛爾蘭人受到傷害；他們本身並沒有錯，卻遭到同胞的波及。但我們不能因此說那個時代愛爾蘭裔整體與其他美國人之間的就業與收入差異就代表歧視，實際上的情形，是行為差異的代價反映在就業差異上。判斷兩個群體之間的經濟差異是不是歧視的結果，與判斷個人是否因自己沒做的事情及無法控制的情況而遭到懲罰，是完全不同的兩碼事。無論歧視個人有多麼該被譴責，我們都不能直接拿它來解釋不同族群之間的收入與就業差異。

美國社會學家杜布瓦（W. E. B. Dubois）十九世紀的研究也隱含了類似的結論。他寫道，就算所有的白人在一夕間拋除種族偏見，對多數的黑人勞工來說也不會有多大的差異。儘管「有些人獲得提拔，有些人獲得升遷」，但是在年輕世代開始「更加努力」、「怠惰洩氣」的人受到刺激，整個種族「不再開口閉口都是失敗的藉口：偏見」之前，「多數人依然維持原樣」。[84] 同理，就像愛爾蘭人的例子一樣，無辜者可能得承受嚴重的損失，但那種損失無法解釋兩個群體之間的整體收入差異或就業差異。毫無疑問，由於種族因素，杜布瓦本人在學術界與其他地方被剝奪了他完全有資格享有的種種機會（注：他是哈佛大學第一個取得博

士學位的非裔美國人）。但重點是，根據杜布瓦當時的研究，那種就業歧視並不能解釋那個時代黑人與白人之間收入與就業的極大差異。對「匹配的」個體樣本所做的決定差異，不能拿來解釋整個群體的經濟命運差異。那樣做會造成誤導，因為不同群體在相關因素上根本「不匹配」。

另一種看待這個問題的方法是，正如消費市場，在就業市場也必須明確地把那些創造某些成本及轉嫁成本的人區分出來。就像低收入社區的犯罪者所創造出來的成本被轉嫁至當地沒有犯罪的居民身上一樣，某個種族中生產力低落或惹是生非的勞工所創造出來的成本，也轉嫁給同種族的其他勞工，導致他們的就業機會減少。這兩種行為是否公平是個道德問題；至於那些後果是不是那些情況造成的，則是經濟問題。

有一段時間，黑人社區（愛爾蘭或猶太社區也是如此）普遍認為，社區中某些人的行為對其他更廣大的居民有不利的影響。黑人、愛爾蘭人與猶太人都有社區組織（世俗性組織及宗教性組織）在致力減少一些人的負面行為，以維護所有人的利益。但是，如果把整個族群的問題都歸咎給外界，不計一切代價去維持內部的群體團結、甚至團結那些做錯事的人，就會削弱或破壞那些社區組織的努力了。

資料問題絕不是種族謬誤的唯一來源，也不一定是主要來

源。許多人以特定的方式看待種族問題時，享有很大的既得利益。政客和行動分子之所以會針對種族差異，從某種社會觀點提出原因與補救措施，是因為那涉及他們的職涯利益，尤其當他們把政治與行動主義描繪成過去與未來進步的主要來源後，那更是與確鑿的證據背道而馳。其他人則是對於主流觀點抱持著強烈的心理或意識形態，那種主流觀點認為，不同群體的收入與犯罪率差異主要是外部因素造成的。那些外部因素包括雇主歧視、低收入社區的高物價、上班的交通工具不足等等，不一而足。

對這些解釋提出任何質疑，都有可能招來「檢討被害人」的指控。但問題關鍵在於「受害」是不是原因。至於檢討或責怪，誰能因為繼承了他出生以前就存在的文化而遭到責怪？儘管過去已經無法改變，但我們現在可以做很多事情，為未來做準備。無論我們希望未來達到什麼成果，都必須從知道當前的位置開始——不是我們希望自己在哪裡，也不是我們希望別人認為我們在哪裡，而是我們實際在哪裡。

歷史與統計資料都顯示，以「奴隸制的遺毒」來解釋美國黑人聚居區當前的社會病態是錯的。參議員愛德華・布魯克（Edward Brooke）一九二〇與一九三〇年代在華盛頓的黑人社區長大，他一語道盡了許多統計資料證實的情況：

對當今在美國成長的年輕人來說，我年輕時期的故事似乎令人費解。他們得暫時忘掉現實的感受，想像一大片華盛頓特區真的很安全的時代。當時家人都住在一起，鄰居守望相助，大家鼓勵學生好好用功讀書，沒有毒品或飛車槍擊事件。[85]

布魯克參議員描述的世界，比黑人聚居區充滿社會病態的世代更接近奴隸制的時代。此外，一項針對英國白人底層社區的研究也發現許多非常相似的社會病態，[86] 那是我們所熟悉的種種解釋（奴隸制、種族主義或歧視）都不適用的情境。英國的白人底層社區與美國黑人聚居區的共同點，是一種社會的病態模式。那種模式在二十世紀下半葉變得更為明顯，當時相似的思想與政策在兩國都變成了主流。英國曾是全球最守法的國家之一，但到了一九九五年，英國多數類別的犯罪率都比美國還高。[87] 在英美兩國，許多政客、行動人士與空想家聲稱他們有辦法解決問題，卻導致許多問題更加惡化。

第三世界的謬誤與真相

　　西方各國的繁榮與第三世界國家的赤貧形成反差，激起許多人的情緒，也引起許多人對這種情況提出質疑。雖然那些質疑揭開了許多事實，但是未能區分因果關係與責任歸咎，導致了許多謬誤產生。

　　由於任何種族的發展史中都有數不清的罪過，想要以究責的方式來解釋因果關係的人，往往能輕易地從人類歷史中找到可引用的糟糕事例。例如，《歐洲如何造成非洲落後》(*How Europe Underdeveloped Africa*) 這本書的書名就充分反映了這種混淆。歐洲人確實在非洲做過許多罪大惡極的事情，但北非人在歐洲也犯了不少罪。光是北非巴巴里海岸的海盜奴役過的歐洲人，就比被送到美國為奴的非洲人還多。此外，北非的摩爾人 (Moors) 也入侵並征服西班牙長達數百年之久。

這種掠奪與暴行絕對不只歐洲人與非洲人做過。亞洲人、阿拉伯人、玻里尼西亞人與西半球的原住民都有相似的歷史，儘管具體的細節上可能有很大的差異。同樣，這種混淆因果與究責的現象，也不只限於涉及歐洲人與非洲人的議題；許多人把南美的貧困推在北美人身上，或把印度的貧困歸咎於英國在那塊次大陸上的殖民統治。

當然，有時究責與因果關係可能有所重疊，就像歷史事件可能正好發生在春分那天。但就算兩者重疊，那依然是截然不同的兩碼事。西班牙征服者在建立一個從南美洲南端一直延伸到舊金山的龐大帝國時，摧毀了西半球許多原住民的經濟與社會，使西班牙富裕起來，也使那些地區的原住民窮愁潦倒。但是，儘管在世界各地都能舉出類似的例子，更根本的問題在於：那是導致當今**多數**富國蓬勃發展、**多數**貧國陷入窮困的原因嗎？

除非征服者與被征服者之間原本就有巨大的差異——無論是經濟上、軍事上還是任何方面——否則征服者怎麼可能一開始就征服那些人？當我們試圖解釋像西班牙那樣的國家（面積還不如德州）如何征服那些領土面積及人口數量是其好幾倍的地區，或二十世紀上半葉一些歐洲國家如何在非洲、或日本如何在東亞做同樣的事情時，這種問題顯得特別重要。

簡而言之，即使是那些把被征服者的貧窮歸咎給征服者的

人，也仍然沒有解開因果關係的問題，因為前面提到的那些隱藏在征服背後的差異仍有待解釋。此外，一些強國幾乎不靠征服他人致富；一些國家陷入貧困，也不是被征服的緣故。如果把第三世界的貧困只歸因於經濟「剝削」（無論如何定義），那麼懸而未決的最大問題就是：為什麼第三世界最貧困的地區，往往是富國接觸最少的地區？

究責比找出因果關係更為容易，也更大快人心，政治上也更方便，但究責也是許多謬誤的來源。在假設究責能解釋第三世界的貧困之前，我們至少得先審視因果關係的複雜性。世界上不同地區之間的經濟差異背後，有許多因素是地理造成的，既不能歸咎給富國，也不能歸咎給貧國。

地理

地理涵蓋許多東西，包括土地的組成與沃度、氣候、天然資源、水路、動植物群等等。這些因素都限制或促進了經濟發展的前景，但很少有單一因素可決定發展的速度與規模。

有些民族一貧如洗，有些民族則繁榮富強，這種差異有可能取決於土地的組成。乍聽之下似乎很奇怪，但誠如法國知名的史學家費爾南·布勞岱爾（Fernand Braudel）所指的一般規律所

示：「山地生活始終落比平原落後。」[1] 這方面的實例不難列舉。例如，美國阿帕拉契地區長久以來一直處於貧窮落後的狀態；更早的幾個世紀，希臘山區的居民是最晚學會希臘語的，就像蘇格蘭高地的居民也比低地的居民晚學會英語一樣；摩洛哥里夫山脈（Rif Mountains）的居民是在平原居民都變成穆斯林後，才開始接觸伊斯蘭教的。中東、印度、中國等人類最早的已知文明皆源於河谷，世界各地的大城市大多建在通航的水域邊，這些似乎都不只是巧合。

雖然我們常把地理視為固定的，但隨著知識與經驗的累積以及時間的推移，人類對某個地理環境所能做的事情也會跟著改變。所以，某個環境的優勢與劣勢，無論是絕對的、還是相對於其他環境的，都有可能隨著時間產生深遠的變化。雖然某個環境的天然資源數量可能是固定的，但實際上哪些東西可以做為天然資源，完全取決於人類是否知道該如何使用它們。在人類發明水車以及後來的水電大壩之前，瀑布並不是天然資源，只是水道上的通行障礙罷了。因此，一個地區有沒有瀑布，在懂得水力發電之後，相對的地理優勢與劣勢發生了變化，進而改變了當地居民生活的貧富前景。

同理，一個地方有沒有石油、鈾礦或其他礦藏，在人類知道如何使用這些東西的前後，對不同地區及當地居民的相對前景，

也有完全不同的經濟影響。西歐的土壤厚重，只有在發明駕馭牛和馬的方法以便有效犁田後，那些土地才變得比較肥沃。此外，西半球原本沒有牛和馬，兩者都是後來侵略者入侵後，才從歐洲帶過來的；在那之前的幾千年，西半球也不可能有那種農耕發展。當農業是地球上多數地區的主要經濟活動時，表示當時西半球原住民的經濟發展，遠不如多數人居住的廣闊歐亞大陸。

此外，由於幾千年來，牛和馬在歐洲與亞洲是客運與貨運的關鍵，代表西半球的陸路運輸與農業發展都與歐亞大陸完全不同。此外，由於水上運輸的規模取決於貨物抵港後的陸運處理能力，因此西半球在建造大型遠洋輪船方面，也欠缺歐亞那樣的誘因與優勢。簡而言之，地理上的差異使東西半球的整體生活方式必定會不同。

也許地理最深刻的影響在於促進或阻礙經濟上與文化上的人際互動。由於沒有人能壟斷新思維，任何人在經濟或其他方面的進步，多多少少取決於他能接觸到多少他人的進步。地理決定了一個文化在特定地區的傳播範圍。幾千年來，歐亞大陸的人民與西半球的人民互不知道彼此的存在，所以不可能有文化交流。過去的幾個世紀間，他們開始相互接觸，但那只是人類歷史中的一小部分；在那之前的數千年歲月裡，他們各自發展並鑽研出截然不同的經濟、文化、技能與價值觀。

同樣地，住在世界各地海洋孤島上的人民也被隔絕在文化互動之外，無法參與人類的普遍進步。十五世紀，西班牙人發現了加那利群島（Canary Islands）的原住民，他們屬於高加索人種，仍過著石器時代的生活。在英國人抵達澳洲之前，澳洲原住民也獨自生活在世界另一端的島嶼大陸上。地理上的孤立對經濟與文化有負面、甚至毀滅性的影響，無論那種孤立是絕對還是相對的。

地理差異可能會造成運輸成本的巨大差異，促進一些民族之間的文化交流，並阻礙另一些民族的文化交流。歐洲與亞洲明明是相連的土地，卻被視為兩個獨立的大陸；因為山脈與沙漠隔開了亞洲人與歐洲人，使他們在幾千年間各自發展出文化迥異的族群。雖然在那個時代，歐洲人與亞洲人之間的隔離，不像歐亞大陸與西半球那樣完全分開，但運輸成本限制了歐洲人與亞洲人之間的經濟互動。文化互動受到的限制又更多了，因為人的遷移與交通成本比貨物的運輸成本更高。

撒哈拉沙漠遼闊無邊，面積相當於美國本土四十八州的總和。幾千年來，撒哈拉沙漠將撒哈拉以南非洲的民族與其他人類隔開，雖然不是絕對分隔，但隔離的程度很大。誠如布勞岱爾所言：「外部影響滲透進來的速度很慢，只能一點一滴地流進撒哈拉以南的廣袤非洲大陸。」[2] 此外，許多內部的地理障礙也把撒哈拉以南非洲的許多民族彼此隔絕，[3] 使當地在文化上支離破碎，

這點從當地有大量不同的非洲語言即可見得——當地語言數量占全球語言數量的三〇％，但人口僅占全球的一三％。[4] 這些居民無論是被孤立在何方（沙漠、遙遠的海洋島嶼、偏遠山區），他們經濟與文化的發展往往落後外面的世界。

氣候也是地理的一部分。除了特定氣候在農業或疾病方面有直接的優勢與劣勢以外，氣候也會影響文化界的大小。土地與水路長年凍結的地方，當地居民與外界的貿易或交流都不如氣候溫和的地帶。由於氣候的南北差異往往比東西的「等距離」差異還大，所以栽種作物或馴養動物的知識橫向傳播的距離比縱向傳播的距離更遠。那些知識可以穿越亞洲，抵達同緯度的歐洲。但南美溫帶地區的動植物常識，無法傳到等距離外的北美溫帶地區，因為它們之間隔著非常廣闊的熱帶地區，那裡的動植物群與其他地區截然不同。

即使在有限的區域內，地理的變化也有可能非常極端。當潮濕的風吹過山脈，迎風面的降雨量可能是背風面的好幾倍，為山脈兩側創造出全然不同的農業條件。此外，同一座山的不同海拔也生長著不同的植被。西歐與東歐在氣候、通航水道、工業化所需的礦藏等各方面都不一樣，且東西歐在這幾個方面的差異，甚至比歐洲與非洲的差異還大。[5]

我們在看地理因素的影響時，不能把每個因素獨立看待，因

為因素之間的相互影響往往非常重要。例如，撒哈拉以南非洲的大部分地區缺乏歐洲與亞洲常見的負重馱獸，非洲也缺乏通航水道，以致有些地區的地形難以穿越或運輸，進一步放大了隔離效應。在撒哈拉以南的非洲，常常看得到居民頭頂著五顏六色的大包裹，那就是交通嚴重受限的跡象。數千年來，那種限制阻礙了當地的發展。

有些人以為，「有無可出售的天然資源」是決定一國經濟命運的關鍵地理因素，但這其實並沒有決定性的影響。沙烏地阿拉伯不僅是全球最大的產油國，而且開採石油很容易，產油成本很低，僅占售價的一小部分。因此，沙烏地阿拉伯有一些人極其富有，但就整個國家來看，沙烏地阿拉伯的人均實質所得僅約是新加坡的一半；而新加坡除了港口，幾乎沒什麼天然資源，連飲用水都得從馬來西亞進口。以色列沒有大量的石油，但人均實質所得高於多數盛產石油的中東國家。[6]

俄羅斯是全球最大的天然氣產國，其人均實質所得甚至連全球前七十名都排不上。全球最大的橡膠產國（泰國）及全球最大的鋅產國（中國）也是如此。全球最大的黃金（南非）和銅產國（智利）的人均實質所得排名分別是全球第六十九位及第七十位。[7]烏拉圭與委內瑞拉人均天然資源的價值，是日本與瑞士的好幾倍；但日本和瑞士的人均實質所得，約是烏拉圭的兩倍及委

內瑞拉的數倍。[8] 與其擁有豐富的天然資源，地理上接近世界其他地區的進步，似乎對經濟發展的影響更大，畢竟要有相關知識才能將物質變成天然資源。住在洞穴裡的老祖先擁有的物質資源和當今的我們一樣，甚至更豐富，但是直到人類得到了使用那些物質的知識，也有文化去安排那些物質的使用時，那些物質才變成有經濟意義的天然資源。

我們沒必要在此詳細介紹第三世界國家的地理狀況，更不必主張地理是造成他們貧困的唯一因素。重要的是，我們必須了解，光是地理這個因素就足以造成差異，因此各國人民與國家之間任何原有的經濟相同或平等，都不能做為比較基準或一般假設，那種假設會導致我們對它們之間的差異感到震驚，並為那些差異找尋神祕或不倫不類的原因。除了地理因素，還有許多其他因素左右著一國的貧富。由於還有其他因素的影響，一些地理上非常幸運的國家依舊一貧如洗，一些地理上不太有利的國家反而蓬勃發展。我們必須考慮那些其他的因素。但同理，我們不能理所當然地假設，若不是因為某些因素，世界各國的人民與國家理應要有相同的經濟成果。

歷史

說到第三世界國家，大家可能會以為有一組國家與其他國家截然不同，但那是一種謬誤。一百年前，名列富國或貧國清單的國家，和今日的富國或貧國並不是同一批國家。例如，二十世紀中葉，新加坡是全球最貧窮的地方之一，但如今新加坡已躋身富國之列。十九世紀中期的日本既貧窮又落後，二十世紀上半葉，一般人認為，日本製造的產品是拙劣模仿歐美商品的山寨劣等品；然而，如今日本的汽車、照相機和其他產品成了世界各地的品質標竿，日本也是全球最富裕的國家之一。二十世紀初，阿根廷是全球十大富國之一，領先德國或法國，但它很早就失去那個地位了。從歷史的長河來看，每個國家在演化過程的某個階段都曾是第三世界國家。

簡而言之，如今我們所謂的第三世界國家，只是經濟水準落後多數的國家罷了。有些第三世界國家一直很窮，有些則是陷入貧困（可能是絕對貧窮，或相對於世界各地不斷提升的生活水準）。有些國家（如中國和印度）是幾個世紀以來一直很窮，但在過去的一個世代左右，經濟成長出奇地迅速，使數百萬人脫離了國家設定的官方貧窮線。還不到一個世代，最窮的國家就換了另一批。誠如經濟學家威廉‧伊斯特利（William Easterly）所

言：「一九八五年的二十八個最貧國家中，有十一個國家在一九五〇年並不是全球最貧窮的二〇％。」[9]

誠如第 5 章所述，比較統計類別在某段時間的相對所得，與比較同一群人在某段時間的相對所得，會產生完全不同的結果。同理，比較某段時間內國家的統計類別，也與比較同一批國家的結果不一樣。世界銀行的統計資料顯示，一九六〇年到二〇〇〇年間，二十個所得最高的國家與二十個所得最低的國家的所得比例從二三：一上漲至三六：一。一些人利用這些資料宣稱，全球化加劇了富國與貧國之間的經濟不平等。但比較二〇〇〇年與一九六〇年的**同一組**國家時，則會得出正好相反的結論。起初最富有的二十個國家和起初最貧窮的二十個國家之間的收入比從二三：一**下降**至不到一〇：一。[10] 更自由且不斷成長的國際貿易——亦即全球化——其實正是一些國家脫離墊底命運的原因之一。

既然全球所有的國家一開始都很窮，我們需要解釋的不是貧窮的原因，而是為什麼有些國家能夠脫貧致富。沒有人知道是誰發明了輪子，或什麼人最早開始栽種作物、不再依靠採集野生植物維生。我們只知道，這些事情比較早出現在某些社會中，後來才傳至其他社會（但不是所有的社會）。如今已知最早的農業出現在中東地區，接著傳播至最靠近中東的歐洲社會。所以，歐洲的地中海地區，尤其是地中海東部，在許多方面比北歐還要先

進。古希臘人建造了帕德嫩神廟（Parthenon）等宏偉巍峨的建築，但幾世紀後，羅馬人入侵不列顛群島時，不列顛群島上一座建築也沒有。誠如邱吉爾所言：「倫敦的建立要歸功於羅馬。」[11]

西元十世紀，一位穆斯林學者曾言，歐洲人愈往北邊，膚色愈白。他也說：「歐洲人愈往北愈愚蠢、愈粗野、愈殘暴。」[12] 然而，如今發表這種言論馬上會被斥為種族主義。但事實是，身處在當下的是他，我們並不在那裡。此外，羅馬帝國崩潰後，整個西歐的大退步持續了數百年，後來西歐國家才取代地中海的歐洲國家，成為歐洲文明的新領袖。在亞洲，沿著中國黃河發展起來的古老文明不僅擴散到中國各地，也傳播至東南亞的其他地區，甚至傳到日本；中國的產品也橫越歐亞大陸，進入歐洲。

與世界先進文明隔絕的地方（無論是因為地理還是其他因素隔絕）往往發展落後，貧窮的水準停滯不前。十七世紀的日本採取鎖國政策，與外界隔絕，直到十九世紀中葉美國軍艦進入日本水域，才迫使日本打開門戶。這個慘痛的歷史教訓讓日本人意識到自己的落後與軟弱，促使他們做出國家經濟發展計劃，主導了日本未來好個幾世代的發展。

日本是個罕見的例子，它看到自己貧窮的根源，知道自己必須改變才能進步。當時的日本並未遭到佔領，他們不能怪罪殖民主義。日本曾一度鎖國，自我隔絕於國際商業與投資之外，所以

他們也不能怪罪外國人的「剝削」。日本的願景與今日許多第三世界國家的願景截然不同，它從貧窮與落後中的崛起，是史上最迅速、最戲劇性的例子。

以科學、技術、經濟與政治組織、藝術方面的領導地位來說，中國在世界上的領先地位比史上任何國家都還要長。直到中世紀，中國仍是全球生活水準最高的國家。然而，在最近幾個世紀，中國通常屬於第三世界國家，反覆發生的饑荒奪走了數百萬人的性命，直到二十世紀的最後二十五年，中國經濟的加速成長才讓中國開始擺脫這種狀況。同樣地，中世紀開始的幾百年來，伊斯蘭世界在科學、藝術、軍事方面也遙遙領先歐洲，但這兩個文明的相對地位在許多方面發生了逆轉。簡而言之，沒有哪個國家或文明能永遠走在人類進步的尖端。但各國經濟平等也是從未發生過的事，如今很多人把經濟平等視為社會常態，並刻意以一些不倫不類的說法來解釋經濟不平等的現象。

經濟

富國與貧國的經濟反差很明顯，但從統計資料來看，兩者的落差更是令人震驚。瑞士的人均實質所得是馬來西亞的三倍多，是阿富汗的四十倍。美國的人均實質所得是阿富汗的五十倍。[13]

在德國、瑞士以及加拿大，一半以上的人口擁有汽車；但在衣索比亞，一千人中僅一人有車。[14] 與這種明顯落差相仿的例子不勝枚舉。不過，我們在看其中一些統計資料時，必須抱持保留的態度。

在許多第三世界國家，很多（即使不是大多數）經濟活動是「帳面外」私下進行的，因為繁文縟節及管理過細的法規使得合法經營的成本太高。例如在印度，據估計，僅一○％的勞力人口在正規或法律承認的行業中工作。[15] 此外，人均所得的資料往往無法相比，因為第三世界國家與富國的人口年齡差異很大。德國、義大利、日本的年齡中位數都超過四十歲，許多第三世界國家（從安哥拉到尚比亞）的年齡中位數不到二十歲。在世界各國，不僅年輕人的收入通常比中年人少，高收入國家的許多生產，都用在解決老年人的特殊問題上。

德國、義大利、日本有超過四分之一的人口年齡超過六十歲。[16] 為了因應老年疾病，這些國家生產了許多東西（例如拐杖、助行器、膳食補充劑 Geritol 到心血管疾病藥物 Viagra 之類的藥物）幫助老年人的生活過得比較舒心，但他們**沒辦法**像不需要這些輔助商品的年輕人那樣自如。如果有辦法調整資料，把這些因素都納入考量，富國與貧國之間的統計差異會更精確地反映真實的生活水準差異。也就是說，差異依然存在，但不會像之前的統

計資料所顯示的那麼極端。

　　既然所有的國家都曾經像如今的第三世界國家那樣貧窮，我們要解釋的就不是貧窮本身，而是財富是怎麼創造出來的，以及哪些東西會增加或減少致富的能力。

▌ 法律與秩序

　　繁榮的時代與地方有個共通點，就是法律與秩序。換句話說，難以建立法律與秩序的時代和地方，很少會繁榮起來。有時地理位置是問題所在。山區往往是法外之地，因為在與世隔絕、人煙稀少的地區提供警力或軍事控制的成本，往往比在低地平原建立及維持治安的成本高上許多。無論哪個政府是因為什麼原因而崩解的（例如羅馬帝國崩潰後的西歐），威權一旦崩解，經濟的停滯、甚至倒退往往隨之而至。據估計，羅馬帝國崩潰一千年後，歐洲的生活水準才恢復至羅馬時代的水準。

　　美國的黑人聚居區也發生過同樣的情況，只是規模比較小。一九六〇年代發生的暴動不僅摧毀了當地的事業，也使許多新的事業不敢進駐當地，長達一個世代以上。即便是成吉思汗或鄂圖曼帝國時期的專制法律，也促進了經濟繁榮；只要執法持正不阿，敕命不朝令夕改，官員不貪贓枉法，對經濟發展就會有所助

益。許多第三世界國家明明有不錯的經濟發展前景（例如擁有天然資源或其他有利的地理因素），卻難以富強起來，他們往往執法不力或官場腐敗，政策反復無常。

例如，奈及利亞的石油蘊藏量及航道比多數撒哈拉以南非洲的國家來得好，卻經常被評為全球最腐敗的國家之一。撒哈拉以南非洲的地理破碎化直接阻礙了非洲的經濟發展；廣袤的地區難以建立法律與秩序，也間接阻礙了經濟的發展。一項探索文化對經濟發展之影響的研究指出：

> 如果你想找個貪求無度、政府無能的社會，去撒哈拉以南的非洲準沒錯⋯⋯
>
> 這些國家的「政府」是腐敗的事業，與其說是公僕，不如說是黑手黨。[17]

無論是今日的阿富汗，還是幾世紀以前蘇格蘭高地的部族首領──在地方軍閥專制統治下四分五裂的國家，一樣都深陷貧困之中。法律與秩序所涉及的不單單只是極其重要的人身安全而已，對於需要進行一段時間的經濟活動來說，產權是先決條件。有了產權，從事農業或投資事業的人才能確保他們努力的成果。即使是沒有財產的人，如果他們要就業，產權也攸關他們的自身利益，因為產權的存在才能確保經濟蓬勃發展。

或許了解產權最簡單的方法，就是看缺乏產權會發生什麼狀況。即使在產權尚未正式廢除的國家，依法確認房屋、農場或企業所有權的成本也非常昂貴。這是第三世界國家常見的現象。《經濟學人》估計，在非洲，僅一〇％的勞工在合法認可的企業裡工作，或住在有合法產權的房子裡。在埃及，估計有四百七十萬戶的房屋是非法建造的。據估計，秘魯沒有產權的房地產總值，是該國有史以來所有外國直接投資的十幾倍以上。類似的情況在其他第三世界國家普遍存在，經濟資產普遍未獲當地法律的承認。[18]

　　缺乏法律承認不單只是形式上的。對那些想要脫貧致富的個人或國家而言，得不到法律承認是一種障礙。世界上有許多卓越企業在草創時期非常簡陋陽春，例如，惠普公司（HP）是從租來的車庫起家的；潘尼百貨（J.C. Penney）的創辦人貧寒出身，他的成長環境比當今許多靠著社會福利過活的人還要困苦；NBC電視台的創辦人年少時曾在街頭賣報謀生。這種例子數不勝數。但這些曾經貧困的企業家活在一個可以安心賺錢的社會裡，因為法律制度保障產權，確保有創業才華但沒錢的人可以從有錢的人身上賺錢。

　　在第三世界，終身靠著街頭販售來維生的小販隨處可見。但在美國，梅西百貨（Macy's）、布魯明戴爾百貨（Bloomingdale's）、牛仔褲品牌 Levi's 等企業都是由小販創辦的。對於一般企業來說，無論企業規模是大是小，能夠從他人的身上賺取錢財非常重要。如果沒有產權，放款人不會願意把錢貸放給還不起的人，因為法律並未認定他們的住宅或其他資產歸他們所有，所以當借款人違約時，那些資產不能做為抵押品，轉移給放款人。

從小規模壯大起來的企業，很少在事業發展有成之前就靠發行股票及債券起步。在缺乏資金的情況下，企業很難發展出興盛的事業。許多第三世界的小商販和小企業主只能從狹小的親友圈獲得資金，但要發展一家大企業，則需要來自成千上萬名陌生人的資金，打從一開始就經由銀行或其他金融機構貸款間接取得。缺乏產權，就等於切斷了這種資金來源。

問題不單只是第三世界中，一些本來可以成為企業領導者的人，因社會缺乏產權保障而失去機會。更根本、重要的事實在於，如果社會有很多大型企業，就可以為消費者提供更多商品，為勞工提供更多的就業機會，為政府提供更多的稅收，整個社會都能因為這些企業的存在而受益。

正式的法律體系不是法律與秩序的唯一面向。人民的誠信、合作、道德水準不僅會影響社會，也攸關經濟發展。舉例來說：

馬達加斯加的穀物交易商會親自檢查每批糧食，因為他們不

信任員工。三分之一的交易商說,他們不雇用更多的員工,因為怕員工監守自盜。這限制了穀物交易公司的規模,也縮限了交易商的盈收。在許多國家,公司往往是家族企業,因為家族成員是唯一可信任的對象。因此,公司的規模受到家族規模的限制。[19]

經濟學家伊斯特利所謂的「信任範圍」,因團體與國家的不同而差別很大。在印度的馬瓦里人(Marwaris)、東南亞的華人,或在紐約開鑽石店的哈西迪派猶太人(Hasidic Jews)等團體中,即使交易涉及鉅款,也可以在沒有書面協議或無法律追索權下進行,所以他們享有社會中其他團體所沒有的競爭優勢,可以用比較低的成本進行交易。同理,不同國家的誠信水準也各不相同。在東京,自行車停在路邊不上鎖也不會遭竊,但是在許多國家,幾乎一定會被偷走。

▌人口

兩百多年來,無論是第三世界還是其他地方,大家最常用來解釋貧窮的因素之一是「人口過剩」。但這個詞很少以任何有意義的方式來定義,也就是說,這個詞的定義向來跟廢話沒什麼兩樣。如果這個詞指的是人與土地的比例,只要粗略查一下資料,

就會發現那是錯的。

　　阿根廷每平方英里的人口比美國少，但人均實質所得只有美國的一小部分。印度每平方英里的人口是阿根廷的好幾倍，也是美國的好幾倍，但比日本少，可是日本的人均實質所得遠高於印度。撒哈拉以南的非洲很窮，但人口密度只有日本的一小部分。[20]你也可以找到一些人口密度比富國還高貧國，但人口密度與實質所得之間並沒有一致的關係。同樣地，要是你觀察長期的資料，也會發現沒有證據可以佐證「人口過剩」導致貧困。誠如二十世紀一位頂尖的發展經濟學家所言：

　　在一八九○年代與一九三○年代之間，馬來西亞從一個只有小村莊與小漁村的人口稀少地區，變成有大城市的國家。農業、礦業與商業都很發達。人口也從一百五十萬增至近六百萬；馬來人從約一百萬增至約兩百五十萬。人口增加了，物質水準也提高了，人民的壽命也比一八九○年代人口稀少時還長。一九五○年代以來，本來就地狹人稠的香港與新加坡人口迅速增加，實質所得與薪酬也跟著大幅成長。十八世紀中葉以來，西方世界的人口翻了四倍多；據估計，人均實質所得成長了五倍或更多。[21]

　　儘管主張「人口過剩」理論的人認為，人口成長可能造成更多的貧困，但幾乎沒有人能舉例說明哪個國家的人口縮減一半

時，生活水準變得更高。從馬爾薩斯（注：Thomas Robert Malthus，英國人口學家，他一七八九年發表的著作《人口論》〔*An Essay on the Principle of Population*〕是社會、政治、經濟學的經典之作，至今仍有爭論，但影響深遠）的時代至今，那些主張「人口過剩」理論的人就在想盡辦法挽救「人口過剩」理論了。

有些人說，重點不在土地，而是可耕地。然而，把衡量標準改成可耕地只會導致情況變得更加複雜，並不會改變結果。此外，把衡量標準從土地改為天然資源，結果也大同小異。誠如前述，烏拉圭與委內瑞拉人均天然資源的價值是瑞士或日本的好幾倍，但瑞士或日本的人均實質所得是烏拉圭或委內瑞拉的好幾倍。有些人認為，不該比較人口與原始的天然資源，而是要比較人口與**已開發**的資源，才能判斷是否人口過剩。然而，已開發資源只是財富的另一種說法。所以，說「更多人口相對於已開發資源」其實指的是「人均財富減少」──不過是一種換句話說的廢話罷了。這種廢話的危險在於，因為這種定義無可辯駁，它的無可辯駁性也讓它影射的事情有了虛假的可信度。

如第 2 章所述，在人口稀少的地區，人均供水、供電、排汙線、電話線、醫院以及提供許多昂貴東西的成本都比較高。撒哈拉以南非洲每平方英里人口稀少，是阻礙經濟發展的諸多障礙之一。

無論以「人口過剩」理論來解釋貧窮有多少缺陷，幾個世紀以來，這種說法一直在政壇上暢行無阻。許多第三世界國家的政府已經實施節育政策，其中以中國的一胎化政策最為嚴格。人民只要生育超過政府規定的數量（通常每對夫妻只能生育一個孩子），就會遭到嚴厲的懲罰。

▌文化

　　雖然產權、地理等外部因素可能會影響國家的經濟發展，但文化價值觀等內部因素往往對國家的經濟發展也有同樣的重要性，甚至更為重要。我們常看到，一些文化不同的外來分子進入某個社會，他們一開始的經濟狀況不如當地居民，但久而久之慢慢超越了在地人，儘管所有人生活的外部條件都相同。移民到阿根廷的義大利人、移民到西非的黎巴嫩人、移民到斐濟的印度人、移民到美國的猶太人、移民到俄國的德國人，以及移民到東南亞一些國家的華人都是這種現象的實例。這些移民中，很多人（即使不是大多數）剛到移民國家時經濟都很拮据，而且通常沒受過良好的教育，甚至根本未受教育。[22] 他們唯一擁有的是異於在地人的文化。

　　來自不同文化的移民，有時甚至可以開創出一整個行業或產

業。例如，儘管阿根廷以前**進口**過小麥，但在德國移民定居阿根廷後，阿根廷成了全世界最大的小麥出口國之一。阿根廷的土地以及栽種小麥的能力並未改變，改變的是生活在那片土地上的人群。有時新產業不是移民創造的，而是由那些來自其他國家的旅居者導入的。例如，英國人曾在世界各處修建鐵路，從印度到非洲，再到澳洲與阿根廷。近幾個世紀以來，世界各地的移民促使不同種族與文化的人在遠離祖先的起源地互動。他們往往會在移民的國家複製家鄉的模式。例如，採礦是威爾斯經濟發展史的一大部分，也是威爾斯人移民到美國與澳洲的歷史的一大部分。在中世紀的西班牙，猶太人在服飾生產業居主導地位。當他們移民至鄂圖曼帝國、美國與南美洲後，也在那些地方的服飾業中舉足輕重。

天然資源豐富的地區，即使達到了繁榮盛景，要是該區的制度與文化環境無法維持一套可靠的法律與秩序架構，榮景也難以持續。阿根廷就是個典型的例子，一些拉丁美洲國家也出現過類似的情況。

阿根廷曾是「全球天然資源最豐富的國家之一」，擁有「全球最肥沃的土壤」和「豐富的石油與天然氣蘊藏量」。[23] 在二十世紀初，它曾是全球最富有的十個國家之一。然而，它的現代化發展大多不是內部產生的，而是外國人來建設的（主要是英

國）。民族主義與政治意識形態的興起，尤其在充滿群眾魅力的獨裁者胡安・裴隆（Juan Perón）的領導下，阿根廷的外國投資占總投資的比例從一九一三年的四八％，降至一九五〇年代的五％。[24]

　　阿根廷的國內政治與經濟政策非但沒有促進經濟發展，反而導致經濟惡化，使阿根廷脫離富國之列。誠如一項研究所示：「二十世紀初，那些經濟狀況與阿根廷同屬一類的國家，人均國民生產毛額已經達到阿根廷的四至五倍，而且這些國家幾乎都是民主國家。」[25] 二十世紀末，阿根廷的經濟與貨幣體系崩解了，導致以物易物在全國普遍盛行。二十一世紀初，阿根廷的經濟稍有回升，但人均國內生產毛額僅有美國的十分之一。[26]

　　由於達到西歐、北美、日本等國榮景的國家在全球仍算少數，因此該解釋的應是如何將有利於經濟發展的多種因素結合起來、一起發揮效用，而不是為何多數國家無法創造榮景。事實上，許多富裕的國家花了好幾百年的時間，才把所有的因素結合在一起，可見這種成就很罕見。像美國、加拿大、澳洲那種把歐洲文化移植到海外的社會，是帶著有利經濟發展的舊文化到新的土地上展開生活，他們不必花好幾百年培養自己的文化。中國與鄂圖曼帝國早期在經濟與其他領域是領先的佼佼者，後來卻失去了領導地位，遠遠落後新興的領導者。這也顯示經濟發展需要結

合各種有利的條件——要是有利條件組合中的關鍵要素消失了，經濟繁榮也會隨之而逝。

很多人拒絕承認個人、群體或國家之間的差異是由內部原因所致。這種拒絕的態度不僅普遍、頑強，也錯誤百出。例如，一位學者指出，猶太人之所以主導服飾業，是因為他們抵達美國時，適逢美國服飾業即將起飛之際。[27] 這種說法完全忽視了一種可能性：正是因為猶太人的到來，才促成了美國服飾業的興起。他們移民至其他國家時也是如此。

這種否定「內部因素」的說法非常普遍，很多人常把內部因素貶抑為「刻板印象」。如果是討論個人或國家陷入貧困的原因，他們就說貶抑內部因素是在「檢討被害人」。他們的觀點非常強烈，甚至毫不猶豫屏棄第一手觀察的結果，只支持志同道合者所提出的一般假設，即使他們根本沒見過、也沒研究過那些群體。這種態度不僅影響了大家如何看待過去，也影響了未來的政策主張，尤其是外援第三世界國家的計劃。由於二戰後馬歇爾計劃（Marshall Plan）所展開的外援在西歐非常成功，許多人因此認為那種方式在第三世界理應會有類似的效益。

大量的外援未能在多數的第三世界國家創造出經濟發展，但是對那些拒絕重新檢討外援假設的人而言，這並未減損外援在他們心目中的地位。然而，考慮到不同的文化時，那些外援失敗並

沒有什麼神祕之處。戰後的西歐滿目瘡痍，但戰爭並未摧毀過去使歐洲工業化、並把世界帶入工業時代的知識與文化。外援拯救了饑餓的西歐人民，幫助他們重建實體環境，但關鍵的知識與文化早就已經存在了。在第三世界的大部分地區，實體環境完好無損，但同樣的知識與文化基礎仍有待建立。

▌剝削

關於富國與貧國之間的經濟差異，最著名且影響最為深遠的解釋莫過於列寧的《帝國主義》（*Imperialism*）了。這本書可謂說服藝術的傑作，因為它不僅缺乏令人信服的實證，也無視大量相反的證據，卻說服了世界各地許多受過高等教育的人。

帝國主義的論點在於，工業化的資本主義國家有過剩的資本，根據馬克思主義的理論，除非把資本出口到非工業的貧窮國家，找到更廣泛的剝削領域，否則利潤就會愈來愈低。列寧說，這些從貧窮國家賺取的「超額利潤」，將挽救工業化國家的資本主義，甚至可以和國內的勞工階級分享一部分剝削的成果，使他們安靜下來，避免馬克思預言的無產階級革命發生（但列寧那個時代並沒有任何革命的跡象）。這個理論巧妙地解釋了馬克思預言沒有成真的原因，同時為富國與貧國之間的所得差距提供了一

個政治上令人滿意的說法。

《帝國主義》裡的一張統計表為列寧的理論歸納了重要的證據。

數十億馬克，約一九一○年

	英國	法國	德國	總計
歐洲	4	23	18	45
美洲	37	4	10	51
亞洲、非洲、澳洲	29	8	7	44
總計	70	35	35	140

列於表格頂端的國家是工業化的資本主義國家。這些國家在表格側邊列出的地方投資了許多資金——應該都是世上較為貧窮、工業化較不發達的地區。但是，我們不可能從這個龐大又多樣的類別（例如「美洲」是指整個西半球）得知，這些工業化國家投資的究竟是這些地區中工業化程度較低的國家，還是工業化程度較高的國家。然而，其他來源的資料清楚顯示，這些工業化富國大部分的投資其實都流向了其他繁榮的工業化國家（當時與現在都是如此）。

無論當時還是現在，美國都是歐洲最大的外國投資標的。同理，美國的外國投資主要也流向其他繁榮的現代國家，而**不是第三世界**。在二十世紀大部分的時間裡，美國在加拿大的投資超過

了在整個非洲及亞洲的投資總和。二十世紀後半葉，只有戰後的日本以及後來其他亞洲工業化國家的經濟崛起，才吸引美國對亞洲做大規模的投資。簡而言之，國際投資的實際模式與列寧的理論背道而馳，列寧把這個事實隱藏在那龐大且多樣的「投資接受者」類別中。

列寧很有宣傳天賦，加上大眾樂於接受他的主張，所以第三世界的知識分子、行動分子與人民廣泛接受了他的帝國主義理論。剝削是對「收入差距」的一種近乎完美的政治解釋。它讓收入較低者對收入較高者的眼紅或怨恨感獲得了肯定，消除了收入較低者因能力不足或表現較差而產生的恥辱感，並把改變的責任推卸到其他人身上，而不是由想要崛起的人去承擔。此外，它也用一種道德上令人振奮的權利感，來取代改變所需要承擔的繁重任務。無論剝削理論在實證上與邏輯上有什麼問題，政治運動也很少以實證和邏輯為基礎。

那些把第三世界國家的貧窮歸咎於殖民主義的人，在第三世界殖民地大多已經獨立建國後，仍繼續把那些國家的貧窮算作殖民主義的遺毒。同樣的信念為那些獨立的第三世界國家提供了理論依據，他們仗著這些理論直接沒收外國投資者的財產，因為他們把外國投資者視為「剝削者」。在有大規模歐洲定居社群的國家裡（例如辛巴威或南非），這種信念提供了當地民眾驅逐歐洲

定居者的理由。然而，在這樣做的過程中，第三世界國家的政府也在無意間揭露了「物質財富至關重要」這個信念是個謬誤。

如果物質財富真的非常重要，他們沒收的外國投資應該可以改善當地居民的經濟狀況。但是，如果繁榮富強是由內在的知識、技能與文化模式而生，即使物質財富從擁有必要知識、技能、文化模式的人轉移到沒有這些東西的人手上，也會產生截然不同的結果。非洲國家辛巴威就是一個非常典型的例子。

誠如《紐約時報》的報導，二十一世紀初，辛巴威政府剝奪了白人地主的資產，藉此消除殖民歷史的最後殘跡，結果卻是：

近七年來，辛巴威的經濟與生活品質持續緩慢下滑。當地人表示，今年仍持續衰落，但有明顯的不同：下滑的速度不再那麼緩慢了……

最近幾週，國家電力局警告，供電可能會中斷。水處理停擺導致首都哈拉雷（Harare）爆發霍亂疫情。在辛巴威東部有五萬人口的地區首府馬龍德拉（Marondera），所有的公共服務都停止了，因為該市已經沒有錢修復損壞的設備。在哈拉雷南部的契屯維札（Chitungwiza），一週僅供電四天。[28]

▌外援

　　所謂的「外援」，指的是財富在國際間移轉，可能是從富國的政府轉移至貧國的政府，或是透過世界銀行、國際貨幣基金組織等國際機構，間接轉移給第三世界國家的政府。這種資金移轉最終是否促進貧國的經濟發展，是一個需要實證的問題，而不是必然的結論。新聞報導與學術研究常常顯示，大量的援助資金轉移到第三世界國家政府的手裡，卻未帶來任何顯著的經濟成長。某些情況下，外援資助了某些堂皇的案子後，第三世界國家的實質所得反而下滑。

　　這其實並不令人意外。透過國際機構所做的財富轉移本來就沒有理由自動帶來收益，就像第三世界國家政府沒收的外國財富，對當地的經濟也毫無助益一樣（如辛巴威的例子所示）。援助者與受援者所面臨的獎勵誘因，很少會把經濟發展列為衡量成功的標準。對於援助機構來說，它成功的指標在於轉移了多少資金，媒體與政治領導人對此也樂見其成；至於資金轉移的實際結果，無論是空間還是時間上，都還差之千里。例如，勞勃・麥納馬拉（Robert McNamara）在他擔任世界銀行總裁時曾宣布：「我們提議在一九六九年到一九七三年間，把世界銀行的營運規模提升至前五年（一九六四到一九六八年）的兩倍。如今這個目標已

經實現了。」[29] 至於接受援助的政府，它們的目的在收到援助資金的當下就已經達到了。

　　國際援助機構追蹤那些外援資金的能力非常有限，更遑論掌控那些資金的實際運用了。一些第三世界國家的政府會濫用外援資金、甚至會貪汙那些錢，但國際援助機構並沒有強烈的動機去扣留那些資金，更沒有動機去宣傳那些外援所造成的災難，因為那樣做會為該機構及外援招來質疑。這也難怪，當坦尚尼亞在朱利葉斯・尼雷爾（Julius Nyerere）總統的領導下進行嚴峻又悲慘的社會實驗時，外援仍舊透過國際援助機構持續資助坦尚尼亞；甚至盧安達發生大屠殺時，國際救援機構也持續向盧安達轉移資金。直到一九七〇年代，外援資金仍持續被轉移至擁有豐富石油資源的沙烏地阿拉伯專制政府手上。

　　國際機構提供的貸款通常不會償還，就算有頂多也只是表面意義：亦即同一個國際機構提供一筆更大的貸款給同一個國家，讓那個國家用那筆錢去「償還」舊有的債物。一九八〇年代與一九九〇年代之間的數十年間，世界銀行與國際貨幣基金組織以「結構調整貸款」（structural adjustment loan）這個冠冕堂皇但不知所云的名義，提供象牙海岸二十六筆貸款；但那段期間，該國不僅人均所得下滑，還陷入內戰。[30] 不是只有象牙海岸在以新債償還舊債，二〇〇一年，國際貨幣基金組織有一半以上的貸款都

是流向長期借款國。[31]

　　簡而言之，所謂的「貸款」，無論是國際援助機構的貸款，還是美英等國家的貸款，實際上都是把納稅人的錢送給第三世界的政治領導人。我們常聽到有些人呼籲放款者應「免除」第三世界國家的債務，彷彿獎勵那些政治領導人在財務上不負責任的行為就能使貧國脫貧似的。很多關於外援的說法都隱含著一種假設：向第三世界國家提供這種無償的國際援助資金，對於幫助他們脫貧而言非常重要。而在現實中，國家內部創造的財富（包括「帳面外」的財富）往往遠超過外援資金。此外，國際金融市場通常還有更多的可用資金，但那些錢不太可能以空白支票的形式用於堂皇的計劃，或沒人預期會償還的貸款上。

　　當國際援助機構確實試圖監測、影響或掌控接受贈款或貸款的政府時，相關結果往往不太好看。連蘇聯的計劃經濟都造成許多經濟問題了（問題嚴重到足以讓許多社會主義及共產主義政府在二十世紀末放棄計劃經濟），[32] 更何況是拿那些對自己的國家經濟也沒什麼效果的方法，去規劃第三世界國家的經濟（遑論那些國家的語言、傳統、文化都與援助機構官員的國家迥異）。儘管如此，那些援助機構的官員可以藉由外援在國內外累積知名度與重要性。因此，他們都有動機去推動外援的增加，無論那些錢是否真的實現了「提高第三世界生活水準」這個表面的目的。

許多第三世界國家的政府比較喜歡接受外援，而不是透過其他選項來振興經濟（例如利用國際金融市場募資，或解除繁文縟節及官僚掌控來鼓勵國內創業），這是可以理解的。讓私營市場在國內或國際上運作，等於同時放棄掌握權力及豐厚利潤的機會（那些外援可拿來獎勵政治支持者，政治領導者也可以中飽私囊）。

　　地震、流行病或海嘯等天災發生後，對第三世界國家的人道援助，往往與傳統的外援運作方式截然不同。人道援助通常是由紅十字會之類的國際機構直接提供，或由美國或其他外國政府的機構提供，而非透過第三世界國家的政府。此外，一些最有效的援助其實人均支出並不高。據估計，一種能把瘧疾死亡率降低一半的藥物，每劑的價格僅需十二美分。[33] 這類藥物、兒童疫苗，以及其他比較簡單且平價的措施，可以為第三世界國家帶來很大的效益。但是，正因為它們既平凡又平價，所以不太可能吸引政客與官僚想獲得的關注。

　　外援不僅是為了資金轉移者的自身利益存在，也是為了資金收受者的自身利益存在。它的存在建立在西方世界很多人所抱持的假設上：貧國的根本問題是外部的，可以透過外部財富的轉移來解決。但許多貧國已經擁有充足的內部財富（天然資源），有些國家甚至在黃金、銅或橡膠等物資的生產方面領先全球。貧國

通常也有許多創業者，其中包括少數族裔，例如東南亞的華人或西非的黎巴嫩人。印度雖然貧窮，但一百多年以來，一直有脫貧致富的印度人離開印度，移民到世界各地。[34] 此外，有些貧國曾是全球最富有的國家之一，例如阿根廷。

所以，貧國究竟欠缺什麼呢？一些研究過低度開發國家的人指出，要找到一個政治清明的貧國根本是大海撈針。比較常見的現象是，貧國往往在全球最腐敗的國家中榜上有名，例如奈及利亞、海地與孟加拉等國。而且，不僅政治領導人腐敗，人民之間的相互信任程度也遠低於富國。[35] 貧國中也有一些能夠創造財富的少數族裔創業者，但那些少數族裔往往遭受憎恨及歧視性法律與政策的限制。有些案例顯示，那些創造財富的少數族裔在敵意及暴力逼迫之下離開了該國，甚至遭到正式驅逐。例如一九七〇年代，印度人與巴基斯坦人被逐出了烏干達，隨後烏干達的經濟就崩解了。

另一些情況顯示，有些國家的大部分財富是由外國投資者及外國創業者所創造出來的。當地人對那些外國人的怨恨，導致政府沒收他們的事業（政治術語是「國有化」）。在這種案例中，資金從創造財富者的手中轉移出去，但無法為當地民眾帶來持久的好處，而且往往導致那些事業及當地經濟開始走下坡。在撒哈拉以南非洲的大部分地區，儘管有「國有化」及外援，但在殖民統

治者離開後的幾十年間，生活水準比從前還要低落。簡而言之，貧國的許多問題是內部問題，但對於這些國家的居民以及那些喜歡其他解釋的西方人士來說，這種解釋是政治上難以接受的。

一些貧國迅速脫貧崛起的例子進一步證實了這個結論，例如十八世紀的蘇格蘭、十九世紀的日本及二十世紀後期的中國。這些國家透過**內部**改革來振興經濟，因為他們意識到內部變革是有必要的。舉例來說，蘇格蘭透過教育與英語的迅速普及來改變；在日本，維新是一種全民運動，包括選派許多日本年輕人去工業化國家取經，並把那些擁有工業技術的西方人帶回日本；中國的變革方式是政府不斷放寬經濟管制，並向國際企業與投資者開放市場。這些國家都沒有依賴政府之間大規模的財富轉移。其他迅速脫貧致富的例子包括新加坡和南韓，他們同樣也是靠著刻意的內部變革致富的。

至於只依賴外援的第三世界國家後果為何，坦尚尼亞是個典型的例子：

在坦尚尼亞，世界銀行資助了一間位於莫羅戈羅（注：Morogoro，坦尚尼亞第六大城）的鞋廠。該鞋廠採用了現代化設備及製鞋技術，以滿足坦尚尼亞對鞋類的所有需求，並具備出口至歐洲的能力。但這間鞋廠並不成功。由於缺乏維修，零件短

缺，鞋廠的設備老是故障。鞋廠的工人與經理還會偷工廠的東西。那間工廠設計得像現代化的西方製鞋工廠，有鋁牆，沒有通風系統，但並不適合坦尚尼亞的氣候。最終，那間鞋廠的產能從未超過五％，連一雙鞋子也沒出口過。[36]

摘要與寓意

為了方便起見，我們使用「第三世界」和「外援」等術語，但已故的倫敦政治經濟學院發展經濟學家彼得·鮑爾教授（Peter Bauer）指出，這些術語可能有誤導性。「第三世界」一詞暗指有一群特殊的國家與其他國家截然不同，但實際上他們的人口占全球人口的大多數，而且大致來說，全世界的國家收入都分布在一個連續的面上，從收入高到收入低一路排下，之間並沒有特殊的斷層分隔，也沒有種族鴻溝。誠如鮑爾教授所言：「在整個第三世界中，白人比黑人還多。」[37]

「外援」是另一個有誤導性的術語，因為它的前提是資金轉移有助於經濟發展，儘管有太多的例子顯示，持續的大規模財富轉移除了鞏固現有的體制並減少改革的可能之外，毫無成效。外援也讓外援機構的官員有權要求第三世界的國家採行時下流行的

經濟政策，例如通貨緊縮、「休克療法」（注：shock treatment，由政府主動、突然地實行緊縮的金融財政政策，並壓縮政府開支，取消補貼，放開價格，使貿易自由化）等，而且不必為後果負責。

　　關於第三世界國家的討論，最大的謬誤或許是一種隱含的假設：不同國家的人均所得不同這個事實既令人費解，也不道德。然而，各國在地理、人口、歷史、文化上都天差地別，各國的人均所得怎麼可能全都相同。人道援助幫助國家因應出乎意料或難以避免的天災，這種援助不需要假設這些國家收入低的原因。但是，外援這種試圖改造其他國家的做法根本拿不出成效，無法跟一個國家決定自我改造所達到的驚人成效相提並論。

結語
禁不起驗證的信念

　　許多個別的謬誤屬於更大型謬誤的一部分。這些更大型的謬誤不僅包括第 1 章提到的謬誤（零和謬誤、合成謬誤、因果謬誤、棋子謬誤與開放式謬誤），也包括謬誤的許多形式，亦即在沒有理由預期相同的情況下，暗自假設是相同的。

　　地理、人口、歷史、文化的差異，只是個體、群體、國家之間的部分差異。我們沒有理由預期女性與男性的工時相同，也沒有理由認為他們應該那樣做。我們沒有理由假設高中輟學生的目標、優先要務或能力與大學畢業生相同，進而把他們的收入差異歸因於大學教育。我們沒有理由指望第三世界國家因應外援的方式，和歐洲因應馬歇爾計劃的方式一樣。畢竟幾百年來，第三世界的經濟與社會一直與歐洲截然不同。

　　古往今來，世界上充斥著如今所謂的「差異」或「不平

等」，即使有些情況並不能以歧視來解釋。在沙皇統治的俄國，有一段時間，聖彼得堡科學院的院士幾乎都有德國血統，[1] 儘管有德國血統的俄國人只占全國人口的一％左右。如今全球身價超過十億美元的富豪中，有四〇％來自同一個國家：美國。[2] 這種一面倒的例子不勝枚舉，甚至多到可以寫成一本書。[3] 但是，無論那種統計差異在世界各地及歷史上有多麼常見，許多人依舊認為，任何群體之間的任何統計差異，即使不是壞事，也很奇怪又可疑。

我們在第 5 章與第 7 章看過另一種謬誤，或許可以稱為「組成**變化**」的謬誤。比較一段時間的統計類別時，類別之間不斷改變的關係可能有誤導性；當那些類別的組成隨著時間改變，我們難以從統計數字中判斷，究竟那些類別裡的民族或國家發生了什麼事。同一段時間內，那些類別之間的不平等有可能增加了，但組成那些類別的民族或國家之間的不平等可能**減少**了。而且，許多重要的結論與決定，可能正是以這些謬誤為本。

第 7 章提過，有些人認為國際自由貿易的成長加劇了國家之間的不平等，因為一九六〇年最富二十國與最窮二十國的收入比從二三：一，升至二〇〇〇年的三六：一。但一九六〇年與二〇〇〇年組成最富二十國與最窮二十國的國家並不是同一批。若比較一九六〇年**同樣**的二十個富國與窮國，會發現他們二〇〇〇

年的收入比縮小至不到一〇：一。[4] 這導出了正好相反的結論，可見更自由的國際貿易可能有助於減少國家之間的不平等，使一些原本很窮的國家脫離了最窮二十國那個類別。

　　無論不平等縮小的原因為何，相信「國際不平等增加了（其實是減少了）」這種謬誤，跟一個關於曼哈頓車禍的老笑話很像。在那個笑話中，某人對朋友說，統計資料顯示，每二十分鐘就有人在曼哈頓被車撞。朋友則回應：「那個人想必被撞到很煩。」這裡的謬誤在於，每次被撞的人顯然不是同一個人。同樣的謬誤也在一段期間的個人不平等與國際不平等的推論中可以見得，因為隨著時間經過，比較的個體或國家已經不是同一批人或國家了，每個人或國家都可能從一個類別轉移至另一個類別。類別的組成變化使那些比較類別的推論產生謬誤。

　　統計資料本身也沒有比蒐集它們所使用的方法與定義好到哪裡去。若未仔細檢視那些方法與定義，我們不能逕自假設我們在是比較可比的群體，無論是比較高中輟學者與大學畢業生的收入，還是比較學歷「相同」的不同種族成員的收入，或比較單身女性與已婚女性的收入（因為「單身」女性包括離婚女性）。同樣地，人口稠密區與空曠地區的空氣汙染統計，也無法告訴我們讓人搬到無人居住的地區會不會增加總體汙染，因為產生汙染的是人，不是他們所在的地方。

不讓流行的觀點接受事實的檢驗，只看那些觀點是否與一些現有的世界觀契合，再決定要不要接受這些觀點——這也許是最危險的謬誤。例如，認為「必須有政府的干預，才能創造『平價住宅』」——這種觀點只在先入為主的偏見下才有意義，但有數不清的鐵證顯示事實正好相反；認為「一九六〇年代黑人聚居區的動亂是對貧窮、歧視、失業、社區破敗的反動」——這種觀點根本經不起動亂時間與地點的實證檢驗，因為發生那些動亂事件的時間與地點，並非貧窮、歧視、失業、社區破敗惡化之際。

　　二十世紀上半葉，婦女的教育與就業史幾乎總是遭到忽視，連在學術研究中也是如此。大家把焦點放在一九六〇年以來發生的事情上，如此一來便可以呼應先入為主的觀點（女性崛起的原因）。黑人的例子也是如此，他們脫貧、進入中產階級職業的過程，幾乎都是從一九六〇年開始追溯，並把這個轉變歸因於那十年間的民權運動與政府行動，儘管黑人脫貧最明顯的時期是一九六〇年**之前**的二十年間。忽視某種政策或行動開始之前就已經出現的趨勢，並把本來就存在的趨勢都歸因於那項政策或行動，可說是再荒唐不過了。類似的謬誤也在反壟斷訴訟之後，有關車禍死亡率、公司市場率之類的討論出現。[5]

　　很多先入為主的觀念都經不起實證的檢驗，因為它們太主觀了。例如，有一種觀念認為，第三方觀察者比當事人更清楚什麼

對他們有利。在關於城市與郊區住宅、[6]大眾運輸 vs. 汽車，以及把國際援助機構偏愛的理論強加在第三世界國家的討論中，都可以看到這種隱含的假設。遇到這種情況時，我們可以做的是：（一）、明確指出這種隱含的假設；（二）、要求證明第三方有更為優越的知識；（三）、指出根據這種假設所制定的計劃與政策推動後，世界各國發生了多少災難。

這種「第三方具有優越知識」的隱含假設還有一種特殊變體：把其他人第一手的觀察一律貶為「刻板印象」，這種人通常根本沒有第一手的觀察做為依據，只憑藉他們與許多同樣缺乏經驗且自以為是的人所抱持的假設。他們動不動就搬出學術學位，做為抵擋批評或反駁事實的擋箭牌。

廢話（注：tautology，又名「套套邏輯」、「恆真句」）是另一種謬誤的來源，也是一種常見的狡辯方式。例如「人口過剩」可能被定義成「人口與財富之間的比例過高」，因此是造成貧窮的原因。但實際上，那種定義不過是在展示算術規則，並沒有證明現實世界中的任何事實。但是，在民眾意識到那種論點根本是鬼打牆之前，他們可能會繼續相信那些讓廢話產生力量的影射說法，彷彿那是關於外部世界的結論，而不是腦中的任意定義。關於人口過剩的廢話只是眾多類似觀念中的其中一例。這些觀念之所以能在毫無證據或邏輯不通的情況下說服大家，就是因為觀念

含糊不清又不明確。誠如十九世紀的哲學家查理斯·桑德斯·皮爾斯（Charles Sanders Peirce）所言：「許多人多年來把某種模糊的想法當成寶貝般呵護，而那種想法過於虛無縹渺，連證明錯誤都沒有必要。」[7]

本書討論的謬誤，只是眾多主題的眾多謬誤中的一小部分。如果讀過這些看似合理的謬誤在證據與分析的檢驗下崩解，能讓你更仔細、更縝密地去檢視其他信念，那麼，這本書就已經達到它更大的目的了。

注釋

第 1 章

1. Henry Rosovsky, *The University: An Owner's Manual* (New York: W.W. Norton, 1990), p. 259.

2. Nonie Darwish, *Now They Call Me Infidel* (New York: Sentinel, 2006), p. 43.

3. Harold L. Cole and Lee E. Ohanian, "New Deal Policies and the Persistence of the Great Depression: A General Equilibrium Analysis," *Journal of Political Economy*, Vol. 112, No. 4 (August 2004), pp. 779–816.

4. Adam Smith, *The Theory of Moral Sentiments* (Indianapolis: Liberty Classics, 1976), pp. 380–381.

5. See, for example, Jim Powell, *FDR's Folly* (New York: Crown Forum, 2003), p. 105.

6. Leon Aron, *Yeltsin* (New York: St. Martin's Press, 2000), p. 329.

第 2 章

1. Eric Hoffer, *First Things, Last Things* (New York: Harper & Row, 1971), p. 36.

2. Robert Bruegmann, *Sprawl: A Compact History* (Chicago: University of Chicago, 2005), p. 22.

3. Clifton Hood, *722 Miles: The Building of the Subways and How They Transformed New York* (New York: Simon & Schuster, 1993), p. 39.

4. Robert Bruegmann, *Sprawl*, p. 132.

5. Ibid., p. 143; Ted Balaker and Sam Staley, *The Road More Traveled: Why the Congestion Crisis Matters More Than You Think, and What We Can Do About It* (Lanham: Rowman and Littlefield, 2006), pp. 56–57.

6. Edmund Morris, *The Rise of Theodore Roosevelt* (New York: Modern Library, 2001), p. 48.

7. Clifton Hood, *722 Miles*, p. 52.

8. Jeffry A. Frieden, *Global Capitalism: Its Fall and Rise in the Twentieth Century* (New York: W.W. Norton: 2006), p. 62.

9. "A Global Love Affair," *The Economist*, November 15, 2008, special section, p. 4

10. Randal O'Toole, *The Best-Laid Plans: How Government Planning Harms Your Quality of Life, Your Pocketbook, and Your Future* (Washington: The Cato Institute, 2007), pp. 206, 208.

11. Ibid., p. 164.

12. Ted Balaker and Sam Staley, *The Road More Traveled*, p. 5.

13. Ibid., p. 19.

14. Ibid., pp. 6, 110–111, 119–120, 145.

15. John D. McKinnon, "Bush Plays Traffic Cop in Budget Request," *Wall Street Journal*, February 5, 2007, p. A6.

16. Gopinath Menon, "Congestion Pricing: The Singapore Experience," *Street Smart: Competition, Entrepreneurship, and the Future of Roads*, edited by Gabriel Roth (New Brunswick, N.J.: Transaction Publishers, 2006), p. 123.

17. Leila Abboud and Jenny Clevstrom, "Stockholm's Syndrome," *Wall Street Journal*, August 29, 2006, pp. B1 ff.

18. Ted Balaker and Sam Staley, *The Road More Traveled*, p. 90.
19. Ibid., p. 127.
20. Randal O'Toole, "Do You Know the Way to L.A.? San Jose Shows How to Turn an Urban Area into Los Angeles in Three Stressful Decades," *Policy Analysis*, No. 602, Cato Institute, October 17, 2007, pp. 17–18.
21. Ted Balaker and Sam Staley, *The Road More Traveled*, pp. 45, 46.
22. Ibid., p. 47.
23. Ibid., p. 46.
24. Randal O'Toole, *The Best-Laid Plans*, p. 249.
25. Randal O'Toole, "Do You Know the Way to L.A.? San Jose Shows How to Turn an Urban Area into Los Angeles in Three Stressful Decades," *Policy Analysis*, No. 602, Cato Institute, October 17, 2007, p. 3.
26. Edwin G. Burrows and Mike Wallace, *Gotham: A History of New York City to 1898* (New York: Oxford University Press, 1999), p. 948.
27. Paul Johnson, *Enemies of Society* (New York: Atheneum, 1977), p. 92.
28. Randal O'Toole, "Do You Know the Way to L.A.? San Jose Shows How to Turn an Urban Area into Los Angeles in Three Stressful Decades," *Policy Analysis*, No. 602, Cato Institute, October 17, 2007, p. 6.
29. See, for example, William Julius Wilson, *When Work Disappears: The World of the New Urban Poor* (New York: Alfred A. Knopf, 1996).
30. Ibid., pp. 34–35.
31. John McWhorter, *Winning the Race: Beyond the Crisis in Black America* (New York: Gotham Books, 2005), pp. 37, 49–72.
32. Reynolds Farley, et al., *Detroit Divided* (New York: Russell Sage Foundation, 2000), p. 31.
33. Patrick McGeehan, "After Century, Room and Board in City Still Sting," *New York Times*, May 20, 2006, p. A1.
34. Randal O'Toole, "The High Price of Land-Use Planning," *San*

Francisco Chronicle, May 22, 2006, p. B7.

35. Miriam Jordan, "In Tony Monterey County, Slums and a Land War," *Wall Street Journal*, August 26–27, 2006, p. A6.

36. Randal O'Toole, *The Planning Penalty: How Smart Growth Makes Housing Unaffordable* (Oakland: The Independent Institute, 2006), p. 35.

37. Ibid., p. 38.

38. Ibid., pp. 3, 27.

39. Ibid., p. 29.

40. Tim Simmers, "Median Home Cost Over \$1M," *San Mateo County Times*, August 16, 2007, p. 1.

41. Foster City Historical Society, *Images of America: Foster City* (San Francisco: Arcadia Publishing, 2005), p. 7.

42. Edward L. Glaeser, Joseph Gyourko and Raven Saks, "Why is Manhattan so Expensive? Regulation and the Rise in Housing Prices," *Journal of Law and Economics*, October 2005, p. 332.

43. Stephen Coyle, "Palo Alto: A Far Cry from *Euclid*," *Land Use and Housing on the San Francisco Peninsula*, edited by Thomas M. Hagler (Stanford: Stanford Environmental Law Society, 1983), pp. 84, 85.

44. Edward L. Glaeser, et al., "Why is Manhattan so Expensive?" *Journal of Law and Economics*, October 2005, p. 332.

45. Ibid., p. 333.

46. Ibid., pp. 337–338.

47. William A. Fischel, *Regulatory Takings: Law, Economics, and Politics* (Cambridge, Massachusetts: Harvard University Press, 1995), p. 238.

48. Randal O'Toole, *The Planning Penalty*, p. 32.

49. Ibid., pp. 32–33.

50. Edward L. Glaeser, et al., "Why is Manhattan so Expensive?" *Journal of Law and Economics*, October 2005, pp. 335, 367.

51. Tracie Rozhon, "Housing Market Heats Up in City," *New York Times*, February 19, 2007, p. B6. A later correction said that the woman identified as "Shavely" was instead named Staveley. See "Corrections: For the Record," *New York Times*, February 22, 2007, p. A2.
52. "Relative Values," *Wall Street Journal*, September 10, 2010, p. W8.
53. Edward L. Glaeser, et al., "Why is Manhattan so Expensive?" *Journal of Law and Economics*, October 2005, p. 337.
54. *Construction Industry Association of Sonoma County v. The City of Petaluma*, 522 F.2d 897 (1975).
55. Miriam Jordan, "In Tony Monterey County, Slums and a Land War," *Wall Street Journal*, August 26–27, 2006, p. A6.
56. Ibid., pp. A1, A6.
57. James Temple, "Exodus of S.F.'s Middle Class," *San Francisco Chronicle*, June 22, 2008, p. A1.
58. Stephen Coyle, "Palo Alto: A Far Cry from *Euclid*," *Land Use and Housing on the San Francisco Peninsula*, edited by Thomas M. Hagler, p. 90.
59. Kimberly A. Strassel, "Rambo's View," *Wall Street Journal*, September 7, 2007, p. A14.
60. Leslie Fulbright, "S.F. Moves to Stem African American Exodus," *San Francisco Chronicle*, April 9, 2007, p. A1.
61. Conor Dougherty, "The End of White Flight," *Wall Street Journal*, July 19–20, 2008, p. A10.
62. Leslie Fulbright, "Social, Economic Factors at Root of Black Exodus," *San Francisco Chronicle*, August 10, 2008, p. B1.
63. William Julius Wilson, *When Work Disappears*, p. 35.
64. Jane Jacobs, *The Death and Life of Great American Cities* (New York: Vintage Books, 1992), p. 10.
65. James Q. Wilson and Richard J. Herrnstein, *Crime and Human Nature: The Definitive Study of the Causes of Crime* (New York:

Simon & Schuster, 1985), p. 473.

66. Jane Jacobs, *The Death and Life of Great American Cities*, p. 310. Incidentally, the idea that Franklin D. Roosevelt's New Deal administration was on "an opposite political pole" from the administration of Herbert Hoover has been discredited in recent years by scholars who have pointed out how many of FDR's programs took Hoover's ideas and carried them farther than Hoover was prepared to go. Tugwell himself later wrote: "I once made a list of New Deal ventures begun during Hoover's years as secretary of commerce and then as president. . . . The New Deal owed much to what he had begun." Quoted in Amity Shlaes, *The Forgotten Man: A New History of the Great Depression* (New York: HarperCollins, 2007), p. 149.

67. Herbert Gans, *The Urban Villagers: Group and Class in the Life of Italian-Americans*, updated and expanded edition (New York: The Free Press, 1982), p. 363n.

68. Ibid., p. 380.

69. Ibid., pp. 380–381.

70. Randal O'Toole, *The Best-Laid Plans*, p. 181.

71. Howard Husock, "Let's End Housing Vouchers," *City Journal*, Autumn 2000, p. 84.

72. Ibid., pp. 84, 87.

73. Solomon Moore, "As Housing Program Moves Poor to the Suburbs, Tensions Follow," *New York Times*, August 9, 2008, p. A15.

74. Nicole Gelinas, "Houston's Noble Experiment," *City Journal*, Spring 2006.

75. Robert Bruegmann, *Sprawl*, p. 119.

76. Ibid., p. 118.

77. Ibid., p. 135.

78. Ibid., p. 183.

79. Chuck Squatriglia, "A Million Acres," *San Francisco Chronicle*, July

16, 2006, p. A4.

80. "An Age of Transformation," *The Economist*, May 31, 2008, p. 29.

81. Robert Bruegmann, *Sprawl*, pp. 35–36.

第 3 章

1. "A Guide to Womenomics," *The Economist*, April 15, 2006, p. 74.

2. Tamar Lewin, "At Colleges, Women are Leaving Men in the Dust," *New York Times*, July 9, 2006, p. 1.

3. Charles Murray, "The Inequality Taboo," *Commentary*, September 2005, p. 16.

4. John B. Parrish, "Professional Womanpower as a National Resource," *Quarterly Review of Economics & Business*, February 1961, p. 58.

5. Jessie Bernard, *Academic Women* (University Park: Pennsylvania State University Press, 1964), pp. 35, 61.

6. John B. Parrish, "Professional Womanpower as a National Resource," *Quarterly Review of Economics & Business*, February 1961, pp. 55–57.

7. Ibid., p. 58.

8. Jessie Bernard, Academic Women, p. 55.

9. U.S. Bureau of the Census, *Historical Statistics of the United States: Colonial Times to 1970* (Washington: U.S. Government Printing Office, 1975), p. 19.

10. Jessie Bernard, *Academic Women*, p. 206.

11. John K. Folger and Charles B. Nam, *Education of the American Population* (Washington: U.S. Government Printing Office, 1967), p. 81.

12. U.S. Bureau of the Census, *Historical Statistics of the United States: Colonial Times to 1970*, pp. 19, 49.

13. Diana Furchtgott-Roth and Christine Stolba, *Women's Figures: An Illustrated Guide to the Economic Progress of Women in America* (Washington: American Enterprise Institute, 1999), p. 86.

14. Theodore Caplow, et al., *The First Measured Century: An Illustrated Guide to Trends in America, 1900–2000* (Washington: The AEI Press, 2001), p. 69. See also U.S. Bureau of the Census, "Households, Families, and Children: A 30-Year Perspective," Current Population Reports, P23–181, p. 6.

15. *Historical Statistics of the United States: Earliest Times to the Present*, Millennial Edition (New York: Cambridge University Press, 2006), Vol. I, pp. 399–400.

16. Diana Furchtgott-Roth and Christine Stolba, *Women's Figures*, 1999 edition, pp. 23–27.

17. Paula England, "Gender Inequality in Labor Markets: The Role of Motherhood and Segregation," *Social Politics: International Studies in Gender, State, and Society*, Vol. 12, No. 2, Summer 2005, p. 266.

18. Ibid., p. 267.

19. Ibid., p. 273.

20. U.S. Bureau of the Census, *Evidence from Census 2000 About Earnings by Detailed Occupation for Men and Women*, Census 2000 Special Reports, May 2004, p. 10; U.S. Bureau of Census, We the People: Women and Men in the United States, Census 2000 Special Reports, January 2005, p. 11.

21. U.S. Bureau of the Census, *Evidence from Census 2000 About Earnings by Detailed Occupation for Men and Women*, Census 2000 Special Reports, May 2004, pp. 6, 26.

22. Diana Furchtgott-Roth and Christine Stolba, *Women's Figures*, 1999 edition, p. 33.

23. John M. McDowell, "Obsolescence of Knowledge and Career Publication Profiles: Some Evidence of Differences Among Fields in Costs of Interrupted Careers," *American Economic Review*, Vol. 72, No. 4 (September 1982), p. 761.

24. Thomas B. Hoffer, et al., *Doctorate Recipients from United States*

Universities: Summary Report 2005 (Chicago: National Opinion Research Center, University of Chicago, 2006), p. 13.

25. Sylvia Ann Hewlett and Carolyn Buck Luce, "Extreme Jobs: The Dangerous Allure of the 70-Hour Workweek," *Harvard Business Review*, December 2006, pp. 50, 51, 56, 57.

26. Quoted in David Lubinski and Camilla Persson Benbow, "Study of Mathematically Precocious Youth After 35 Years," *Perspectives on Psychological Science*, December 2006, p. 332.

27. Ibid., pp. 333–334.

28. Ibid., p. 332.

29. "A Guide to Womenomics," *The Economist*, April 15, 2006, p. 74.

30. Warren Farrell, *Why Men Earn More: The Startling Truth Behind the Pay Gap and What Women Can Do About It* (New York: Amacom, 2005), pp. 16–17.

31. Ibid., p. xxiii.

32. Louise Story, "Many Women at Elite Colleges Set Career Path to Motherhood," *New York Times*, September 20, 2005, p. A18.

33. Ibid.

34. Jeffrey Wenger, "The Continuing Problems with Part-Time Jobs," *EPI Issue Brief*, Economic Policy Institute, April 24, 2001, p. 1.

35. Ibid., p. 2.

36. "A Guide to Womenomics," The *Economist*, April 15, 2006, pp. 73–74.

37. U.S. Bureau of Labor Statistics, *100 Years of U.S. Consumer Spending* (Washington: U.S. Department of Labor, 2006), p. 58.

38. "The Hand that Rocks the Cradle," *The Economist*, March 4, 2006, p. 51.

39. Francine D. Blau and Lawrence M. Kahn, "Gender Differences in Pay," *Journal of Economic Perspectives*, Autumn 2000, p. 83.

40. Anita U. Hattiangadi and Amy M. Habib, *A Closer Look at Comparable Worth*, second edition (Washington: Employment Policy Foundation, 2000), p. 43.

41. Thomas Sowell, *Education: Assumptions versus History* (Stanford: Hoover Institution Press, 1986), pp. 95, 97.

42. "The Economic Role of Women," *The Economic Report of the President*, 1973 (Washington, D.C.: U.S. Government Printing Office, 1973), p. 105.

43. Andrew Hacker, *Money: Who Has How Much and Why* (New York: Scribner, 1997), p. 199.

44. Jessie Bernard, *Academic Women*, p. 241.

45. U.S. Bureau of the Census, "Income, Poverty, and Health Insurance Coverage in the United States: 2004," *Current Population Reports*, P60–229 (Washington: U.S. Government Printing Office, 2005), p. 7.

46. Mickey Meece, "What Do Women Want? Just Ask," *New York Times*, October 29, 2006, Section 3, p. 7.

47. Jeffrey Wenger, "The Continuing Problems with Part-Time Jobs," *EPI Issue Brief*, Economic Policy Institute, April 24, 2001, pp. 1–2.

48. Donald R. Williams, "Women's Part-Time Employment: A Gross Flows Analysis," *Monthly Labor Review*, April 1995, p. 37.

49. Laurence C. Baker, "Differences in Earnings Between Male and Female Physicians," *The New England Journal of Medicine*, April 11, 1996, p. 960.

50. See Ibid., p. 962.

51. Howard J. Wall, "The Gender Wage Gap and Wage Discrimination: Illusion or Reality?" *The Regional Economist*, October 2000, Federal Reserve Bank of St. Louis, pp. 10–11.

52. Francine D. Blau and Lawrence M. Kahn, "Swimming Upstream: Trends in the Gender Wage Differential in the 1980s," *Journal of Labor Economics*, January 1997, pp. 1–42. See also U.S. Bureau of the Census, *Evidence From Census 2000 About Earnings by Detailed Occupation for Men and Women*, Census 2000 Special Reports, May 2004.

53. Francine D. Blau and Lawrence M. Kahn, "Gender Differences in

Pay," *Journal of Economic Perspectives*, Autumn 2000, p. 79.

54. June O'Neill, "The Gender Gap in Wages, circa 2000," *American Economic Review*, May 2003, p. 310.

55. Marianne Bertrand and Kevin Hallock, "The Gender Gap in Top Corporate Jobs," *Industrial and Labor Relations Review*, October 2001, p. 17.

56. Steven Greenhouse and Michael Barbaro, "Costco Bias Suit Is Given Class-Action Status," *New York Times*, January 12, 2007, p. C9.

57. *Equal Employment Opportunity Commission v. Sears, Roebuck & Company*, 839 F.2d 302 at 311, 360.

58. Clarence Thomas, chairman of the EEOC at the time the case ended, later wrote in his memoirs: "I explored the possibility of settling the case, but was told that Sears's chairman and CEO felt so strongly that the case was unjust that he intended not only to defend it to the bitter end but to push for his legal fees. He prevailed, but the company was awarded only a portion of the legal fees, which reportedly totaled more than $20 million. EEOC had also spent millions prosecuting the case. I was right: nobody won." Even a corporation as large as General Motors decided to settle out of court. Clarence Thomas, *My Grandfather's Son: A Memoir* (New York: HarperCollins, 2007), p. 159.

59. Jessie Bernard, *Academic Women*, pp. xx, 77–78, 84; Alan E. Bayer, *College and University Faculty: A Statistical Description* (Washington: American Council on Education, June 1970), p. 12; Helen S. Astin, *The Woman Doctorate in America* (New York: Russell Sage Foundation, 1969), pp. 23, 25.

60. Compare Jessie Bernard, *Academic Women*, p. 39; Diana Furchtgott-Roth and Christine Stolba, *Women's Figures*, 1999 edition, p. 35.

61. James M. McPherson, "White Liberals and Black Power in Negro Education, 1865–1915," *American Historical Review*, Vol. 75, No. 5 (June 1970), p. 1362.

62. Lenore J. Weitzman, "Affirmative Action Plans for Eliminating Sex Discrimination in Academe," *Academic Women on the Move*, edited by Alice S. Rossi and Ann Calderwood (New York: Russell Sage Foundation, 1973), p. 479.

63. Helen S. Astin, "Career Profiles of Women Doctorates," ibid., p. 160. See also Jessie Bernard, *Academic Women*, p. 87.

64. Randy E. Ilg, "Change in Employment by Occupation, Industry, and Earnings Quartile, 2000–05," *Monthly Labor Review*, December 2006, p. 28.

65. U.S. Bureau of the Census, *Special Studies: Earnings in 1981 of Married-Couple Families, by Selected Characteristics of Husbands and Wives*, Series P–23, No. 133, p. 28.

66. "A Guide to Womenomics," *The Economist*, April 15, 2006, pp. 73–74.

67. David Leonhardt, "Scant Progress on Closing Gap In Women's Pay," *New York Times*, December 24, 2006, p. 16.

68. Quoted in Carol Hymowitz, "A Different Track," *Wall Street Journal*, April 16, 2007, p. R8.

第 4 章

1. David Glenn, et al., "The Quality Question," *Chronicle of Higher Education*, September 3, 2010, p. A8.

2. U.S. Department of Education, *Digest of Education Statistics 2006*, National Center for Education Statistics, July 2007, pp. 267, 491, 494, 496.

3. Kelly Field and Goldie Blumenstyk, "For-Profits Spend Heavily to Fend Off New Rule," *Chronicle of Higher Education*, September 10, 2010, p. A1.

4. Martin Ince, "How the Land of the Free Charged Right to the Top," *The Times Higher Education Supplement*, October 6, 2006, p. 11.

5. "Mendicant Scholars," *The Economist*, November 11, 2006, pp. 63, 64.

6. Adam Smith, *The Wealth of Nations* (New York: Modern Library,

1937), p. 717.

7. Jeffrey Selingo, "Trustees: More Willing Than Ready," *Chronicle of Higher Education*, May 11, 2007, pp. A11, A13, A19, A20.

8. Harry R. Lewis, *Excellence Without a Soul: How a Great University Forgot Education* (New York: Public Affairs, 2006), p. 15.

9. Henry M. Wriston, *Academic Procession: Reflections of a College President* (New York: Columbia University Press, 1959), p. 63.

10. Arthur M. Sussman, "University Governance through a Rose-Colored Lens: NLRB v. Yeshiva," *The Supreme Court Review*, Volume 1980, p. 27.

11. "Faculty Senate Report," *Stanford Report*, April 25, 2007, p. 13.

12. Anthony N. DeMaria, "Your Soul for a Pen?" *Journal of the American College of Cardiology*, March 20, 2007, pp. 1220–1222.

13. Derek Bok, *Our Underachieving Colleges* (Princeton: Princeton University Press, 2006), p. 55.

14. Harry R. Lewis, *Excellence Without a Soul*, pp. 253, 256.

15. Richard Vedder, *Going Broke by Degree* (Washington: The AEI Press, 2004), p. 172.

16. Michael E. Gordon, "When B's Are Better," *Chronicle of Higher Education*, August 11, 2006, p. B10.

17. See, for example, Elizabeth F. Farrell and Martin Van der Werf, "Playing the Rankings Game," *Chronicle of Higher Education*, May 25, 2007, pp. A11 ff; Martin Van der Werf, "Rankings Methodology Hurts Public Institutions," ibid., pp. A13 ff; Jeffrey Selingo, "What the Rankings Do for 'U.S. News'," ibid., p. A15.

18. "Measuring Mortarboards," *The Economist*, November 17, 2007, p. 69.

19. Ibid.

20. Richard Vedder, "How to Choose a College," *Forbes*, May 19, 2008, p. 30.

21. "Data: Big," *New York Times*, July 29, 2007, Education Life, pp. 8–9.

22. Dave Curtin, "CU Law Tuition Could Rise by $6,000," *Denver Post*,

September 8, 2003, p. B4.

23. Dave Curtin, "CU Law School's Accreditation in Peril: ABA Concerned over New Building," *Denver Post*, May 25, 2003, p. B5.

24. Andrew Gillen, Daniel L. Bennett and Richard Vedder, *The Inmates Running the Asylum?: An Analysis of Higher Education Accreditation* (Washington: Center for College Affordability and Productivity, 2010), p. 9.

25. Ibid., p. 23.

26. Ibid., p. 9.

27. Ibid., p. 8.

28. Ibid., p. 25.

29. George J. Stigler, "The Intellectual and the Marketplace," *The Essence of Stigler*, edited by Kurt R. Leube and Thomas Gale Moore (Stanford: Hoover Institution Press, 1986), p. 83.

30. Henry Rosovsky, *The University: An Owner's Manual* (New York: W.W. Norton & Co., 1990), p. 177.

31. "Faculty Salaries at More Than 1,200 Institutions," *Chronicle of Higher Education*, April 17, 2009, pp. A13–A15.

32. Charles T. Clotfelter, *Buying the Best* (Princeton: Princeton University Press, 1996), p. 186.

33. "College Enrollment by Age of Students, Fall 2007," *Chronicle of Higher Education*, August 28, 2009, p. 10.

34. Sam Whiting, "It's Never Too Late to Educate," *San Francisco Chronicle Magazine*, August 3, 2008, p. 13.

35. Thomas Sowell, *Inside American Education: The Decline, the Deception, the Dogmas* (New York: The Free Press, 1993), p. 107.

36. Scott Baumler, "Undergraduate Origins of Doctorate Recipients," Office of Institutional Research, Grinnell College, October 20, 2006.

37. Carol Hymowitz, "Any College Will Do," *Wall Street Journal*, September 18, 2006, p. B1.

38. Mark Schneider, "How Much Is That Bachelor's Degree Really Worth? The Million Dollar Misunderstanding," The American Enterprise Institute, May 2009, pp. 4, 5, 6.

39. Alan Finder, "Elite Colleges Reporting Record Lows in Admission," *New York Times*, April 1, 2008, p. A16.

40. Paul Marthers, "Admissions Messages vs. Admissions Realities," *Colleges Unranked: Ending the College Admissions Frenzy*, edited by Lloyd Thacker (Cambridge, Massachusetts: Harvard University Press, 2005), p. 73.

41. Eric Hoover, "For Admissions Deans, Waiting-List Roulette Gets Trickier," *Chronicle of Higher Education*, May 30, 2008, p. A1.

42. Ibid., p. A21.

43. "A Note from the Dean on the Class of 2011," *Sixty-First Annual Report to Secondary Schools*, Amherst.

44. Brown Admission, *Facts and Figures,* p. 2.

45. Paul Marthers, "Admissions Messages vs. Admissions Realities," *Colleges Unranked*, edited by Lloyd Thacker, pp. 73–74.

46. Eric Hoover, "On the Road, Measuring the Miles per Applicant," *Chronicle of Higher Education*, December 12, 2008, p. A19.

47. Elizabeth A. Duffy and Idana Goldberg, *Crafting A Class: College Admissions and Financial Aid, 1955–1994* (Princeton: Princeton University Press, 1998), p. 31.

48. Daniel Golden, "Is Admissions Bar Higher for Asians At Elite Schools?" *Wall Street Journal,* November 11, 2006, pp. A1, A5.

49. E. J. Kahn, *Harvard: Through Change and Through Storm* (New York: W.W. Norton & Co., Inc. 1969), p. 33.

50. Dave Bianco, "Number of Applicants Drops Again," *Stanford Daily*, February 9, 1990, p. 1.

51. "Students: College Costs and Financial Aid," *Chronicle of Higher Education*, August 28, 2009, p. 12.

52. Robin Wilson, "A Lifetime of Student Debt? Not Likely," *Chronicle of Higher Education*, May 22, 2009, pp. A1, A18.

53. Harry R. Lewis, *Excellence Without a Soul,* p. 13.

54. Libby Sander, "Student Aid Is Up, but College Costs Have Risen Faster, Surveys Find," *Chronicle of Higher Education*, November 2, 2007, pp. A26–A34.

55. Anthony, Bianco, "The Dangerous Wealth of the Ivy League," *BusinessWeek*, December 10, 2007, pp. 39, 40.

56. "Just Add Cash," *The Economist*, December 1, 2007, p. 44.

57. Beckie Supiano, "Swanky Suites, More Students?" *Chronicle of Higher Education*, April 11, 2008, p. A1.

58. Eric Hoover, "Campuses See Rising Demand for Housing," *Chronicle of Higher Education*, August 1, 2008, p. A1.

59. "Just Add Cash," *The Economist*, December 1, 2007, p. 44.

60. Richard Vedder, *Going Broke by Degree*, p. 160.

61. Ibid.

62. "Faculty Senate Report," *Stanford Report*, March 14, 2007, p. 10.

63. Goldie Blumenstyk, "The $375-Billion Question: Why Does College Cost So Much?" *Chronicle of Higher Education*, October 3, 2008, p. A14.

64. Robin Wilson, "As Competition for Students Increases, Admissions Officers Face Dismissal If They Don't 'Win and Keep on Winning'," *Chronicle of Higher Education*, October 31, 1990, p. A1.

65. Michael S. McPherson and Morton Owen Schapiro, *The Student Aid Game: Meeting Need and Rewarding Talent in American Higher Education* (Princeton: Princeton University Press, 1998), p. 16.

66. Ibid., p. 114.

67. John Gravois, "Tracking the Invisible Faculty," *Chronicle of Higher Education*, December 15, 2006, p. A8.

68. Samantha Stainburn, "The Case of the Vanishing Full-Time Professor," *New York Times*, January 3, 2010, Education Life, p. 6.

69. David J. Powell, "LSA's Road to Insanity," *Michigan Review* (University of Michigan), December 1990, p. 1.

70. John M. De Figueiredo and Brian S. Silverman, "Academic Earmarks and the Returns to Lobbying," *Journal of Law and Economics*, October 2006, p. 608.

71. Robin Wilson, "Wisconsin's Flagship is Raided for Scholars," *Chronicle of Higher Education*, April 18, 2008, pp. A19, A25.

72. U.S. Department of Education, *Digest of Education Statistics 2006*, National Center for Education Statistics, July 2007, pp. 267, 491, 494, 496.

73. Michael S. McPherson and Morton Owen Schapiro, *The Student Aid Game*, p. 84.

74. John M. De Figueiredo and Brian S. Silverman, "Academic Earmarks and the Returns to Lobbying," *Journal of Law and Economics*, October 2006, p. 604.

75. Ibid., p. 601.

76. Daniel S. Greenberg, "A New Source of Research Money," *Chronicle of Higher Education*, March 2, 2007, p. B16.

77. Michael Smith, "Ohio State Lands $110M Deal," *SportsBusiness Journal*, March 30–April 5, 2009, pp. 1 ff.

78. "Of Steroids and Scholarships: Eli Commish Talks to Spec," *Columbia Daily Spectator*, February 8, 1989, p. 5.

79. Mark Yost, "Has Serious Academic Reform of College Athletics Arrived?" *Wall Street Journal*, March 19, 2008, p. D10.

80. Steve Wieberg and Kelly Whiteside, "Football-crazy Ohio State Does All Sports in Big Way," *USA Today*, January 5–7, 2007, pp. 1, 2.

81. Paul Fain, "Oregon Debates Role of Big Sports Donors," *Chronicle of Higher Education*, October 26, 2007, p. A39.

82. Andrew Zimbalist, "Looks Like a Business; Should Be Taxed Like One," *New York Times*, January 7, 2007, Section 8, p. 9.

83. Brad Wolverton, "As Cutbacks Hit College Sports, Baseball Falls Behind in the Count," *Chronicle of Higher Education*, May 15, 2009, p. A1.

84. Harry R. Lewis, *Excellence Without a Soul*, p. 237.

85. Andrew Zimbalist, "Looks Like a Business; Should Be Taxed Like One," *New York Times*, January 7, 2007, Section 8, p. 9.

86. Russell Adams, "The New Big Shots of the Gridiron," *Wall Street Journal*, January 6, 2007, p. P4.

87. Libby Sander, "Have Money, Will Travel: The Quest for Top Athletes," *Chronicle of Higher Education*, August 1, 2008, pp. A1, A10.

88. Audrey Williams June, "After Costly Foray Into Big-Time Sports, a College Returns to Its Roots," *Chronicle of Higher Education*, May 18, 2007, pp. A33–A34.

89. "Too Much Sports?" *Chronicle of Higher Education*, January 25, 2008, p. A4.

90. Brad Wolverton, et al., "Spending Plenty So Athletes Can Make the Grade," *Chronicle of Higher Education*, September 5, 2008, pp. A1 ff.

91. Ibid., pp. A19, A22.

92. Allen Barra, "Pro Football's College Tuition Bill," *Wall Street Journal*, April 30, 2009, p. D6.

93. Craig Karmin, "Big Moan on Campus: Bond Downgrades," *Wall Street Journal*, May 29, 2009, p. C1.

94. R.M. Douglas, "Survival of the Fittest? Postgraduate Education and the Professoriate at the Fin de Siècle," *Daedalus*, Fall 1997, p. 138.

95. Richard Monastersky, "The Real Science Crisis: Bleak Prospects for Young Researchers," *Chronicle of Higher Education*, September 21, 2007, p. A1.

96. Arthur Levine, "How the Academic Profession is Changing," *Daedalus*, Fall 1997, pp. 4–5.

第 5 章

1. A Alan Reynolds, *Income and Wealth* (Westport: Greenwood Press, 2006), p. 22.

2. "Income Mobility in the U.S. From 1996 to 2005," Report of the Department of the Treasury, November 13, 2007.

3. U.S. Bureau of the Census, "Changes in Median Household Income: 1969 to 1996," *Current Population Reports*, P23–196, p. 1.

4. Theodore Caplow, Louis Hicks and Ben J. Wattenberg, *The First Measured Century: An Illustrated Guide to Trends in America, 1900–2000* (Washington: The AEI Press, 2001), p. 93.

5. Carmen DeNavas-Walt, et al., "Income, Poverty, and Health Insurance Coverage in the United States: 2007," *Current Population Reports*, P60–235 (Washington: U.S. Bureau of the Census, 2008), pp. 7, 8.

6. Alan Reynolds, *Income and Wealth*, p. 64.

7. "The Rich Get Richer, and So Do the Old," *Washington Post* (National Weekly Edition), September 7, 1998, p. 34.

8. Louis Uchitelle, "Stagnant Pay: A Delayed Impact," *New York Times*, June 18, 1991, p. D2.

9. Amy Kaslow, "Growing American Economy Leaves Middle Class Behind," *Christian Science Monitor*, November 1, 1994, p. 2.

10. Benjamin M. Friedman, "The Economic System," *Understanding America: The Anatomy of an Exceptional Nation*, edited by Peter H. Schuck and James Q. Wilson (New York: Public Affairs, 2008) p. 91.

11. Compare Tom Wicker, "LBJ's Great Society," *New York Times*, May 7, 1990, p. A15; Tom Wicker, "Let 'Em Eat Swiss Cheese," *New York Times*, September 2, 1988, p. A27.

12. See, for example, U.S. Bureau of the Census, "The Social and Economic Status of the Black Population in the United States: An Historical View, 1790–1978," *Current Population Reports*, Series

P–23, No. 80 (Washington: U.S. Government Printing Office, no date), p. 102.

13. Herman P. Miller, *Income Distribution in the United States*, a 1960 Census Monograph (Washington: U.S. Government Printing Office, 1966), p. 7.

14. Robert Rector and Rea S. Hederman, *Income Inequality: How Census Data Misrepresent Income Distribution* (Washington: The Heritage Foundation, 1999), p. 11.

15. Alan Reynolds, *Income and Wealth*, p. 25.

16. Data on numbers of heads of household working in high-income and low-income households in 2000 are from Table HINC–06 from the Current Population Survey, downloaded from the Bureau of the Census web site.

17. Alan Reynolds, *Income and Wealth*, pp. 26–27.

18. Robert Heilbroner and Lester Thurow, *Economics Explained*, revised and updated edition (New York: Touchstone, 1994), p. 48.

19. Alan Reynolds, *Income and Wealth*, p. 27.

20. W. Michael Cox and Richard Alm, *Myths of Rich & Poor: Why We're Better Off Than We Think* (New York: Basic Books, 1999), p. 85.

21. Alan Reynolds, *Income and Wealth*, p. 28.

22. Robert Rector, "The Myth of Widespread American Poverty," *The Heritage Foundation Backgrounder*, No. 1221, September 18, 1998, p. 4.

23. Alan Reynolds, *Income and Wealth*, p. 67.

24. Carmen DeNavas-Walt, et al., "Income, Poverty, and Health Insurance Coverage in the United States: 2007," *Current Population Reports*, P60–235 (Washington: U.S. Bureau of the Census, 2008), p. 14.

25. Bob Herbert, "The Millions Left Out," *New York Times*, May 12, 2007, p. A15.

26. Carmen DeNavas-Walt, et al., "Income, Poverty, and Health Insurance Coverage in the United States: 2007," *Current Population Reports*,

P60–235 (Washington: U.S. Bureau of the Census, 2008), p. 15.

27. Alan Reynolds, *Income and Wealth*, pp. 57–59.
28. W. Michael Cox and Richard Alm, *Myths of Rich & Poor*, p. 18.
29. Theodore Caplow, Louis Hicks and Ben J. Wattenberg, *The First Measured Century*, p. 161.
30. Alan Reynolds, *Income and Wealth*, p. 63.
31. Ibid., p. 64.
32. W. Michael Cox and Richard Alm, *Myths of Rich & Poor*, p. 21.
33. Ibid., p. 132.
34. Alan Reynolds, *Income and Wealth*, p. 64.
35. These more technical problems with the statistics are among those discussed in Chapter 4 of *Income and Wealth* by Alan Reynolds.
36. Ibid., pp. 69–70.
37. Ibid., pp. 70–71, 83–84.
38. Federal Reserve Bank of Dallas, *Annual Report: 1995*, p. 8.
39. Peter Saunders, *Poor Statistics: Getting the Facts Right About Poverty in Australia* (St. Leonards, Australia: Centre for Independent Studies, 2002), p. 5; David Green, *Poverty and Benefit Dependency* (Wellington: New Zealand Business Roundtable, 2001), pp. 32, 33; Jason Clemens and Joel Emes, "Time Reveals the Truth about Low Income," *Fraser Forum*, September 2001, The Fraser Institute in Vancouver, Canada, pp. 24–26.
40. "Movin' On Up," *Wall Street Journal*, November 13, 2007, p. A24. The original data are available in greater detail in "Income Mobility in the U.S. from 1996 to 2005," Report of the Department of the Treasury, November 13, 2007, p. 10.
41. "Income Mobility in the U.S. from 1996 to 2005," Report of the Department of the Treasury, November 13, 2007, p. 15.
42. Ibid., pp. 2, 4.
43. W. Michael Cox and Richard Alm, *Myths of Rich & Poor*, p. 16.

44. Ibid.

45. U.S. Bureau of the Census, "Money Income in the United States: 2000," *Current Population Reports*, P60–213 (Washington: U.S. Government Printing Office, 2001), p. 2; U.S. Bureau of the Census, "65+ in the United States: 2005," *Current Population Reports*, P23–209 (Washington: U.S. Government Printing Office, 2005), p. 109.

46. Ibid., p. 95.

47. Carmen DeNavas-Walt, et al., "Income, Poverty, and Health Insurance Coverage in the United States: 2007," *Current Population Reports*, P60–235 (Washington: U.S. Bureau of the Census, 2008), pp. 13, 22.

48. U.S. Bureau of the Census, "65+ in the United States: 2005," *Current Population Reports*, P23–209 (Washington: U.S. Government Printing Office, 2005), pp. 111, 114.

49. David Leonhardt, "Defining the Rich in the World's Wealthiest Nation," *New York Times*, January 12, 2003, Section 4, p. 16.

50. Ari Fleischer, "The Taxpaying Minority," *Wall Street Journal*, April 16, 2007, p. A15.

51. See Alan Reynolds, *Income and Wealth*, Chapter 8.

52. "Money Income in the United States: 2001," *Current Population Reports*, P60–218 (Washington: U.S. Bureau of the Census, 2002), p. 20.

53. "Spare a Dime? A Special Report on the Rich," *The Economist*, April 4, 2009, special section, pp. 3, 4.

54. Paul Krugman, *Peddling Prosperity: Economic Sense and Nonsense in the Age of Diminished Expectations* (New York: W.W. Norton & Company, 1994), p. 58.

55. ·Alan Reynolds, *Income and Wealth*, p. 48.

56. Carmen DeNavas-Walt, et al., "Income, Poverty, and Health Insurance Coverage in the United States: 2007," *Current Population Reports*, 60–235 (Washington: U.S. Bureau of the Census, 2008), p. 31.

57. "Where the Money Is," *Forbes*, June 30, 2008, p. 114.

58. Ellen Simon, "Yahoo May Not Be No. 1, But CEO's Pay Package Is," *San Francisco Chronicle*, June 12, 2007, p. C5.

59. Andrew Ross Sorkin and Eric Dash, "Private Firms Lure C.E.O.'s With Top Pay," *New York Times*, January 8, 2007, pp. A1 ff.

60. Ellen Simon, "Yahoo May Not Be No. 1, But CEO's Pay Package Is," *San Francisco Chronicle*, June 12, 2007, p. C5.

61. Donald E. Graham, "The Gray Lady's Virtue," *Wall Street Journal*, April 23, 2007, p. A17.

62. "Merrill Board's 2nd Chance," *Wall Street Journal*, October 31, 2007, p. C14.

63. Some of these changes in the retail sector are discussed in Chapter 5 of my *Basic Economics*, 4th edition (New York: Basic Books, 2011).

64. Federal Reserve Bank of Dallas, *Annual Report: 1995*, p. 8.

65. Ibid., p. 14.

66. Janny Scott and David Leonhardt, "Class in America: Shadowy Lines That Still Divide," *New York Times*, May 15, 2005, pp. A1, A26.

67. Ibid., p. A26.

68. David Wessel, "As Rich-Poor Gap Widens in the U.S., Class Mobility Stalls," *Wall Street Journal*, May 13, 2005, pp. A1 ff.

69. Bernard Shaw, *The Intelligent Woman's Guide to Socialism and Capitalism* (New York: Brentano's Publishers, 1928), p. 22.

70. Steve DiMeglio, "With Golf Needing a Boost, Its Leading Man Returns," *USA Today*, February 25, 2009, pp. A1 ff.

71. Thomas J. Stanley and William D. Danko, *The Millionaire Next Door: The Surprising Secrets of America's Wealthy* (Atlanta: Longstreet Press, 1996), p. 3.

第 6 章

1. Paul Johnson, *Enemies of Society* (New York: Atheneum, 1977), p.

106.

2. Stephan Thernstrom and Abigail Thernstrom, *America in Black and White: One Nation, Indivisible* (New York: Simon & Schuster, 1997), p. 526.

3. Sharon M. Lee and Marilyn Fernandez, "Trends in Asian American Racial/Ethnic Intermarriage: A Comparison of 1980 and 1990 Census Data," *Sociological Perspectives,* Vol. 41, No. 2 (1998), p. 328.

4. Stephan Thernstrom and Abigail Thernstrom, *America in Black and White*, p. 526.

5. U.S. Bureau of the Census, *We the People: Asians in the United States*, Census 2000 Special Reports, December 2004, p. 6.

6. Ibid., p. 9.

7. Jessica W. Davis and Kurt J. Bauman, "School Enrollment in the United States: 2006," *Current Population Reports*, P20–559 (Washington: U.S. Bureau of the Census, 2008), p. 5.

8. Thomas B. Hoffer, et al., *Doctorate Recipients from United States Universities: Summary Report 2005* (Chicago: National Opinion Research Center, University of Chicago, 2006), p. 15.

9. See Thomas Sowell, *Affirmative Action Around the World: An Empirical Study* (New Haven: Yale University Press, 2004), p. 67.

10. Some of these many and wide-ranging differences have been elaborated in my trilogy, *Migrations and Cultures* (New York: Basic Books, 1996), *Conquests and Cultures* (New York: Basic Books, 1998), and *Race and Culture* (New York: Basic Books, 1994).

11. The Economist, *Pocket World in Figures, 2007* (London: Profile Books Ltd., 2006), p. 20.

12. Bernard Lewis, *The Jews of Islam* (Princeton: Princeton University Press, 1984), pp. 129, 214.

13. Ibid., pp. 134–135; Jane S. Gerber, *The Jews of Spain* (New York: The Free Press, 1992), pp. 163–164.

14. Bernard Lewis, *The Jews of Islam*, p. 133.

15. Aryeh Shmuelevitz, *The Jews of the Ottoman Empire in the Late Fifteenth and the Sixteenth Centuries: Administrative, Economic, Legal and Social Relations as Reflected in the Responsa* (Leiden, The Netherlands: E.J. Brill, 1984), pp. 128–129, 135, 136.

16. Stephan Thernstrom and Abigail Thernstrom, *America in Black and White*, p. 233.

17. U.S. Bureau of the Census, "The Social and Economic Status of the Black Population in the United States: An Historical View, 1790–1978," *Current Population Reports*, Series P–23, No. 80 (Washington: Bureau of the Census, no date), p. 74.

18. *Historical Statistics of the United States: Earliest Times to the Present*, Millennial Edition (New York: Cambridge University Press, 2006), Vol. 2, p. 660.

19. Daniel J. Boorstin, *The Americans*, Vol. II: *The National Experience* (New York: Random House, 1965), p. 203.

20. Compare Robert C. Davis, *Christian Slaves, Muslim Masters: White Slavery in the Mediterranean, the Barbary Coast, and Italy, 1500–1800* (New York: Palgrave Macmillan, 2003), p. 23; Philip D. Curtin, *The Atlantic Slave Trade: A Census* (Madison: University of Wisconsin Press, 1969), pp. 72, 87, 91.

21. See, for example, R. W. Beachey, *The Slave Trade of Eastern Africa* (New York: Harper & Row, 1976), p. 137; Ehud R. Toledano, *The Ottoman Slave Trade and Its Suppression: 1840–1890* (Princeton: Princeton University Press, 1982), pp. 66–67.

22. Robert C. Davis, *Christian Slaves, Muslim Masters*, pp. 7, 15.

23. Thomas Jefferson, *The Papers of Thomas Jefferson*, Volume I, edited by Julian P. Boyd (Princeton: Princeton University Press, 1950), p. 426.

24. Herbert G. Gutman, *The Black Family in Slavery and Freedom*,

1750–1925 (New York: Vintage Press, 1977), pp. 231, 236, 238.

25. Orlando Patterson, *Slavery and Social Death* (Cambridge, Massachusetts: Harvard University Press, 1982), pp. 55, 189.

26. John K. Fairbank, Edwin O. Reischauer, and Albert M. Craig, *East Asia: Tradition and Transformation* (Boston: Houghton Mifflin Company, 1989), p. 509.

27. "Names," *The New Encyclopedia Britannica* (Chicago: Encyclopedia Britannica, Inc., 1991), Vol. 24, p. 731.

28. Herbert G. Gutman, *The Black Family in Slavery and Freedom*, pp. 230, 236–237.

29. Most estimates of the number of Africans enslaved by Europeans are below 12 million, while the number of Africans enslaved by Arabs is usually placed at 14 million. See, for examples, Philip D. Curtin, *The Atlantic Slave Trade: A Census*, p. 87; Hugh Thomas, *The Slave Trade: The Story of the Atlantic Slave Trade, 1440–1870* (New York: Simon & Schuster, 1997), p. 862 and appendix three; Ralph A. Austen, "The Trans-Saharan Slave Trade: A Tentative Census," *The Uncommon Market*, edited by Henry A. Gemery and Jan S. Hogendorn (New York: Academic Press, 1979), pp. 66, 68, 69; Ronald Segal, *Islam's Black Slaves* (New York: Farrar, Straus and Giroux, 2001), p. 57.

30. Herbert G. Gutman, *The Black Family in Slavery and Freedom*, pp. 32, 45; Leon F. Litwack, *Been in the Storm So Long* (New York: Alfred A. Knopf, 1979), p. 238.

31. Henry A. Walker, "Black-White Differences in Marriage and Family Patterns," *Feminism, Children and the New Families*, edited by Sanford M. Dornbusch and Myra H. Strober (New York: The Guilford Press, 1988), p. 92.

32. U.S. Bureau of the Census, *Historical Statistics of the United States: Colonial Times to 1957* (Washington, D.C.: U.S. Government

Printing Office, 1960), p. 72.

33. U.S. Bureau of the Census, *Trends in Premarital Childbearing: 1930 to 1994*, Special Studies, P23–197, p. 2.

34. U.S. Bureau of the Census, "The Black Population in the United States: March 1994 and 1993," *Current Population Reports*, P20–480, p. 16.

35. Stephan Thernstrom and Abigail Thernstrom, *America in Black and White*, p. 238.

36. U.S. Bureau of the Census, "Households, Families, and Children: A 30- Year Perspective," *Current Population Reports*, P23–181, p. 32.

37. "Historical Poverty Tables: Table 4," U.S. Bureau of the Census, Current Population Survey, Annual Social and Economic Supplements. Downloaded June 29, 2007 from: http://www.census.gov/hhes/www/poverty/histpov/hstpov4.html.

38. See, for example, "The Frayed Knot," *The Economist*, May 26, 2007, pp. 23–25.

39. See, for examples, my *Black Rednecks and White Liberals* (San Francisco: Encounter Books, 2005), pp. 1–27.

40. Davidson M. Douglas, *Jim Crow Moves North: The Battle over Northern School Segregation, 1865–1954* (New York: Cambridge University Press, 2005), p. 16.

41. Alexis de Tocqueville, *Democracy in America* (New York: Alfred A. Knopf, 1966), Vol. I, p. 365; Frederick Law Olmsted, *The Cotton Kingdom: A Traveller's Observations on Cotton and Slavery in the American Slave States*, edited by Arthur M. Schlesinger (New York: Modern Library, 1969), pp. 476n, 614–622; Hinton Rowan Helper, *The Impending Crisis of the South: How to Meet It*, enlarged edition (New York: A. B. Burdick, 1860), p. 34.

42. See my *Black Rednecks and White Liberals*, pp. 3–6.

43. Ulrich Bonnell Phillips, *The Slave Economy of the Old South: Selected*

Essays in Economic and Social History, edited by Eugene D. Genovese (Baton Rouge: Louisiana State University Press, 1968), p. 269.

44. H.J. Butcher, *Human Intelligence: Its Nature and Assessment* (New York: Harper, 1968), p. 252.

45. Stephan Thernstrom and Abigail Thernstrom, *America in Black and White*, pp. 354–355.

46. Ibid., p. 159.

47. Ibid., p. 162.

48. U.S. Bureau of the Census, *We the People: Blacks in the United States*, Census 2000 Special Reports, August 2005, pp. 13, 14.

49. U.S. Bureau of the Census, *We the People: Asians in the United States*, Census 2000 Special Reports, December 2004, pp. 15, 16.

50. Ibid., p. 7.

51. D. John Grove, "Restructuring the Cultural Division of Labor in Malaysia and Sri Lanka," *Comparative Political Studies*, July 1986, pp. 190–193.

52. Merle Lipton, *Capitalism and Apartheid: South Africa, 1910–1984* (Totowa, N.J.: Rowman and Allanheld, 1985), p. 209.

53. Harry J. Holzer, Steven Raphael and Michael A. Stoll, "Perceived Criminality, Criminal Background Checks, and the Racial Hiring Practices of Employers," *Journal of Law and Economics*, October 2006, pp. 452, 473.

54. Stephan Thernstrom and Abigail Thernstrom, *America in Black and White*, p. 37.

55. Ibid., pp. 354–355.

56. U.S. Bureau of the Census, "Household and Family Characteristics: March 1980," *Current Population Reports*, Series P–20, No. 366 (Washington, D.C.: U.S. Government Printing Office, 1981), pp. 182, 184.

57. Richard B. Freeman, *Black Elite* (New York: McGraw-Hill, 1976),

Chapter 4.

58. Ibid., p. 88.
59. Richard J. Herrnstein and Charles Murray, *The Bell Curve: Intelligence and Class Structure in American Life* (New York: The Free Press, 1994), p. 323.
60. Stephan Thernstrom and Abigail Thernstrom, *America in Black and White*, p. 446.
61. An early example was David Caplovitz, *The Poor Pay More* (New York: Free Press of Glencoe, 1967). But see a critique of their conclusions by Walter Williams, "Why the Poor Pay More: An Alternative Explanation," *Social Science Quarterly*, September 1973, pp. 375–379.
62. Walter E. Williams, *The State Against Blacks* (New York: McGraw-Hill, 1982), p. 31.
63. Glenn B. Canner, et al., "Home Mortgage Disclosure Act: Expanded Data on Residential Lending," *Federal Reserve Bulletin*, November 1991, p. 870.
64. Ibid., pp. 859, 867, 868, 875.
65. Jesse Jackson, "Racism is the Bottom Line in Home Loans," *Los Angeles Times*, October 28, 1991, p. B5.
66. Joël Glenn Brenner, "Mortgage Loan Bias Persists, Fed Finds," *Washington Post*, October 28, 1992, pp. A1 ff.
67. Glenn B. Canner, et al., "Home Mortgage Disclosure Act: Expanded Data on Residential Lending," *Federal Reserve Bulletin*, November 1991, p. 870; Glenn B. Canner and Dolores S. Smith, "Expanded HMDA Data on Residential Lending: One Year Later," *Federal Reserve Bulletin*, November 1992, pp. 807, 808.
68. U.S. Commission on Civil Rights, *Civil Rights and the Mortgage Crisis* (Washington: U.S. Commission on Civil Rights, 2009), p. 53.
69. Board of Governors of the Federal Reserve System, *Report to the*

Congress on Credit Scoring and Its Effects on the Availability and Affordability of Credit, submitted to the Congress pursuant to Section 215 of the Fair and Accurate Credit Transactions Act of 2003, August 2007, p. 80.

70. Edmund L. Andrews, "Blacks Hit Hardest by Costlier Mortgages," *New York Times*, September 14, 2005, pp. C1, C17.

71. Glenn B. Canner, et al., "Home Mortgage Disclosure Act: Expanded Data on Residential Lending," *Federal Reserve Bulletin*, November 1991, p. 865.

72. Ibid., p. 865n.

73. Alicia H. Munnell, et al., "Mortgage Lending in Boston: Interpreting HMDA Data," Federal Reserve Bank of Boston, Working Paper No. 92–7, October 1992, p. 25.

74. Glenn B. Canner, et al., "Home Mortgage Disclosure Act: Expanded Data on Residential Lending," *Federal Reserve Bulletin*, November 1991, p. 869.

75. Loc. cit.

76. See, for example, my *Civil Rights: Rhetoric or Reality?* (New York: William Morrow, 1984), pp. 130–131.

77. Alicia H. Munnell, et al., "Mortgage Lending in Boston: Interpreting HMDA Data," Federal Reserve Bank of Boston, Working Paper No. 92–7, October 1992, p. 44.

78. Bob Zelnick, *Backfire: A Reporter's Look at Affirmative Action* (Washington: Regnery Publishing, Inc., 1996), p. 330.

79. Peter Brimelow, and Leslie Spencer, "The Hidden Clue," *Forbes*, January 4, 1993, p. 48.

80. Ibid.

81. Ibid.

82. See the *Wall Street Journal* of August 16, 2001 in a front-page story titled "As Economy Slows, 'Subprime' Lending Looks Even

Riskier."

83. Rochelle Sharpe, "Losing Ground: In Latest Recession, Only Blacks Suffered Net Employment Loss," *Wall Street Journal*, September 14, 1993, p. A12.

84. W.E.B. DuBois, *The Philadelphia Negro: A Social Study* (New York: Schocken Books, 1967), p. 395.

85. Senator Edward W. Brooke, *Bridging the Divide: My Life* (New Brunswick: Rutgers University Press, 2007), p. 4.

86. See Theodore Dalrymple, *Life at the Bottom: The Worldview That Makes the Underclass* (Chicago: Ivan R. Dee, 2001).

87. Joyce Lee Malcolm, *Guns and Violence: The English Experience* (Cambridge, Massachusetts: Harvard University Press, 2002), pp. 164–166.

第 7 章

1. Fernand Braudel, *The Mediterranean and the Mediterranean World in the Age of Philip II*, Vol. I (Berkeley: University of California Press, 1995), p. 35.

2. Fernard Braudel, *A History of Civilizations*, translated by Richard Mayne (New York: The Penguin Group, 1994), p. 124.

3. See, for examples, Thomas Sowell, *Conquests and Cultures: An International History* (New York: Basic Books, 1998), pp. 101–109.

4. *Ethnologue: Languages of the World*, Vol. I, fourteenth edition, edited by Barbara F. Grimes (Dallas: SIL International, 2000), p. 846; Thomas M. McDevitt, *World Population Profile: 1998* (Washington: U.S. Agency for International Development and U.S. Department of Commerce, 1999), p. A–5.

5. See my *Conquests and Cultures*, pp. 101–109, 175–177.

6. The Economist, *Pocket World in Figures*, 2007 edition (London: Profile Books Ltd, 2006), pp. 29, 55.

7. Ibid., pp. 29, 52–55.

8. John Kay, *Culture and Prosperity: The Truth About Markets—Why Some Nations Are Rich but Most Remain Poor* (New York: HarperBusiness, 2004), p. 27; *The World Almanac, 2005* (New York: World Almanac Books, 2005), pp. 790–791, 834, 843, 845.

9. William Easterly, *The White Man's Burden: Why the West's Efforts to Aid the Rest Have Done So Much Ill and So Little Good* (New York: The Penguin Press, 2006), p. 41.

10. Deepak Lal, *Reviving the Invisible Hand* (Princeton: Princeton University Press, 2006), p. 136.

11. Winston S. Churchill, *A History of the English-Speaking Peoples* (New York: Dorset Press, 1956), Vol. I, p. 39.

12. Quoted in Bernard Lewis, *The Muslim Discovery of Europe* (New York: W.W. Norton, 1982), p. 139.

13. The Economist, *Pocket World in Figures*, 2007 edition, pp. 29, 176.

14. Ibid., p. 72.

15. William W. Finan, Jr., "The Indian Way," *Current History*, April 2007, p. 189.

16. The Economist, *Pocket World in Figures*, 2007 edition, p. 20.

17. John Kay, *Culture and Prosperity*, pp. 283–284.

18. "No Title," *The Economist*, March 31, 2001, pp. 20–22; Hernando de Soto, *The Mystery of Capital* (New York: Basic Books, 2000), pp. 20, 33–34.

19. William Easterly, *The White Man's Burden*, p. 81.

20. The Economist, *Pocket World in Figures*, 2007 edition, pp. 110, 156, 168, 234.

21. P.T. Bauer, *Equality, the Third World, and Economic Delusion* (Cambridge, Massachusetts: Harvard University Press, 1981), p. 43.

22. See, for example, my *Migrations and Cultures* (New York: Basic Books, 1996), *Conquests and Cultures*, and the essay, "Are Jews Generic?" in *Black Rednecks and White Liberals* (San Francisco:

Encounter Books, 2005).

23. Lawrence E. Harrison, *Underdevelopment Is a State of Mind* (Lanham, Maryland: University Press of America, 1985), p. 103.

24. Ibid., p. 114.

25. Ibid., p. 103.

26. The Economist, *Pocket World in Figures*, 2007 edition, pp. 110, 234.

27. See Stephen Steinberg, *The Ethnic Myth: Race, Ethnicity, and Class in America* (New York: Atheneum, 1981), pp. 99–103.

28. Michael Wines, "As Inflation Soars, Zimbabwe Economy Plunges," *New York Times*, February 7, 2007, p. A1.

29. Quoted in William Easterly, *The White Man's Burden*, p. 182.

30. Ibid., p. 67.

31. Ibid., p. 228.

32. See, for example, a study by two Soviet economists, Nikolai Shmelev and Vladimir Popov, *The Turning Point: Revitalizing the Soviet Economy* (New York: Doubleday, 1989).

33. William Easterly, *The White Man's Burden*, p. 3.

34. See, for example, my *Migrations and Cultures*, Chapter 7.

35. William Easterly, *The White Man's Burden*, pp. 79–80.

36. John Kay, *Culture and Prosperity*, p. 280.

37. P.T. Bauer, *Equality, the Third World, and Economic Delusion*, p. 88.

結語

1. Fred C. Koch, *The Volga Germans: In Russia and the Americas, from 1763 to the Present* (University Park: Pennsylvania State University Press, 1977), p. 195.

2. "Billionaire Bacchanalia," *Forbes*, March 27, 2006, p. 116; "Wild Wealth," *Forbes*, March 26, 2007, pp. 104, 114.

3. A sample of such disparities can be found in various books of mine: *The Vision of the Anointed* (New York: Basic Books, 1995), pp.

35–37; *Conquests and Cultures* (New York: Basic Books, 1998), p. 330; *Civil Rights: Rhetoric or Reality?* (New York: William Morrow & Co., 1984), pp. 18–19.

4. Deepak Lal, *Reviving the Invisible Hand* (Princeton: Princeton University Press, 2006), p. 136.

5. Automobile fatality rates fell in the years after federal safety legislation— but they fell even more in the years *preceding* federal safety legislation. See Chapter 5 of my *Applied Economics* (New York: Basic Books, 2004). Standard Oil's market share declined after a landmark antitrust lawsuit. But it declined for years before that suit. See Richard Epstein, *Antitrust Consent Decrees in Theory and Practice: Why Less is More* (Washington: The AEI Press, 2007), p. 19.

6. This implicit assumption is often transparent in the snide condescension of "experts" toward the decisions that people have chosen to make for themselves, as in Paul Knox, "Schlock and Awe," *The American Interest*, March/April 2007, pp. 58–67.

7. Charles Sanders Peirce, *Essays in the Philosophy of Science* (New York: Liberal Arts Press, 1957), p. 35.

謬誤與真相

保守派經濟學家如何戳破執政者的美好謊言

Economic Facts and Fallacies, 2nd edition

作者:湯瑪斯・索威爾(Thomas Sowell)｜譯者:洪慧芳｜總編輯:富察｜主編:鍾涵瀞｜編輯協力:徐育婷｜企劃:蔡慧華｜視覺:蔡佳豪、薛美惠｜印務經理:黃禮賢｜社長:郭重興｜發行人兼出版總監:曾大福｜出版發行:八旗文化／遠足文化事業股份有限公司｜地址:23141 新北市新店區民權路108-2號9樓｜電話:02-2218-1417｜傳真:02-8667-1851｜客服專線:0800-221-029｜信箱:gusa0601@gmail.com｜臉書:facebook.com/gusapublishing｜法律顧問:華洋法律事務所 蘇文生律師｜出版日期:2021年6月／初版一刷｜定價:480元

國家圖書館出版品預行編目(CIP)資料

謬誤與真相:保守派經濟學家如何戳破執政者的美好謊言/湯瑪斯.索威爾
(Thomas Sowell)著;洪慧芳翻譯. -- 初版. -- 新北市:八旗文化, 遠足文
化事業股份有限公司, 2021.06
380面 ; 14.8×21公分

譯自 : Economic facts and fallacies

ISBN 978-986-5524-95-1(平裝)

1.經濟學 2.通俗作品

550   110007569

Economic Facts and Fallacies, 2nd edition
Copyright © 2007, 2011 by Thomas Sowell
This edition published by arrangement with Basic Books, An imprint of
Perseus Books, LLC, a subsidiary of Hachette Book Group, Inc., New
York, New York, USA.
Complex Chinese translation copyright © 2021 by Gusa Press, a division
of Walkers Cultural Enterprise Ltd.
All rights reserved